O MANUAL DO NFT

Prefácio de KENDRICK NGUYEN, CEO da Republic

MATT FORTNOW • QUHARRISON TERRY

Empresário, advogado
e cofundador da
Blockchain Guys

Empreendedor e
profissional de marketing
de crescimento

O MANUAL DO NFT

como CRIAR, VENDER e COMPRAR TOKENS NÃO FUNGÍVEIS

ALTA BOOKS
EDITORA
Rio de Janeiro, 2022

O Manual do NFT

Copyright © 2023 da Starlin Alta Editora e Consultoria Ltda.
ISBN: 978-85-508-1859-7

> Translated from original The NFT Handbook: How to Create, Sell and Buy Non-Fungible Tokens. Copyright © 2022 by Matt Fortnow and QuHarrison Terry. ISBN 9781119838388. This translation is published and sold by permission of John Wiley & Sons, Inc., the owner of all rights to publish and sell the same. PORTUGUESE language edition published by Starlin Alta Editora e Consultoria Eireli, Copyright ©2023 by Starlin Alta Editora e Consultoria Eireli.

Impresso no Brasil — 1ª Edição, 2023 — Edição revisada conforme o Acordo Ortográfico da Língua Portuguesa de 2009.

Dados Internacionais de Catalogação na Publicação (CIP) de acordo com ISBD

F743m   Fortnow, Matt
         O Manual do NFT: Como Criar, Vender e Comprar Tokens Não Fungíveis / Matt Fortnow, QuHarrison Terry ; traduzido por Carlos Bacci. - Rio de Janeiro : Alta Books, 2023.
         288 p. ; 15,7cm x 23cm.

         Tradução de: The NFT Handbook: How to Create, Sell and Buy Non-Fungible Tokens
         Inclui índice.
         ISBN: 978-85-508-1859-7

         1. Administração. 2. Negócios. 3. NFT. 4. Tokens. I. Terry, QuHarrison. II. Bacci, Carlos. III. Título.

2023-1055   CDD 658.4012
                                     CDU 65.011.4

Elaborado por Vagner Rodolfo da Silva - CRB-8/9410

Índice para catálogo sistemático:
1. Administração : Negócios 658.4012
2. Administração : Negócios 65.011.4

Todos os direitos estão reservados e protegidos por Lei. Nenhuma parte deste livro, sem autorização prévia por escrito da editora, poderá ser reproduzida ou transmitida. A violação dos Direitos Autorais é crime estabelecido na Lei nº 9.610/98 e com punição de acordo com o artigo 184 do Código Penal.

A editora não se responsabiliza pelo conteúdo da obra, formulada exclusivamente pelo(s) autor(es).

Marcas Registradas: Todos os termos mencionados e reconhecidos como Marca Registrada e/ou Comercial são de responsabilidade de seus proprietários. A editora informa não estar associada a nenhum produto e/ou fornecedor apresentado no livro.

Erratas e arquivos de apoio: No site da editora relatamos, com a devida correção, qualquer erro encontrado em nossos livros, bem como disponibilizamos arquivos de apoio se aplicáveis à obra em questão.

Acesse o site www.altabooks.com.br e procure pelo título do livro desejado para ter acesso às erratas, aos arquivos de apoio e/ou a outros conteúdos aplicáveis à obra.

Suporte Técnico: A obra é comercializada na forma em que está, sem direito a suporte técnico ou orientação pessoal/exclusiva ao leitor.

A editora não se responsabiliza pela manutenção, atualização e idioma dos sites referidos pelos autores nesta obra.

Produção Editorial Grupo Editorial Alta Books	**Coordenação Comercial** Thiago Biaggi
Diretor Editorial Anderson Vieira anderson.vieira@altabooks.com.br	**Coordenação de Eventos** Viviane Paiva comercial@altabooks.com.br
Editor José Ruggeri j.ruggeri@altabooks.com.br	**Coordenação ADM/Finc.** Solange Souza
Gerência Comercial Claudio Lima claudio@altabooks.com.br	**Coordenação Logística** Waldir Rodrigues
Gerência Marketing Andréa Guatiello andrea@altabooks.com.br	**Gestão de Pessoas** Jairo Araújo
	Direitos Autorais Raquel Porto rights@altabooks.com.br

Assistentes da Obra
Andreza Moraes
Beatriz de Assis

Produtores Editoriais
Illysabelle Trajano
Maria de Lourdes Borges
Paulo Gomes
Thales Silva
Thiê Alves

Equipe Comercial
Adenir Gomes
Ana Claudia Lima
Andrea Riccelli
Daiana Costa
Everson Sete
Kaique Luiz
Luana Santos
Maira Conceição
Nathasha Sales
Pablo Frazão

Equipe Editorial
Ana Clara Tambasco
Beatriz Frohe
Betânia Santos
Brenda Rodrigues
Caroline David
Erick Brandão
Elton Manhães
Gabriela Paiva
Gabriela Nataly
Henrique Waldez
Isabella Gibara
Karolayne Alves
Kelry Oliveira
Lorrahn Candido
Luana Maura
Marcelli Ferreira
Mariana Portugal
Marlon Souza
Matheus Mello
Milena Soares
Patricia Silvestre
Viviane Corrêa
Yasmin Sayonara

Marketing Editorial
Amanda Mucci
Ana Paula Ferreira
Beatriz Martins
Ellen Nascimento
Livia Carvalho
Guilherme Nunes
Thiago Brito

Atuaram na edição desta obra:

Tradução
Carlos Bacci

Copidesque
Lívia Rodrigues

Revisão Gramatical
Alessandro Thomé
Leandro Menegaz

Revisão Técnica
Marco Aurélio Antongiovanni
Formado pela FGV - Escola de Administração de Empresas

Diagramação
Daniel Vargas

Editora afiliada à: ASSOCIAÇÃO BRASILEIRA DE DIREITOS REPROGRÁFICOS — ASSOCIADO CBL Câmara Brasileira do Livro

ALTA BOOKS
GRUPO EDITORIAL

Rua Viúva Cláudio, 291 — Bairro Industrial do Jacaré
CEP: 20.970-031 — Rio de Janeiro (RJ)
Tels.: (21) 3278-8069 / 3278-8419
www.altabooks.com.br — altabooks@altabooks.com.br
Ouvidoria: ouvidoria@altabooks.com.br

*Em memória de George Cowdrey, Joe Shary,
John Henderson e Robert Washington.*

Sobre os Autores

Ao fundar, construir, gerenciar e vender uma empresa de internet bem-sucedida, **Matt Fortnow** se credenciou para ocupar as trincheiras das startups de tecnologia. Em 1996, cofundou o Commissioner.com, o primeiro serviço de "fantasy games" da internet. Matt fez essa empresa crescer criando jogos de fantasy games para a NFL, Major League Baseball, CBS SportsLine e vários outros, bem como jogos internacionais para futebol e críquete. Em 1999, ele e seus sócios venderam a empresa para a CBS SportsLine (atualmente CBS Sports), que ainda hoje administra seus produtos.

Anteriormente, como advogado especializado na área de entretenimento, Matt foi coautor da 7ª edição de *This Business of Music* [Sem publicação no Brasil, a bíblia da indústria da música. Ele representou numerosos artistas musicais, compositores, produtores e gravadoras. Especialista em direitos autorais, apresentou-se com regularidade em programas de televisão e participou como palestrante em conferências internacionalmente. Graduado com honras pela Carnegie Mellon University e graduado com distinção pela Benjamin N. Cardozo School of Law, onde editou e escreveu para a *Cardozo Law Review*, Matt também escreveu diversos artigos sobre questões da indústria da música.

Desde a venda do Commissioner.com, Matt presta consultoria a empreendedores, envolvendo-se em várias startups como investidor ou consultor. Há seis anos, ele mergulhou no mundo do blockchain, desenvolvendo negócios para a GameCredits (GAME). Em 2018, obteve um acordo entre a GameCredits e a FanDuel, a maior empresa de fantasy games, para competições durante a Copa do Mundo da FIFA. Matt é cofundador da Blockchain Guys, uma importante consultoria de blockchain e criptomoedas. Ele foi se apaixonando cada vez mais pela arte digital e por tokens não fungíveis desde o CryptoKitties original e criou os NFTs oficiais para marcas icônicas, como The Three Stooges [Os Três Patetas]. Matt discutiu recentemente o futuro dos NFTs no Marketing for the Now, com Gary Vaynerchuk.

QuHarrison Terry é um profissional de marketing de crescimento da Mark Cuban Companies, uma empresa de capital de risco de Dallas, Texas. Lá, ele aconselha e auxilia as empresas da carteira de clientes com suas estratégias e seus objetivos de marketing. Anteriormente, liderou o marketing da Redox, com foco na aquisição de clientes com interesse prévio nos produtos da empresa, experiência de novos usuários, eventos e marketing de conteúdo. Em 2015, cofundou a 23VIVI, o primeiro marketplace de arte digital do mundo alimentado por blockchain. Em 2021, vendeu um NFT da Worldstar Hip-Hop Chain por 121 ETH no OpenSea.

QuHarrison foi destaque na CNN, Huffington Post, Xconomy, Cointelegraph, MobiHealth News, MedCity News e muitos outros. Como palestrante e moderador, QuHarrison se apresentou na CES, SXSW, TEDx, Marquette University e na Open Data Science Conference. QuHarrison recebeu quatro vezes o prêmio Top Voices in Technology do LinkedIn.

Sobre o Editor Técnico

David Hoelzer é diretor de operações da Enclave Forensics, Inc. na América do Norte e sócio-gerente da Occulumen no Reino Unido. Nesses papéis, cabe a ele supervisionar as operações diárias das funções ligadas à gestão de segurança da Enclave voltadas para o monitoramento de rede e identificação de ameaças. David também é o principal líder dos grupos de desenvolvimento da Enclave e da Occulumen, supervisionando o desenvolvimento de uma série de tecnologias personalizadas relacionadas a blockchain e tecnologias de comunicação encoberta. Ele também lidera o grupo de pesquisa interno de aprendizado de máquina/IA da Enclave. Além dessas atribuições principais, David atua como reitor do corpo docente do SANS Technology Institute e desde 2001 é membro do SANS Institute.

Agradecimentos

Nosso muito obrigado à Danny, do WorldStar Hip-Hop, Liza Wiemer, Ryan Cowdrey, Wallon Walusayi, Wendy Souter, Joe Marcus, Nigel Wyatt, Patrick Shea, Kathleen Mahoney, Coinbase, MetaMask, C3 Entertainment, Inc., CoinMarketCap, Mike Winkelmann, Elaine O'Hanrahan, Dapper Labs, shl0ms, Scrazyone1 e WhatsGoodApps.

Agradecemos a todos com quem já conversamos sobre NFTs, coletaram NFTs com a gente ou nos consultaram sobre seus NFTs. Todas essas interações ajudaram a tornar este livro uma realidade.

—Matt Fortnow e QuHarrison Terry

Sumário Resumido

Prefácio *xxi*

Capítulo 1 Introdução Aos NFTs   1

Capítulo 2 O Que São NFTs?   7

Capítulo 3 Por Que NFTs Têm Valor   49

Capítulo 4 A História Dos NFTs   93

Capítulo 5 NFT: Marketplaces   115

Capítulo 6 Criando e Emitindo NFTs   127

Capítulo 7 Vendendo NFTs   163

Capítulo 8 Comprando NFTs   197

Capítulo 9 Aspectos Jurídicos Dos NFTs   215

Capítulo 10 O Futuro Dos NFTs   241

Índice *257*

Sumário

Prefácio — xxi

Capítulo 1 Introdução aos NFTs — 1

Capítulo 2 O Que São NFTs? — 7
Por Que as Pessoas Colecionam — 7
NFTs: O que São, Exatamente? — 10
Tipos de NFTs — 16
Aspectos dos NFTs — 32
Elementos Extrínsecos aos NFTs — 44

Capítulo 3 Por Que NFTs Têm Valor — 49
Por que Colecionáveis Têm Valor? — 49
Os Problemas da Arte Tradicional — 53
Os Problemas com Colecionáveis e Memorabilia — 57
A Arte Digital Antes dos NFTs — 60
A Verdadeira Vantagem dos NFTs — 61
NFTs Não São Perfeitos — 74
Forças Externas que Impulsionam o Valor — 88

Capítulo 4 A História Dos NFTs — 93
Andy Warhol Apresenta a Pop Art — 93
O Mundo Cyberpunk de Beeple Encontra os NFTs — 99
A História da Arte Digital — 104

Capítulo 5 NFT: Marketplaces — 115
OpenSea — 116
Rarible — 117
Nifty Gateway — 118
SuperRare — 119
Wax (Atomic Hub) — 120
Foundation — 121
NBA Top Shot — 122
VeVe — 123
Known Origin — 124
Myth Market — 124
RESUMINDO — 125

Capítulo 6 Criando E Emitindo NFTs — 127
Criando os Aspectos de seu NFT — 128
Criar uma Carteira de Criptomoeda — 136
Criando uma Conta no OpenSea — 146
Criando uma Coleção — 149
Emitir um NFT — 159

Capítulo 7 Vendendo NFTs — 163
Sua Conta em uma Exchange — 163
Comprando Criptomoedas — 169
Financiando Sua Carteira MetaMask — 172
Vendendo Seus NFTs — 174
O Marketing de Seus NFTs — 184

Capítulo 8 Comprando NFTs — 197
Por que Comprar NFTs? — 197
Comprando NFTs — 201
Construindo uma Coleção NFT — 208

Capítulo 9 Aspectos Jurídicos Dos NFTs — 215

 Os NFTs São Valores Mobiliários? — 216
 Direitos de Propriedade Intelectual — 221
 Direito de Publicidade — 227
 Direito de Privacidade — 233
 Contratos — 234
 Impostos — 237

Capítulo 10 O Futuro Dos NFTs — 241

 O Metaverso — 242
 Ativos Alternativos — 248
 Carteiras Digitais — 253
 O Futuro Não Escrito dos NFTs — 256

Índice — *257*

Prefácio

Grandes artistas concentram sua atenção em uma coisa: suas criações. Músicos passam meses em busca da harmonia ideal ou da letra perfeita, arquitetos se esmeram nos mínimos detalhes de seus projetos de construção, e pintores procuram o local sublime onde darão sua última pincelada. Mas, uma vez que terminam suas obras-primas, artistas de sucesso também devem descobrir como monetizá-las, protegendo tanto a origem quanto o valor futuro delas.

É nesse ponto que entra o intermediário. Em geral, criadores de conteúdo dos mais diversos tipos, incluindo músicos, *podcasters*, pintores, escritores, performistas, diretores e compositores, são forçados a se valer de um intermediário para compartilhar suas criações com o mundo. Seja nas galerias de arte, gravadoras ou promotoras de eventos, todos esses administradores prometem aos artistas ter capacidade para monetizar suas obras em troca de uma parte saudável dos lucros — e às vezes até da propriedade do trabalho do artista.

Embora nem todos os intermediários sejam ruins, alguns protagonizaram manchetes nos últimos anos graças aos negócios ardilosos que fecharam com seus clientes. Taylor Swift falou sobre o contrato injusto que assinou quando adolescente e como sua música foi repetidamente vendida sem que ela soubesse ou tivesse consentido. Músicos como Prince e Michael Jackson também eram conhecidos por litígios com suas gravadoras.

Nos últimos anos, plataformas de tecnologia como o Spotify ofereceram alguma esperança quanto à desintermediação. No entanto, conforme as plataformas evoluíam, os artistas verificaram que seus rendimentos haviam reduzido — não aumentado. Portanto, não causa surpresa alguma que a comunidade criativa há muito procura um meio de recuperar o controle — e a propriedade — de seus valiosos ativos criativos.

Então surgiu o NFT, uma ferramenta que permite aos criadores ignorar completamente o intermediário. Entender como fazer uso da tecnologia NFT pode colocar os criadores de volta no banco do motorista. À primeira vista, os NFTs e seu envolvimento com o jargão típico das criptomoedas assustam qualquer pessoa não graduada em ciência da computação, mas, na verdade, eles são relativamente simples. Eles são uma forma de os artistas incorporarem um fragmento de código em seus trabalhos e com isso poder compartilhá-los sem o receio de que possam ser pirateados e tendo a segurança perene de que serão pagos diretamente por seus apoiadores e fãs. Isso lhes devolve o controle de sua propriedade intelectual em virtude da maior transparência no rastreio e distribuição dos pagamentos devidos ao criador por royalties e vendas.

Uma das características mais valiosas dos NFTs é o modo como eles permitem a formação de uma comunidade participativa, que apoia algo no qual acredita. Em 2000, fui a Nova York assistir pela primeira vez a uma apresentação de uma das minhas bandas favoritas, o U2. Caso a banda estivesse vendendo NFTs naquela noite, talvez tivesse sido um caso vitalício de HODLing.[1]

Imagine ter sido um dos primeiros cem fãs do U2 ou ter assistido a um show no porão e comprado um NFT de uma música do próximo David Bowie antes que ele ficasse famoso. Os primeiros apoiadores são recompensados, os artistas são pagos, e a comunidade se fortalece.

Hoje, é evidente que os NFTs não vieram apenas para ficar, mas também para transformar radicalmente as indústrias criativas e de conteúdo. Consequentemente, investir nesse mercado deixou de ser uma ideia

---

1 Nascido de um erro de ortografia (hold/hodl), HODL — e variações gramaticais — é uma estratégia de investimento em criptomoedas voltada para o longo prazo. [N. do T.]

marginal para se tornar uma estratégia central para quem deseja participar da economia criativa de maneira significativa.

Na condição de advogado cuja carreira profissional foi dedicada a entender como securitizar e monetizar ativos de forma adequada, posso afirmar que os NFTs representam uma tremenda oportunidade para quem sabe entendê-los.

A melhor época para surfar na onda do NFT foi em 2020, mas o segundo melhor momento é agora. É por isso que estou tão animado por QuHarrison Terry e Matt Fortnow terem decidido construir essa ferramenta educacional simples de entender e utilizar, estendendo as possibilidades de NFTs para milhões de pessoas cujo ganha-pão está na criatividade. *O Manual do NFT* dá a esses criativos acesso a uma oportunidade real de controlar seu próprio destino. Este livro provavelmente se tornará uma bíblia para uma revolução nascente.

É preciso um visionário para ver o futuro e entender como torná-lo realidade. QuHarrison Terry é esse visionário. Ele também é um empresário que começou a comercializar arte digital online em 2014 e viu em primeira mão como esse conhecimento pode ser transformador. Matt Fortnow, um vanguardeiro da revolução da internet ao debutar como empresário construindo sua primeira empresa de internet em 1996, conhece como ninguém a tecnologia de ponta. Sua combinação de experiência e convicção sobre o futuro dos NFTs fala por si. Não há duas pessoas mais qualificadas para escrever este livro.

Como CEO e cofundador da Republic, uma empresa que também tem por objetivo desmistificar um pouco do mundo financeiro e proporcionar às pessoas o poder de investir no futuro, já nos acostumamos às críticas que vêm com a inovação. Quando começamos a aplicar os princípios tradicionais de investimento em criptomoedas, houve aqueles que pensaram que estávamos loucos. Repetidas vezes vimos que a aparente loucura de hoje parecerá normal amanhã. (E todos nós desejaríamos ter investido quando as coisas pareciam loucas e desfavoráveis.) Isso certamente pode ser dito para os NFTs.

Mal posso esperar pelo futuro que este livro e essa tecnologia nos trarão. Não é uma questão de "se", mas de "quando".

Kendrick Nguyen, CEO e cofundador da Republic

Capítulo

1

Introdução aos NFTs

Segundo muitos, o Google chegou atrasado para o jogo do mecanismo de busca. Fundado em 1998, foi o 24º buscador a entrar em cena. No que o Google é 24º agora?

Larry Page e Sergey Brin, os cofundadores do Google, concentraram-se em diferenciar seu mecanismo de busca e criar um produto atraente logo de início. Monetizar o mecanismo de busca foi algo que deixaram para pensar posteriormente. A função dos mecanismos de busca é conectar a uma finalidade alguém que tem uma questão. É um jogo de entender a intenção dos usuários. O que eles querem encontrar? Idealmente, o mecanismo acerta no primeiro resultado da pesquisa; não sendo assim, estará obrigando o usuário a realizar o trabalho duro de encontrar o que procura.

A ideia revolucionária do Google foi o *PageRank*, um sistema de classificação que priorizava páginas da web por prova social. Quanto mais outros domínios vinculam uma página da web, maior é a classificação dela nos resultados de pesquisa do Google, uma vez que havia provas sociais — endossos de outros usuários — de que era um recurso útil. O método de indexação do Google contrastava fortemente com o de outros mecanismos de busca, cuja classificação decorria tanto da análise do conteúdo da página quanto da consistência de palavras-chaves.

Respaldado por um método superior de classificação do conteúdo da web, o Google prometeu ser mais útil do que qualquer outro mecanismo de busca da época. Também atraiu a atenção dos pioneiros da computação. Antes mesmo de sua incorporação, o Google recebeu seu primeiro investimento de US$100 mil de Andy Bechtolsheim, cofundador da Sun Microsystems — uma lenda no mundo da computação. Em 1988, o Google adicionou a esse investimento o dinheiro de três outros investidores-anjos, incluindo o fundador da Amazon, Jeff Bezos, o professor de ciência da computação da Universidade de Stanford David Cheriton e o empresário Ram Shriram.

Page e Brin eram apenas dois garotos inteligentes de Stanford procurando resolver um problema na internet. A utilidade que trouxeram para o mundo foi criada quando eles estavam totalmente focados em desenvolver um ótimo produto que entendesse a intenção de pesquisa do usuário. O resultado a que chegaram foi suficiente para atrair a atenção de alguns dos maiores nomes em tecnologia. Após dois anos, eles finalmente incorporaram o AdWords em seu mecanismo de pesquisa, monetizando seu tráfego.

A comparação entre os primeiros dias da internet e os primeiros tokens não fungíveis (NFTs) nos faz ver muitas semelhanças. A grande maioria dos NFTs não tem utilidade fora do investimento especulativo — tal como o Ask Jeeves e o Yahoo Search, que estavam simplesmente se juntando ao conjunto dos mecanismos de busca sem apresentar uma diferenciação real. Em virtude de se estar nos primeiros dias de NFTs, esses projetos não direcionados podiam receber muita atenção, ainda que na ausência de algum uso efetivo para eles. No entanto, o passar do tempo permitiu verificar um foco maior em NFTs com utilidade: projetos tokenizados, ora resolvendo um problema, ora criando algo exclusivo para os usuários. Aqueles projetos não aplicáveis a nenhum caso concreto perderão dinheiro de verdade a ser ganho alguns anos à frente.

Veja, por exemplo, o Bored Ape Yacht Club. Os fundadores criaram 10 mil NFTs Bored Ape que atuam como certificados de membro do

Internet Yacht Club. No momento, essa carteirinha de sócio dá acesso a um banheiro digital no qual você pode pegar uma "caneta" e desenhar, escrever ou grafitar nas paredes a cada quinze minutos. Parece insignificante, mas se trata de uma experiência exclusiva. Eles criaram esse ambiente digital reservado apenas para os proprietários do Bored Ape NFT. Sim, os Bored Apes [Macacos Entediados] são, em essência, colecionáveis. Mas é o acesso e a utilidade que eles proporcionam o que nos entusiasma para o futuro desse projeto.

Hoje em dia, acesso pode ser o caso de uso mais significativo para NFTs. Em outras palavras, ter um NFT lhe dá acesso a quê? Com certeza veremos a utilidade dos NFTs ir muito além disso. Especialmente levando em consideração a grande variedade e diversidade de pessoas que estão entrando em NFTs agora, indivíduos entusiasmados com ideias de todo tipo se unindo para colaborar e criar experiências mágicas.

Agora é a hora de experimentar, de colaborar uns com os outros, não de trabalhar em um silo. Este livro é o produto de duas pessoas experimentando NFTs em seus respectivos campos, dando início a uma conversa aleatória que se expandiu em muito mais.

QuHarrison Terry estava trabalhando na venda do NFT "WorldStarHipHop Chain" e na criação de liquidez para NFTs com foco na cultura pop. Matt Fortnow criou os NFTs oficiais dos Três Patetas, sendo contemplado com o fato de que a propriedade intelectual icônica poderia existir como NFTs.

Vamos rebobinar a fita de volta aos primeiros dias da internet 1.0: 1995. Em Nova York, Matt advogava em sua especialização na área do entretenimento, quando alguns irmãos de fraternidade da Carnegie Mellon University o recrutaram para iniciar uma empresa de internet. Eles fundaram o `Commissioner.com`, o primeiro serviço de fantasy games da Web, que venderam para a CBS SportsLine em 1999. Sempre buscando desenvolver usos para novas tecnologias, Matt se envolveu fortemente com blockchain em 2015, realidade virtual/realidade aumentada

(RV/RA) em 2016 e NFTs em 2020. Na verdade, foi por meio da conexão RV/RA que ele conheceu QuHarrison.

QuHarrison relembra:

> "Certo dia, atendi a uma ligação de um amigo me dizendo que eu tinha que falar com um tal de Matt Fortnow. Isso foi em março de 2021, no pico inicial da grande atenção provocada pela NFT; por isso eu costumava conversar todos os dias com muitas pessoas sobre muitas ideias de NFT. A conversa ganhou vida própria e durou um bom tempo. Estávamos animados, compartilhando ideias sobre NFTs quanto a vendas e liquidez, as possibilidades de tokenização de IP e fluxos de receita. No final da conversa, nos saímos com um 'Sim, precisamos escrever um livro sobre isso'. E foi assim que um profissional de marketing e um empresário que virou advogado escreveram um livro sobre NFTs. Literalmente, uma conversa casual em torno dessa cultura compartilhada de NFTs. E acho que essa é a beleza deste espaço agora. Na beira do abismo de qualquer nova tecnologia, é fundamental a colaboração entre pessoas de diferentes trajetórias profissionais."

Talvez possa parecer que você está atrasado para os NFTs. Contudo, você está de fato no início do grande esquema das coisas, uma vez que ainda não vimos todos os casos de uso dessa tecnologia. A título de ilustração, em agosto de 2021, havia apenas cerca de 130 mil usuários ativos no OpenSea, o maior dos marketplaces de NFT. Com mais de 4 bilhões de pessoas com acesso à internet no mundo, não estamos nem perto dos tempos emocionantes dos NFTs.

Se passasse pelas cabeças de Page e Brin estar atrasados para a internet em 1988, não teríamos o mecanismo de busca mais eficaz e intuitivo que temos hoje. Mas eles olharam para as tecnologias emergentes da internet à sua volta e tinham uma teoria sobre como se poderia fazer melhor. É nesse ponto que estamos hoje em relação aos NFTs.

Considere as informações contidas em *O Manual do NFT* como um ponto de partida para sua jornada NFT. Vamos levá-lo através da história dos NFTs até o básico sobre como criar, coletar e comercializar seus NFTs e muito mais. Há muitas pessoas falando sobre NFTs e compartilhando seus pensamentos, suas estratégias e ideias. Use este livro como uma plataforma de lançamento para sair e aprender mais sobre o que lhe interessa acerca dos NFTs.

Munido do aprendizado obtido neste livro, comece a se conectar com pessoas no ecossistema NFT. Há muitas comunidades NFT no Twitter, Clubhouse, Discord, Instagram e outros destinos da internet cheios de pessoas como você que desejam se conectar e aprender umas com as outras. Nesta fase do ciclo de vida dos NFTs, vale a pena comunicar, experimentar e colaborar. Em última análise, no cânone de NFTs, não sabemos se os projetos atuais de NFT que estão em cena serão mais parecidos com o Infoseek (um dos primeiros mecanismos de pesquisa, hoje descontinuado) ou o Google (atrasado para o jogo, mas que criou um produto superior que permanece ainda mais forte hoje).

Também criamos o `TheNFThandbook.com` [conteúdo em inglês], que conta com extensos recursos e links. Como o espaço NFT está em constante evolução, o site apresentará informações constantemente atualizadas.

Conforme nos aprofundamos, sua primeira pergunta pode ser: "O que são NFTs?"

CAPÍTULO 2

O Que São NFTs?

Antes até de pensar em tokens não fungíveis (NFTs), que em sua forma mais básica são itens colecionáveis digitais exclusivos protegidos por blockchain, é preciso entender sua sistemática de funcionamento. Talvez a seguinte parábola eclética dos Beanie Babies deixe clara a psicologia errática e excêntrica por trás do motivo pelo qual colecionamos.

Por Que as Pessoas Colecionam

Antes dos NFTs, havia os Beanie Babies...

Selos, armas antigas, tênis — as pessoas colecionam muitos diferentes objetos em diferentes formatos. Portanto, não é de admirar que exista um mercado para colecionáveis na forma digital. Em termos conceituais, é algo confuso, mas se tomarmos como base, em sua expressão mais essencial, o desejo de possuir um item único que outros não possuem, os colecionáveis digitais distinguem-se muito pouco de seus equivalentes físicos. Assim, para entender por que as pessoas colecionam NFTs, faremos uma comparação com um colecionável físico que estourou no mercado na década de 1990: os *Beanie Babies*.

Desde o lançamento em 1993, Ty Warner, o fundador da Beanie Babies, atrelou a escassez em seu produto. Os brinquedos de pelúcia foram distribuídos em pequenas quantidades para pequenos varejistas, evitando por completo as grandes redes varejistas e grandes pedidos. Ty não queria que as pessoas pudessem encontrar ou comprar todos os Beanie Babies que quisessem.

A quantidade total de Beanie Babies em circulação era mantida em segredo. Alguns dos tipos de Beanie Babies foram "aposentados" para gerar mais exclusividade. A empresa deixou passar erros de impressão e Beanie Babies com defeito de fabricação intencionalmente, que se tornariam edições raras dos brinquedos.

Em paralelo à popularização dos Beanie Babies, surgiu o eBay, que se posicionou como o marketplace online para compra e venda de colecionáveis mundo afora. Houve entre eles uma sinergia tal que o valor de revenda dos Beanie Babies inflou, validando o eBay como uma ferramenta valiosa para especuladores em todos os mercados de colecionáveis.

Quem teve sorte o bastante para colocar as mãos em um dos bichos de pelúcia aposentados de US$5 poderia ter lucrado, no mínimo, duas ou três vezes esse valor ao anunciá-lo no eBay. Alguns erros de impressão mais raros, como foi o caso de "Pinchers, the Lobster", em vez de "Punchers, the Lobster", renderam a um colecionador mais de US$10 mil.[1]

No final da década de 1990, a mania dos Beanie Babies enlouquecia as pessoas. A busca pelos brinquedos de pelúcia provocou roubos e até assassinatos. Por exemplo, em uma loja Hallmark no estado de West Virginia, em 1999, um segurança foi baleado e morto quando uma remessa atrasada de Beanie Babies acirrou os ânimos.

Adultos mentalmente sãos iam a todos os lugares à procura de um único Beanie Baby que mudaria sua vida. Divorciados faziam de tudo para ficar com a coleção de Beanie Babies, acreditando que era o bem mais valioso que os dois tinham que dividir.

O McDonald's pegou carona nessa onda em 1997 e, com a Ty Inc., lançou a linha de produtos Teenie Beanies no McLanche Feliz: venderam 100 milhões desses minibrinquedos de pelúcia em apenas 10 dias.

---

1 O "erro" provoca riso ao trocar "A Lagosta Pugilista" (*Punchers, the Lobster*) por "Pincher", uma raça de cachorrinhos bem pequenos. [N. do T.]

Revistas como a *Mary Beth's Beanie World*, que em seu auge chegou a vender 650 mil exemplares por mês, publicaram páginas e páginas sobre Beanie Babies, colocando em discussão seu valor como investimento especulativo, o qual, se aplicada a estratégia certa, poderia render mais do que o suficiente para mandar um filho para a faculdade.

Mas justo quando os Beanie Babies pareciam ser colecionáveis cujo dinamismo perduraria por décadas, tudo veio abaixo. As conversas sobre sua supervalorização provocaram uma corrida de colecionadores de Beanie Babies ao eBay para anunciar seus brinquedos, elevando substancialmente a oferta. Com isso, o preço dos Beanie Babies despencou.

Praticamente da noite para o dia, as coleções de Beanie Babies, que se presumia serem tão preciosas, perderam quase por completo seu valor. A história de Chris Robinson Sr. — o homem que gastou mais de US$100 mil em Beanie Babies a título de investimento especulativo — tornou-se o símbolo da derrota esmagadora que esse mercado de colecionáveis experimentou.

O *Financial Times*, apropriadamente, chamou os Beanie Babies de "o estoque pontocom do mundo das mães do futebol na segunda metade da década de 1990".[2] Não há aqui nenhuma intenção de comparação com os NFTs no sentido de que estão condenados ao mesmo destino, ou seja, uma bolha colecionável prestes a estourar. Em vez disso, Beanie Babies se constitui em uma excelente visão da dinâmica de por que as pessoas colecionam.

O princípio básico que levou as pessoas a colecionar Beanie Babies e a fazê-lo com os NFTs é o mesmo: *escassez*. Embora haja outros fatores que impelem os colecionadores — investimento, especulação, conexão emocional, medo de perder [em inglês, *fear of missing out* — FOMO] e "a adrenalina da caçada" —, o aspecto motivador central para colecionar é

---

2 O termo "mães do futebol" foi amplamente utilizado na campanha presidencial norte-americana de 1996 por representar um público no qual a proporção de eleitores indecisos era muito alta. Essas mães eram sobrecarregadas por dedicarem tempo integral às atividades socioesportivas dos filhos, daí o paralelo entre as bolhas pontocom e os brinquedos de pelúcia. [N. do T.]

a escassez. Não importa o que colecionamos, fazemos isso porque há um número limitado dessas coisas.

O mercado de NFT poderia quebrar? Tudo é possível. Porém, ao contrário dos Beanie Babies, os NFTs se constituem em soluções do mundo real para problemas que afligem os mercados de arte e colecionáveis, como discutiremos no Capítulo 3: Por que os NFTs Têm Valor.

Agora que abordamos o que faz as pessoas colecionarem, sejam itens físicos ou digitais, vamos mergulhar fundo no tópico em questão: NFTs.

NFTs: O que São, Exatamente?

NFTs são geralmente conhecidos como um tipo particular de item colecionável digital, como a arte digital do designer gráfico Beeple, um cromo digital do jogador de futebol americano Rob Gronkowski, um pequeno vídeo do *Saturday Night Live*, uma foto do Curly, dos Três Patetas, como um vidente lendo a sorte em uma bola de cristal desbloqueável, ou um dos games CryptoKitties. Mas o que exatamente são NFTs?

NFTs são itens únicos verificados e protegidos por um blockchain, a mesma tecnologia usada para criptomoedas. Um NFT fornece autenticidade de origem, propriedade, exclusividade (escassez) e permanência para qualquer item em particular. Vamos explorar o termo *token não fungível* um pedaço de cada vez.

Tokens

Vamos começar com a palavra *token*. De acordo com o Dictionary.com, uma das definições de token [em tradução livre] é "uma lembrança; recordação; rememoração". Como os NFTs são normalmente conhecidos como colecionáveis digitais, pode-se pensar que *token* em NFT deriva dessa definição. Ainda que haja um pouco disso, o *token* no NFT é proveniente de algo inteiramente diferente: o blockchain.

Talvez alguns de vocês possam estar aflitos: "Ah, não! Aí vem a parte técnica. Eu só quero saber o que é um NFT." Para entender completamente o que é um NFT, é necessário aprender um pouco sobre blockchain. Prometemos não complicar muito.

É provável que você já tenha ouvido falar do Bitcoin e talvez de algumas outras criptomoedas. Segundo a Investopedia, uma *criptomoeda* é "uma moeda digital ou virtual protegida por criptografia". Basta que você saiba que criptomoedas são moedas digitais que existem na internet. Você pode comprá-las e vendê-las como forma de investimento, adquirir coisas com elas ou até apostar nelas (essencialmente emprestando-as a juros).

Sempre que alguém faz uma transação de compra, venda ou transferência de uma criptomoeda, ou apostando ou adquirindo algo com ela, essa transação tem de ser verificada. O processo de verificação determina se o remetente possui de fato a quantidade de criptomoeda que está sendo enviada. Isso é o que proporciona segurança e confiabilidade a uma criptomoeda.

Quando transações de criptomoedas são verificadas, por exemplo, com Bitcoin, a verificação é realizada em um *grupo* de transações, não em uma única transação. Esse lote de transações de criptomoedas é conhecido como *bloco*. Cada bloco tem uma determinada capacidade de armazenamento. Após o bloco ser preenchido por completo e as transações serem confirmadas, o bloco de transações é então anexado ao bloco previamente checado, criando uma cadeia de blocos cada vez maior: um *blockchain*. O processo se repete, e o blockchain cresce cada vez mais (veja a Figura 2.1).

Portanto, o blockchain de uma criptomoeda é uma lista de todas as transações (cada uma delas) dessa moeda, tudo isso voltando ao início dessa criptomoeda.

Toda vez que alguém compra ou vende Bitcoin, compra algo com Bitcoin, troca Bitcoin ou transfere Bitcoin, essa transação é listada no blockchain Bitcoin. O número de transações diárias de Bitcoin atingiu cerca de 400 mil em janeiro de 2021, e o Ethereum (a segunda maior criptomoeda) foi processado mais de 1,1 milhão de vezes por dia (Statista.com). Imagine um blockchain como sendo um livro contábil extremamente longo.

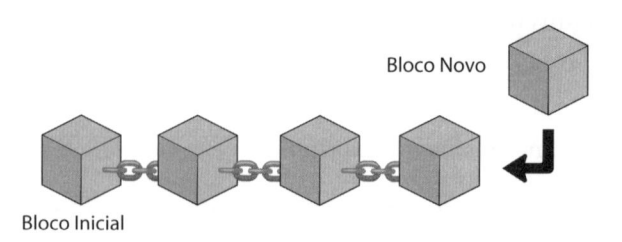

FIGURA 2.1 Um blockchain

Moeda vs Token. Ao falar sobre certas criptomoedas, as pessoas com frequência usam os termos *moeda* e *token* de maneira intercambiável. Isso, porém, é inexato, pois há uma distinção importante entre eles.

Criptomoedas, que são moedas, como Bitcoin, Litecoin, Dogecoin e Ethereum, têm seus próprios blockchains. Contudo, tokens são criptomoedas que não têm blockchains próprios. Em vez disso, os tokens utilizam o blockchain de outra moeda. Por exemplo, GameCredits (GAME) e SushiToken (SUSHI), entre milhares de outros, são tokens que usam o blockchain Ethereum. Os tokens de criptomoedas que existem no blockchain Ethereum também são conhecidos como tokens ERC20. *ERC20* é o padrão Ethereum para criar tokens de criptomoeda.

GameCredits é um caso interessante porque inicialmente era uma moeda com seu próprio blockchain. Mas para aproveitar a maior funcionalidade que a rede Ethereum oferece, ela se tornou um token ERC20. Assim, todas as transações de GameCredits (e todas as outras transações de token ERC20) são agora registradas no blockchain Ethereum. É por isso que o Ethereum processa tantas transações por dia.

Portanto, o *token* no NFT é um token de criptomoeda. Um NFT existe em um blockchain. Hoje em dia, a maioria dos NFTs é criada e existe no blockchain Ethereum. Alguns NFTs são criados e existem no WAX, no Binance Smart Chain e em alguns outros blockchains.

Não Fungível

Bem, acabamos de discorrer sobre token. Agora vejamos o *não fungível*. O que *fungível* significa? O Dictionary.com define fungível como um adjetivo, algo "cuja natureza ou tipo permite a livre troca ou substituição (especialmente de bens), no todo ou em parte, por outro de natureza ou tipo similar". Vamos começar com alguns exemplos.

Reais são fungíveis. Se lhe dermos uma nota de R$5 e você nos devolver 5 moedas de R$1, o valor de troca será igual. Não importa quais notas ou moedas de real você nos deu. Digamos que você tenha uma pilha de moedas de R$1. Você poderia nos dar cinco delas, e isso não importaria. Você poderia até nos fazer um PIX de R$5. O fato é que reais são totalmente intercambiáveis.

Da mesma forma, criptomoedas são fungíveis. Se você nos enviar um Bitcoin, não nos importamos de qual carteira veio; um Bitcoin é um Bitcoin, assim como um real é um real.

Até mesmo alguns bens ou commodities (como mostra a definição), como barris de petróleo, são considerados fungíveis. Não importa quais barris você me envia. Qualquer barril de petróleo de idêntica graduação serviria.

Usando a definição anteriormente dada, parece evidente que itens não fungíveis não podem ser livremente trocados ou substituídos por itens semelhantes. Os diamantes, por exemplo, são não fungíveis. Cada diamante é único em tamanho, cor, transparência e corte. Ao comprar um diamante em particular, ele não seria facilmente intercambiável com outro diamante.

O mesmo ocorre com os NFTs: eles são não fungíveis. Cada NFT é único. Você não pode trocar ou substituir livremente um NFT por outro.

Mas o que torna cada NFT único? Afinal, não é fácil baixar, copiar e compartilhar imagens da internet? É verdade, mas você pode tirar uma foto (ou, de preferência, criar uma imagem) e *cunhar* essa imagem em um token que existe em um blockchain. Usamos o termo *cunhar* com o mesmo sentido de quando é usado para cunhar uma moeda física.

Quando moedas e tokens de criptomoeda são criados, eles são cunhados [no meio, "minerados"]. Normalmente, milhões ou até bilhões de moedas ou tokens são minerados ou cunhados para uma criptomoeda em particular. Geralmente, uma criptomoeda tem um suprimento [oferta] disponível para transações, o número de moedas ou tokens já minerados, e uma oferta limite (máxima), que é o número total de moedas que podem ser mineradas. A quantidade limite de oferta está inserida no código original que criou a criptomoeda e não tem como ser alterada.

Compare isso com uma moeda fiduciária, como o dólar norte-americano, cuja oferta pode ser continuamente inflada pela impressão de mais dólares. Quanto mais dólares são impressos, mais o valor de cada dólar diminui, supondo que a demanda por dólares permaneça a mesma. Assim, não há oferta máxima de dólares ou de outras moedas fiduciárias.

O Bitcoin tem uma oferta máxima de 21 milhões de moedas, enquanto o Uniswap (UNI), um token ERC20, por exemplo, tem oferta máxima de 1 bilhão de tokens. Cada NFT funciona como uma criptomoeda, mas os NFTs têm oferta máxima de 1. É isso que torna os NFTs únicos e não fungíveis; eles não podem ser trocados livremente com algo do mesmo tipo porque não há nada do mesmo tipo. Pense em um NFT como uma pintura original: só há uma. Pode haver cópias de uma pintura ou gravuras, mas há apenas um original.

Não obstante tenhamos dito que um NFT tem uma oferta máxima de 1, é possível cunhá-lo com uma oferta maior que 1. Por exemplo, você pode cunhar 100 "cópias" do mesmo NFT. Tecnicamente, é 1 NFT de 100 tokens. Cada um dos tokens poderia ser intercambiável com os outros tokens do mesmo NFT porque eles seriam os mesmos em todos os aspectos. Embora esses NFTs multitoken sejam considerados NFTs, tecnicamente não nos referimos a eles como NFTs, já que eles são fungíveis; se bem que com uma oferta limitada, mas, ainda assim, fungíveis.

FIGURA 2.2 NFT "All Stooge Team" de Os Três Patetas (n°19 de 30)

Precisamos fazer a distinção entre um NFT multitoken e uma edição limitada ou série de NFTs de um design específico. Por exemplo, Rob Gronkowski emitiu quatro séries de NFTs, o design de cada série representando um de seus campeonatos de futebol norte-americano. Cada série tem 87 (que é o número de sua camisa) edições, e cada NFT é marcado individualmente como 1/87, até 87/87. Analogamente, a série NFT "All Stooge Team" dos Três Patetas é uma edição de 30 NFTs marcados individualmente. A Figura 2.2 mostra o n° 19 dessa série.

Em que pese fazer parte de uma série de 30, o NFT ilustrado na Figura 2.2 é um token único com uma oferta de 1, o que de fato o torna um NFT. Da mesma forma, cada um dos NFTs de Gronkowski também é um NFT único.

Pode se fazer uma analogia de tais NFTs de edição limitada, individualmente marcados, com uma série de impressões de uma pintura que também são marcadas individual e sequencialmente. Ao passo que uma analogia com o NFT multitoken pode ser uma estátua replicada um número limitado de vezes a partir de um molde que, atingido esse número, é destruído. Cada estátua é original, mas também idêntica às outras estátuas do molde. Se cada estátua fosse marcada sequencialmente, tornando cada uma delas única, então tal analogia não seria aplicável neste caso.

Os números de edição podem ter avaliações diferentes. Com impressões de arte físicas, usualmente atribuímos o maior valor à primeira edição da série impressa, ou seja, edição 1 de 500. Porém, com NFTs, o fator determinante das avaliações de edição pode variar. Por exemplo, com os NFTs NBA Top Shots, é comum que o número da edição que corresponde ao número da camisa do jogador naquele NFT específico seja a edição mais valiosa. Para LeBron James, a edição nº 23 costuma ser a mais valiosa, assim como a edição nº 77 com Luka Doncic ou a edição nº 11 com Kyrie Irving. Na ausência de um fator determinante de valor alternativo, a edição 1 provavelmente alcançaria o valor mais alto, como na arte impressa.

Observe também que nas edições dos NFTs de Rob Gronkowski e Os Três Patetas, cada NFT numerado individualmente teve que ser cunhado em separado. No caso de um NFT multitoken, todos os tokens desse NFT são criados em uma única cunhagem.

Tipos de NFTs

Geralmente, quando se pensa em NFTs, vêm à mente a arte digital e itens colecionáveis. Esses são os NFTs que estão recebendo toda a atenção da imprensa, em especial aqueles cujos preços de venda estão nas alturas. Mas há também vários outros tipos de NFTs populares, os quais abordaremos nesta seção.

Arte Digital e Colecionáveis

Arte digital é uma forma de arte relativamente nova, cuja origem remonta à década de 1950. Com a onipresença dos computadores nas décadas de 1980 e 1990, esse meio de produção artística se expandiu espetacularmente. Os artistas dão vazão à sua criatividade utilizando ferramentas digitais, como um computador ou smartphone, mas não se trata apenas disso: a natureza digital da arte é o próprio meio de expressão. A arte existe apenas em formato digital. Claro, uma imagem pode ser impressa, mas a pretensão da verdadeira arte digital é permanecer digital.

Colecionáveis digitais assemelham-se à arte digital, pois são criados digitalmente com a intenção de permanecer no formato digital. Contudo, colecionáveis, em geral, estão diretamente interligados a um tema popular específico. Os exemplos novamente seriam os NFTs de cromos digitais de Rob Gronkowski e os NFTs dos Três Patetas. Sim, de fato, uma porção significativa de criatividade artística foi direcionada para esses colecionáveis, e eles são peças de arte digital por direito próprio. Por exemplo, os NFTs de Gronk foram ilustrados pelo artista Black Madre, com a direção criativa de Gronk, e alguns dos NFTs dos Três Patetas foram criados pelo artista Patrick Shea.

Entretanto, além das peças de arte digital, o valor colecionável é a associação do NFT com Gronk ou Os Três Patetas. Colecionáveis digitais são tal qual os colecionáveis reais — como figurinhas de futebol —, mas existem apenas em formato digital. Cabe observar que os colecionáveis digitais não precisam necessariamente ser arte digital em si. Um colecionável digital pode ser simplesmente uma fotografia digitalizada.

Arte digital ou colecionáveis também podem ser materiais não digitais já existentes aos quais são adicionados elementos artísticos digitais. Por exemplo, o NFT Os Três Patetas chamado "That's My Bitcoin" ["Esse Bitcoin é Meu!", em tradução livre] é uma foto existente com um Bitcoin criado e inserido digitalmente (veja a Figura 2.3). Esse é um exemplo óbvio, em razão das épocas distintas em que a foto original foi tirada e a da criação do Bitcoin, mas nem sempre é assim.

FIGURA 2.3 NFT "That's My Bitcoin!" de Os Três Patetas

Geralmente, a arte digital ou os NFTs colecionáveis podem assumir uma das seguintes formas:

- Imagens
- Vídeos
- GIFs
- Áudio
- Modelos em 3D
- Livros e prosa

Imagens. Muitos NFTs são apenas imagens paradas, sem movimento, tal como um dos CryptoPunks ou uma criação de Beeple. As imagens podem incluir qualquer tipo de fotografia, seja digital ou digitalizada (escaneada) em um formato digital. Evidentemente, as imagens podem ser obras de arte originais ou, como já discutido anteriormente, uma combinação das duas formas. Não há absolutamente nenhum movimento em uma imagem estática.

Com NFTs, não há limite para tamanho ou resolução da imagem, embora alguns marketplaces de NFT possam restringir o tamanho do arquivo que você pode cunhar. Normalmente, o que se deseja é fornecer imagens em alta resolução para que possam ser exibidas em telas maiores.

Uma imagem pode ser imagens raster (às vezes chamadas de bitmap) ou um gráfico vetorial. Imagens raster, como arquivos .jpg e .png, são mais comuns. Tratam-se de imagens compostas de minúsculos quadrados (pixels). O problema com as imagens rasterizadas é que, com a ampliação da escala, há perda da qualidade da imagem. Por outro lado, gráficos vetoriais, como arquivos .svg, usam equações matemáticas para desenhar linhas e curvas (caminhos vetoriais) entre vários pontos. A vantagem disso é que a imagem pode ser dimensionada para qualquer tamanho sem perder qualidade. E os tamanhos dos arquivos de gráficos vetoriais geralmente são menores também. Já para as imagens rasterizadas, a vantagem é que elas possibilitam muito mais profundidade de cor, pois cada pixel pode ser uma entre milhões de cores, o que as tornam ideais para fotografias.

Vídeos. Outro formato popular para NFTs são os vídeos. Os NFTs NBA Top Shots, cujo conteúdo contempla vídeos de destaque de ocasiões históricas da NBA, somaram mais de US$500 milhões em vendas. Sem surpresa alguma, os NFTs de LeBron James têm sido os mais populares.

Esses vídeos não se limitam a reproduzir cenas reais, mas também incluem uma forma cada vez mais popular de arte digital. Por exemplo, os cromos colecionáveis de Rob Gronkowski não são imagens estáticas, mas vídeos. Eles foram projetados com um efeito muito legal. Neles, não entra apenas a arte de Gronk na frente do cromo, mas os cromos também "viram" para mostrar informações mais detalhadas no verso, como o número da edição e algumas das estatísticas relacionadas ao desempenho esportivo de Rob Gronkowski

A maioria dos vídeos não é formatada para que haja um recomeço automático assim que termine de ser visualizado, mas alguns sites, como o OpenSea, oferecem esse recurso. O último quadro do vídeo geralmente é projetado para se alinhar com o primeiro quadro, criando um loop contínuo. Por exemplo, um dos NFTs de Sean Mendes apresenta uma figura de uma estátua de desenho animado de Sean girando sem parar. Em certos casos com vídeos, o último quadro não se alinha com o primeiro quadro, e a imagem volta ao início. O efeito que isso provoca pode ser um tanto chocante, razão pela qual, ao criar vídeos ou GIFs (discutidos a seguir), é melhor criar um loop contínuo.

Entretanto, ao lidar com cenas de vídeo reais, em que não havia a pretensão de fazer um loop contínuo, os personagens parecem voltar às suas posições originais. Não é necessariamente ruim, mas um loop contínuo, ao menos para nós, é esteticamente mais prazeroso. Um exemplo disso seria o NFT Os Três Patetas "Disorder in the Court" ["Desordem no Tribunal", em tradução livre], no qual Curly "certamente" — utilizando a pronúncia de "soitcnly" ao modo novaiorquino — tem uma maneira estranha de se preparar para o banco das testemunhas. Não há muito o que fazer quando se lida com imagens de vídeo antigas a não ser tentar encontrar uma "cena" curta que termine perto de onde começa. Na Figura 2.4 há o primeiro e último quadro do NFT "Disorder in the Court".

É possível contornar esse efeito incluindo uma curta sequência introdutória ou de transição no início ou no final do vídeo.

FIGURA 2.4 Primeiro e último quadro do NFT "Disorder in the Court" de Os Três Patetas

GIFs. Um *.gif* é um tipo específico de formato de arquivo frequentemente usado para fazer vídeos curtos e simples que se repetem automaticamente (ou fazem loop). GIF significa Graphic Interchange Format, que também suporta imagens estáticas. Os GIFs, na verdade, foram originalmente desenvolvidos para imagens estáticas, mas como várias imagens podem ser armazenadas em um arquivo GIF, eles se tornaram ideais para vídeos curtos ou animações. Há pessoas que se referem a GIFs de vídeo ou animação como GIFs animados. Porém, para nós (e para a maioria das pessoas), ainda que possam ser imagens estáticas, chamar um GIF de GIF animado é redundante. Não há motivo para usar o formato de arquivo GIF a não ser que seja animado.

A vantagem dos GIFs sobre os arquivos de vídeo padrão é sua repetição automática intrínseca: não há necessidade de um botão de reprodução (play). Em um site como o OpenSea, um vídeo NFT padrão (como no formato .mp4) será reproduzido e repetido automaticamente, mas isso se dá apenas na página do NFT. Se você for para a página de coleções, verá uma imagem de visualização (ou miniatura) do NFT, com um botão de reprodução, e precisará clicar nele para reproduzir o vídeo na página de coleção. Com um GIF, uma vez que esse formato tem repetição automática, você verá o vídeo se repetindo na página de visualização e na página do NFT. Não haverá botão de reprodução no GIF na página de coleções. Na realidade, você nunca verá um botão de reprodução em um GIF seja onde for, já que ele faz um loop automaticamente por natureza.

Os GIFs têm algumas desvantagens em razão de sua tecnologia mais antiga. Uma delas é que são limitados a 256 cores. Para a maioria das animações, isso pode não ser perceptível ou mesmo um problema, mas sem dúvida seria se você estivesse convertendo um vídeo de alta qualidade em um GIF. Caso a qualidade do vídeo e a resolução do NFT sejam importantes, é preferível então um arquivo de vídeo. Vale observar também que os GIFs não têm áudio.

Os tamanhos dos arquivos GIF também são muito maiores do que os dos arquivos de vídeo padrão, como MP4. Isso ocorre principalmente devido ao algoritmo de compactação para GIFs ser menos eficiente. Assim, ao criar GIFs, pode ser necessário diminuir as dimensões das imagens ou vídeo, ou reduzir a taxa de quadros (o número de quadros, ou imagens, por segundo). Diminuir a duração (de tempo) do vídeo também é uma opção, e é por isso que os GIFs geralmente são vídeos ou animações curtos, variando na quantidade de segundos.

Isso nos leva à questão de como criar GIFs. Existe um software específico para criar GIFs e outros softwares de vídeo dos quais você pode exportar sua criação em formato GIF. Há também conversores de GIF online que convertem a maioria dos arquivos de vídeo padrão em GIFs. Mas é preciso cuidado com conversores online de qualquer tipo, porque, ao enviar suas criações pela internet, você nunca terá certeza de seu paradeiro. Se usar um, certifique-se de que ele tenha uma boa reputação.

Uma palavra final sobre GIFs: eles são ótimos. Funcionam muito bem como NFTs, mas, em geral, apenas para animações curtas, sejam elas arte digital ou colecionáveis.

Áudio. Sim, é viável fazer NFTs de áudio. Kings of Leon foi a primeira banda popular a lançar um álbum como NFT, que gerou mais de US$2 milhões em vendas. Além dos grandes nomes, artistas independentes estão encontrando nos NFTs de áudio — e outros tipos de NFTs também — uma ótima maneira não só de vender suas músicas, mas também de energizar e expandir sua base de fãs.

Para NFTs, sugerimos usar um arquivo de áudio .wav, se disponível, em vez de um arquivo .mp3. Estes são compactados, o que não ocorre com os arquivos .wav, que são descompactados: isso resulta em maior qualidade de som para arquivos .wav.

Em alguns marketplaces de NFT, como o OpenSea, será necessário incluir uma imagem de visualização (ou GIF) para o áudio NFT. Pode ser a arte da capa do álbum ou qualquer outra imagem ou GIF.

Modelos em 3D. Trata-se de uma representação tridimensional de um objeto específico do mundo real ou conceitual, ou projeto artístico. Os *modelos em 3D* são encontrados em vários setores: realidade virtual e aumentada, videogames, filmes, arquitetura e imagens médicas e científicas, para citar alguns. Também entre os artistas digitais a modelagem 3D está ganhando popularidade.

Os modelos 3D podem ser visualizados com headsets de realidade virtual ou aumentada. Também podem ser renderizados em telas bidimensionais e rotacionados em todas as direções "pegando" a renderização com o mouse do computador (ou o dedo, em um smartphone ou tablet), além de ter a capacidade de aumentar e diminuir o zoom. É possível, ainda, imprimir um modelo 3D (fazer um modelo físico) com uma impressora 3D.

Pode-se fazer um NFT de um modelo 3D em alguns marketplaces, como o OpenSea. O aplicativo móvel VeVe é um marketplace especializado na venda de NFTs do modelo 3D.

Livros e Prosa. O conteúdo NFT pode ser apenas texto, como um poema, um conto ou até mesmo um livro inteiro. Não vimos muitos livros de NFT ou outros exemplos em prosa, porém, é certo que existem alguns por aí. Portanto, caso esteja procurando outro caminho para monetizar sua escrita, eis aí uma sugestão.

Itens Incluídos em Games

Há no mundo 2,81 bilhões de jogadores de videogame, e se espera que o número atinja mais de 3 bilhões até 2023. Sem dúvida, uma proporção bastante significativa da população mundial.

Em uma infinidade de games bastante conhecidos, como *Counter-Strike: Global Offensive* (CS:GO) e *Dota 2*, itens incluídos em games, entre os quais armas, armaduras e skins (designs que vão por cima de sua armadura ou outros equipamentos), estão disponíveis à parte, para venda como componentes do jogo. Portanto, se quiser se equipar rapidamente, em vez de ganhar itens no decorrer do jogo, o que pode levar muitas horas, você pode comprar uma variedade de equipamentos. Muitos jogadores querem mais poder de fogo e outras vantagens em um jogo e não querem esperar por isso. Os desenvolvedores de games obtêm enormes lucros com esses itens, pois são apenas pedaços de código de computador. De acordo com o site do game popular *Gods Unchained*, os jogadores gastaram, em 2019, cerca de US$87 bilhões em *itens incluídos em games*.

Os jogadores geralmente acumulam inúmeros itens ao longo de sua experiência de jogo com um game específico. Em algum momento, esse jogador pensará em passar para um game diferente — a próxima experiência divertida. Quando tudo isso começou, os jogadores ficavam presos aos itens do game que compraram (às vezes por quantias relativamente significativas). Depois, os marketplaces de itens de game começaram a surgir: os jogadores podiam vender seus itens não mais necessários para novos jogadores ansiosos para se preparar para o jogo e procurando preços razoáveis. Além disso, alguns itens podem ser raros e não estar mais disponíveis no game. Há informações de que alguém pagou entre US$100 mil e US$150 mil por uma skin rara do *CS:GO*.

O problema de "possuir" esses itens incluídos em games é a sujeição aos caprichos de seu desenvolvedor. Se a base de usuários do game diminuir, há o risco de o desenvolvedor desistir dele, tornando seu item inútil. Imagine que você tenha pagado uma quantia significativa por um item raro e o desenvolvedor do game criasse milhares a mais desse item. E se você for banido do jogo? Alguns games não permitem a venda de itens incluídos nele e, se descoberto, você provavelmente será banido. Além do mais, como em muitos setores de atividade econômica, os mercados secundários de itens do game podem estar repletos de golpistas.

Alguns desenvolvedores já começaram a criar NFTs de itens incluídos em games. Por exemplo, no *F1 Delta Time*, da Animoca Brands, os itens são NFTs (veja a Figura 2.5). Os jogadores devem ter NFTs de carro, motorista e pneu para competir. Os NFTs para o game também incluem equipamentos de motorista — capacetes, macacões, sapatilhas, luvas —, além de aprimoramentos para o carro, como asas dianteiras e traseiras, transmissão, suspensão e freios.

Nos NFTs, o conteúdo corresponde às propriedades e boosts [impulsionadores] de cada equipamento, como o efeito dessa parte específica na aceleração, aderência e velocidade máxima do seu carro. E por serem NFTs, a propriedade e a autenticidade dos itens são verificadas por blockchain.

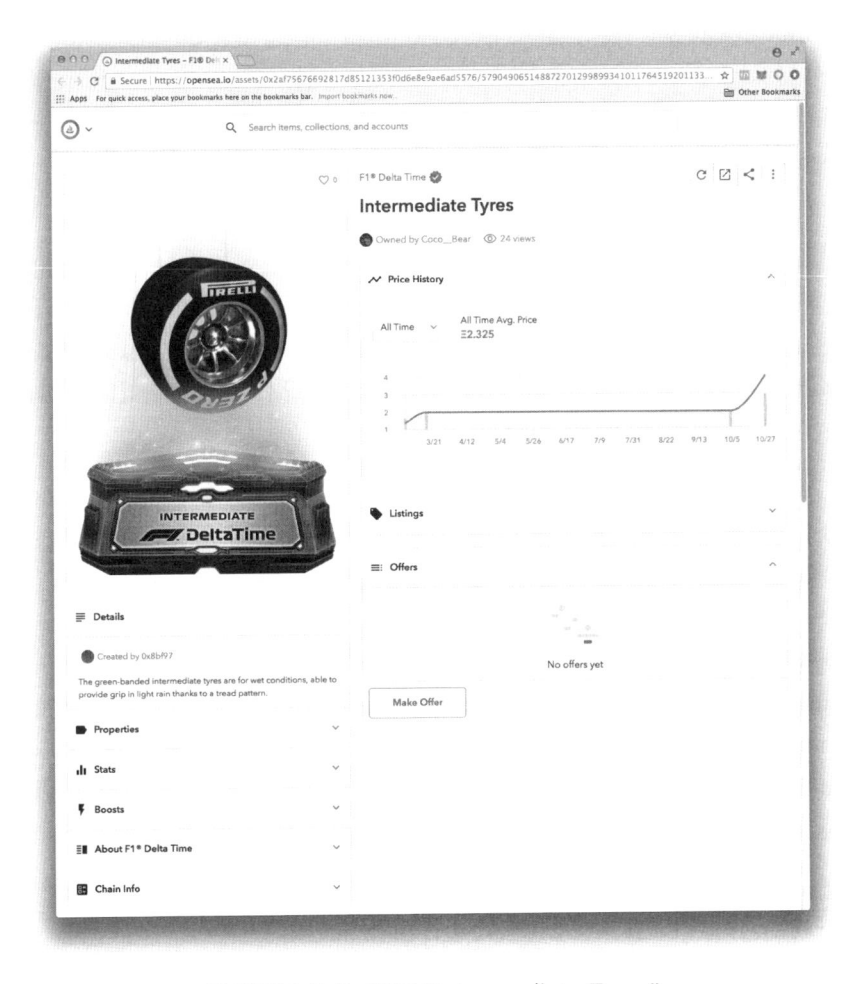

FIGURA 2.5 NFT "Intermediate Tyres" da F1 Delta Time, à venda no OpenSea

Cartões Colecionáveis Digitais

Nos EUA, quando se pensa em cartões colecionáveis, provavelmente se está pensando em cartões de beisebol ou outros cartões que vêm em um pacote, talvez acompanhados por uma goma de mascar. Pelo menos é o que vem à mente.

Outro tipo popular são os *cartões colecionáveis digitais de games*. Claro, de games populares, como o Magic: The Gathering. Quão popular é o Magic: The Gathering? De acordo com a Wikipedia, há mais de 35 milhões os jogadores, e mais de 20 bilhões de cartões de Magic foram produzidos entre 2008 e 2016. São cartões físicos, que fazem parte da "jogabilidade" [em inglês, "gameplay"] — regras e padrões que conectam jogador e jogo — e podem representar vários tipos de energia ou feitiços. Os cartões mágicos são negociados em "exchanges" [um tipo de bolsa ou um mercado digital] e sites como o eBay.

Você já deve ter ouvido falar da Mt. Gox, uma das primeiras exchanges de Bitcoin, famosa por ter sido hackeada. De início, era um site para trocar cartões de Magic: The Gathering. Aliás, Mt. Gox significa "Magic: The Gathering Online eXchange".

A evolução subsequente dos cartões colecionáveis digitais de games os colocou online. Um exemplo popular é o Hearthstone, da Blizzard Entertainment. Segundo a Wikipedia, até o final de 2018, o Hearthstone tinha mais de 100 milhões de jogadores. Tecnicamente, embora seja jogado com cartões, de modo semelhante ao Magic: The Gathering, o Hearthstone não é um jogo de cartões colecionáveis porque os cartões não são negociáveis. Não obstante os pedidos dos jogadores, a Blizzard não adicionou essa funcionalidade. Talvez por isso, ou ao menos sendo esse um dos motivos, a popularidade de Hearthstone esteja diminuindo.

Essa é então a razão para o surgimento de cartões colecionáveis NFT, especificamente cartões colecionáveis digitais de games no estilo de Magic: The Gathering e Hearthstone. Um exemplo bem conhecido é o *Gods Unchained*, no qual os cartões que você ganha ou compra são NFTs, cunhados na rede Ethereum. Eles podem ser usados no jogo, negociados e vendidos em marketplaces de NFT. O fato de serem NFTs significa que o jogador realmente é o dono dos cartões e pode dispor deles como quiser. O site *Gods Unchained* se vangloria disso, afirmando: "Se você não pode vender seus itens, eles não são seus."

Imóveis Digitais

Tal como os itens incluídos em games, o *imóvel digital*, também conhecido por imóvel virtual, pode ser vendido como NFT. Há no termo "imóvel digital" uma contradição semântica, pois não se trata de algo físico. Ele existe apenas em um ambiente virtual. Mas para os propósitos do ambiente virtual, é de fato um imóvel — um terreno ou estruturas em um terreno — e pode ter valor no mundo real.

Mundos virtuais, como o Decentraland, são ambientes online que simulam o mundo real. Essa realidade virtual é explorada por multidões, que interagem por meio de seus *avatares*, as representações virtuais personalizadas do usuário. Assim como os colonos de antigamente, as pessoas no mundo virtual desejam comprar um belo pedaço de chão no mundo virtual e ali se estabelecer. Ou, como acontece no mundo real, os especuladores podem comprar vários lotes com a esperança de lucrar com eles no futuro.

De acordo com a Reuters, "Decentraland obteve mais de US$50 milhões em vendas totais, incluindo terrenos, avatares, nomes de usuário e roupas virtuais. Um pedaço de terra medindo 41.216 m² virtuais foi vendido por US$572 mil em 11 de abril, o que a plataforma diz ser um recorde."

Os NFTs são uma maneira perfeita de vender e transferir terrenos virtuais, uma vez que a propriedade e a autenticidade do terreno são verificadas em um blockchain. O Sandbox é um exemplo de mundo virtual em que todos os ativos e terrenos são baseados em NFT. Eles têm um marketplace próprio, mas uma das vantagens dos NFTs é que eles podem ser vendidos em qualquer marketplaces de NFT, como o OpenSea. Na verdade, o Sandbox tem, ainda, sua própria coleção de terrenos virtuais no OpenSea.

À semelhança das escrituras imobiliárias, que têm uma descrição da propriedade com base em uma pesquisa, as NFTs de terrenos digitais também especificam a localização da área no mundo virtual. Transferências de títulos imobiliários são geralmente registradas no cartório local. Transferências de NFTs de terrenos digitais são registradas em um blockchain.

Esse imóvel digital é real? Sim, é, porque os mundos virtuais são muito populares. O jogo Fortnite, sozinho, tem mais de 350 milhões de usuários registrados. Embora você ainda não possa comprar terrenos no Fortnite, o mundo virtual Sandbox já vendeu mais de 76 mil NFTs "LAND", com um valor agregado de US$20 milhões. Conforme cresce a adoção da realidade virtual, a demanda por terrenos virtuais também aumentará, em especial se em algum momento houver um *metaverso*, um enorme espaço virtual coletivo compartilhado similar ao Oasis no filme *Jogador Nº 1*. Não há, no entanto, necessidade de esperar por isso quando se trata de moeda do mundo real sendo gasta. Em março de 2021, uma casa virtual NFT foi vendida por mais de US$500 mil.

Nomes de Domínio

Há no marketplace de NFT OpenSea uma seção inteira para nomes de domínio. Os domínios Blockchain são ótimos NFTs. Mas é preciso fazer uma distinção importante aqui: estamos falando de domínios blockchain, não aqueles nomes de domínio normais nos quais você pensa ao navegar na internet.

Todos os dias, para acessar os vários sites na internet, usamos nomes de domínio com extensões como .com, .net, .org, .tv e várias outras extensões comuns. Tais extensões, também conhecidas como *domínios de primeiro nível*, são gerenciadas e supervisionadas por uma autoridade centralizada: a Internet Corporation for Assigned Names and Numbers (ICANN), que é uma organização privada sem fins lucrativos que define a política para o Domain Name System (DNS) global e monitora quem possui quais nomes de domínio.

Em vez de fazer parte da ICANN, a propriedade de domínios blockchain é determinada pelo blockchain, assim como a propriedade de criptomoedas e NFTs é determinada pelo blockchain. Da mesma forma, os domínios blockchain também são mantidos em uma carteira de criptomoedas. Falaremos mais sobre carteiras de criptomoedas no Capítulo 6, "Criando e Emitindo NFTs". Em essência, um domínio blockchain é um ativo blockchain, o que o torna um NFT.

Os nomes de domínio Blockchain têm extensões como `.crypto` e `.eth`; eles não são comumente utilizados para acessar sites. Em vez disso, são usados principalmente para simplificar os pagamentos de criptomoedas. Como veremos em detalhe no Capítulo 6, os endereços de criptomoedas são longas cadeias de números e letras aleatórios. Esse endereço também pode ser chamado de endereço público ou chave pública, em oposição à chave privada com a qual você protege sua carteira de criptomoedas. Falaremos mais sobre isso no Capítulo 6.

Um endereço Bitcoin normalmente tem 34 caracteres, por exemplo, `18ZW9AQGdsYcCUYrrp1NDrtjAnTnTX4zRG`. Um endereço Ethereum tem 42 caracteres, por exemplo, `0x969Bbaa8473180D39E1dB-76b75bC89136d90BD84`. Com um domínio `.crypto`, você pode associar o nome de domínio a seus endereços de criptografia. Por exemplo, suponha que você tenha o nome de domínio example.crypto. Nesse caso, você pode estabelecer esse domínio para receber Bitcoin, Ethereum ou qualquer outra criptomoeda no lugar do endereço por extenso. Quando alguém pede seu endereço, você apenas envia seu nome de domínio, e a criptomoeda que está sendo enviada irá para seu endereço de criptomoeda associado. Uma desvantagem é que, se o nome de domínio for escrito incorretamente, você não receberá a criptomoeda, a qual até pode acabar na carteira de outra pessoa.

Apesar de não ser algo comum atualmente, os domínios blockchain também podem ser os endereços de sites como domínios TLD [o nome do endereço de internet que vem após o último ponto] regulares. A solução dos domínios não passaria pelo DNS controlado pela ICANN, mas por caminhos alternativos. Esses sites de domínio blockchain não estariam sujeitos a uma eventual censura de autoridades centralizadas. A maioria dos navegadores suporta apenas nomes de domínio DNS, mas há extensões de navegador que possibilitam resolver domínios de blockchain. No futuro (próximo?), uma extensão do navegador não seria necessária.

Uma vantagem de um domínio blockchain é que, sendo NFT, o custo é único e ele é seu. Os registradores de domínios TLD regulares cobram uma taxa de renovação anual. Se por qualquer motivo você não pagar essa taxa, perderá seu nome de domínio. Com um domínio blockchain, não há taxas de renovação — ele é totalmente seu.

A compra e venda de nomes de domínio TLD regulares ocorre há décadas e tem sido um grande negócio para especuladores. Os primeiros usuários da internet que obtiveram domínios de palavras comuns, como `hotels.com`, embolsaram muito dinheiro. Em 2001, o `hotels.com` foi vendido por US$11 milhões. Mais recentemente, em 2019, o `voice.com` foi vendido por US$30 milhões.

Os domínios Blockchain estão, hoje em dia, na fase inicial de adoção e ainda precisam se tornar populares como os nomes de domínio TLD regulares. Entretanto, o mercado de domínios blockchain NFT já começou a esquentar com os US$100 mil pagos pelo domínio blockchain NFT `win.crytpo`. Ainda há por aí algumas grandes oportunidades para obter domínios de blockchain de palavras comuns, que provavelmente aumentariam de valor conforme venha a crescer a adoção de domínios de blockchain. Obviamente, não há garantias de quanto tempo isso pode levar ou se a adoção massiva ocorrerá. É por isso que os especuladores são chamados de, bem, especuladores.

Ingressos para Eventos

Quem já não compareceu a eventos em que era preciso ter um ingresso para ser apresentado na entrada? Os ingressos estão se tornando cada vez mais digitais, embora os físicos ainda sejam amplamente utilizados. Até mesmo os ingressos digitais podem ser apenas um código de barras no seu dispositivo que você imprime e apresenta como um ingresso físico. Vários serviços de bilheteria digital, como o Eventbrite, facilitam a venda de ingressos para os organizadores de eventos. Contudo, os problemas ainda persistem, especialmente para eventos de grande porte, como os musicais e esportivos.

Às vezes acontece de alguém não poder ir ao evento e querer vender seus ingressos. Há também cambistas, que compram blocos de ingressos com o intuito de criar escassez e revendê-los com lucro. Matt se lembra de andar em volta do Yankee Stadium lotado para um jogo contra o Red Sox, em busca de alguns ingressos. Torcedor experiente, ele sabe reconhecer um bilhete falso que algum vigarista esteja garantindo ser verdadeiro. Por sorte, ele nunca caiu nessa. Mas uma vez, ao entrar em um jogo dos Knicks no Madison Square Garden, as pessoas na frente dele foram "rejeitadas", como Clyde Frazier costumava dizer. Elas haviam comprado entradas falsas. De acordo com um artigo da CNBC.com, em 2018, cerca de 12% das pessoas relataram ter se revelado falso um ingresso para um show que fora comprado online.

Deixando de lado as fraudes, o mercado secundário de ingressos atingiu US$15 bilhões. Para esse desempenho, contribuíram sites como o StubHub, um marketplace para vendedores e compradores de ingressos. O StubHub verifica a autenticidade dos ingressos vendidos, mas cobra taxas significativas pelo serviço. Além disso, pode ser necessário enviar ou receber os ingressos pelo correio, ou se valer de uma entrega noturna, se o evento for iminente. Ainda mais importante, nenhum lucro dos ingressos vendidos no mercado secundário vai para os organizadores de eventos, promotores de shows ou artistas performáticos.

Aí entram os ingressos NFT, que resolvem esses problemas.

Primeiro, com os *ingressos* NFT, não há necessidade de uma organização centralizada para autenticar a validade dos ingressos, porque, conforme discutido anteriormente, a autenticidade de um NFT é verificada pelo blockchain. Em segundo lugar, o NFT poderia ser programado para que uma certa porcentagem do lucro gerado pelas revendas fosse enviada automaticamente para a organização que criou os ingressos. Mark Cuban, dono da equipe dos Dallas Mavericks da NBA, ele próprio uma pessoa não ortodoxa quando se trata de tecnologia, está pensando em transformar os ingressos dos Mavericks em NFTs. Em um artigo da CNBC.com de março de 2019, ele disse: "Queremos encontrar maneiras não apenas de que nossos consumidores, nossos torcedores, possam comprar ingressos e revendê-los, mas continuar a gerar royalties com eles."

Tuítes

Talvez você tenha ouvido no noticiário que, em março de 2021, Jack Dorsey vendeu seu primeiro tuíte como NFT por US$2,9 milhões. Quem pensaria em poder fazer de um tuíte um NFT? Isso mostra que as possibilidades com conteúdo NFT podem ser maiores do que se previa.

Aspectos dos NFTs

Cada NFT é, na verdade, um pedaço de código de programação, que no blockchain Ethereum é conhecido como *contrato inteligente* [em inglês, "smart contract"]. Existem padrões para o que deve e pode ser incluído no código de um NFT. Os tokens não fungíveis têm certas características que os diferenciam dos tokens fungíveis regulares. Já mencionamos que os tokens fungíveis na rede Ethereum também são conhecidos como tokens ERC20. Os NFTs na rede Ethereum são tokens ERC721 ou ERC1155. Estes são diferentes conjuntos de padrões que permitem que os NFTs tenham várias funcionalidades e características, além de permitir que os marketplaces e as carteiras funcionem com quaisquer NFTs na rede Ethereum. O blockchain Ethereum atualmente é de longe o blockchain mais popular para NFTs. Existem vários outros blockchains NFT, incluindo o WAX, sigla para World Asset eXchange. Uma das principais empresas que usam o WAX para NFTs é a Topps, detentora de licenças para os direitos sobre colecionáveis (físicos e digitais) para várias ligas esportivas, incluindo a Major League Baseball. Outros blockchains NFT incluem o FLOW, que apresenta os NFTs NBA Top Shots, e o Binance Smart Chain. Entraremos em detalhes sobre os vários marketplaces de NFT no Capítulo 5, "Marketplaces de NFT", e qual blockchain cada marketplace utiliza.

Além de outorgar a condição de propriedade e transferibilidade aos tokens não fungíveis, os padrões discutidos anteriormente permitem que os NFTs contenham os seguintes aspectos:

- Nome
- Conteúdo principal
- Conteúdo para visualização
- Descrição
- Características
- Conteúdo desbloqueável
- Royalties recorrentes
- Oferta

Em termos práticos, um nome, a parte do conteúdo principal e a oferta (que geralmente é igual a um) são necessários. A descrição, o conteúdo desbloqueável e royalties recorrentes são opcionais. As características podem ser um aspecto chave do conteúdo principal de um NFT ou ser, de fato, o conteúdo principal de um NFT. O conteúdo de visualização pode ser necessário em determinadas circunstâncias. Os diferentes tipos e variações são discutidos a seguir.

Nome

Isso é bem simples e direto. Todo NFT, como toda obra de arte, tem um *nome*. Às vezes você verá o número da edição, como "(2/10)" ou "17 de 25" no final do nome. Isso indicaria que, no primeiro exemplo, o NFT é o número 2 em uma edição de 10 e, no segundo, o número 17 em uma edição de 25.

Conteúdo Principal

O *conteúdo principal* de um token não fungível é o conteúdo que levou à criação do NFT. Pode-se também pensar nisso como o propósito específico para o qual o NFT foi criado. Por exemplo, para uma arte digital NFT, conforme mostrado na Figura 2.6, o conteúdo principal seria uma imagem, vídeo, GIF ou modelo 3D. O conteúdo principal de um nome de domínio NFT é o nome de domínio, normalmente representado por uma imagem, e pode conter características particulares.

FIGURA 2.6 Imagem de arte digital NFT e nome de domínio NFT

Considere que a imagem na Figura 2.6 é o conteúdo principal para a arte digital NFT, no entanto, a imagem não é o conteúdo principal do nome de domínio NFT: é apenas uma representação visual do conteúdo principal.

Já nos cartões colecionáveis de jogos digitais, o conteúdo principal do NFT contém uma imagem (ou GIF) e características distintas, como a força do feitiço ou outro item que a imagem representa.

No caso de um terreno digital, o conteúdo principal é a localização do terreno no mundo virtual específico, a qual geralmente é representada por uma coordenada XY (X, Y).

Quando o visual é o conteúdo principal de um NFT, esse conteúdo pode estar em praticamente qualquer formato de arquivo. Todavia, se o NFT for criado em um dos vários marketplaces, o formato e o tamanho de arquivo permitidos variam de um marketplace para outro. Se você estiver criando um NFT no OpenSea, por exemplo, esse conteúdo pode estar em qualquer um dos seguintes formatos de arquivo: JPG (imagem), PNG (imagem), GIF, SVG (gráfico vetorial), MP4 (vídeo), WEBM (vídeo), MP3 (áudio), WAV (áudio), OGG (áudio), GLB (modelo 3D) ou GLTF (modelo 3D). No OpenSea, o tamanho máximo de arquivo permitido é 40 MB.

Conteúdo para Visualização

Se o conteúdo principal não for a imagem, como é o caso de um NFT de áudio, o conteúdo principal pode ser representado por uma parte do *conteúdo para visualização*, que seria principalmente uma imagem ou um GIF. Essa imagem pode ser a capa do álbum ou qualquer outra arte, foto ou imagem para representar a música. Observe que, em sua programação, os NFTs não exigem uma imagem para visualização. Esta tem o objetivo de tornar o NFT mais visível e diferenciado em marketplaces e coleções, em oposição a um gráfico genérico de duas notas musicais ou absolutamente nada.

Há uma distinção muito clara entre uma imagem de visualização e uma imagem em miniatura. Miniaturas são imagens ou vídeos de tamanho reduzido, normalmente utilizadas para representar NFTs quando vários deles são mostrados em uma página específica, como em um marketplace ou coleção. Clicar em uma miniatura geralmente leva à página de detalhes do NFT ou à imagem ou vídeo em tamanho real representado por ela. No caso de haver um botão de reprodução em uma miniatura de vídeo e você clicar nele, em vez da página de detalhes do NFT, o vídeo será reproduzido.

Descrição

Isso também é bastante simples. Além de descrever o NFT, as *descrições* podem servir para mostrar o número da edição, indicar qual é o conteúdo desbloqueável, avisar quanto a direitos autorais ou marca registrada e mencionar outros benefícios, se houver, com os quais o maior lance será premiado.

Eis, a seguir, a descrição do NFT oficial "Crypto Moe" dos Três Patetas:[3]

> "Os Três Patetas saem por 8 tostões, o que, se você pensar bem, é quatro vezes melhor do que dois tostões.
>
> Este NFT colecionável Crypto Moe super-raro é exclusivo, uma espécie de número 1 em uma série de 1. Não há outros, e nenhum outro será emitido.
>
> O maior lance deste leilão também será premiado com a chance de conhecer um dos membros da família de Moe.
>
> The Three Stooges® é uma marca registrada da C3 Entertainment, Inc. Os personagens, nomes, semelhanças ou indícios relacionados ao The Three Stooges® são marcas comerciais e propriedade da C3 Entertainment, Inc. © 2021 C3 Entertainment, Inc. Todos os direitos reservados."

Benefícios. Na descrição, também são informadas, se houver, certas vantagens. *Benefícios* são itens ou experiências adicionais que o autor do

---

[3] Trata-se de um jogo de palavras entre "bit" (traduzido como "tostão"), que em uma de suas acepções significa US$0,25 e "two-bits", que tem duas acepções: US$0,50 e "desimportante". [N. do T.]

lance vencedor também receberá. Por exemplo, o NFT "(1 de 1) GRONK Career Highlight Card", de Rob Gronkowski, teve este benefício descrito: "Além de ganhar o cartão Career Highlight NFT, o maior lance deste leilão terá a oportunidade de encontrar-se com Rob Gronkowski e assistir a um de seus jogos de futebol americano, e ganhar ingressos VIP All-Access para a próxima Gronk Beach. (2 ingressos para jogo a combinar na temporada 2021)." Não temos certeza do que é Gronk Beach, mas parece [uma festa] divertida. A descrição também acrescentava: "Deve estar com este NFT em mãos em 30 de abril de 2021 para resgatar esta oferta." Portanto, se houver condições especiais para os benefícios, elas também devem ser mencionadas.

Benefícios são excelentes para incluir em um NFT e obviamente aumentarão o seu valor. Quão incrível seria conhecer Gronk? Bem, alguém achou que seria realmente fantástico e comprou o NFT por 229 Ethereum, um valor na época de mais de US$433 mil.

Itens Físicos. A descrição de um NFT também pode vinculá-lo a um ativo físico. Por exemplo, a coleção Slabs no OpenSea tem a seguinte descrição:

> **NFTs de cartões digitais colecionáveis lastreados por ativos físicos e classificados, também conhecidos como "Slabs"!**
>
> "Colecione e invista em cartões físicos e colecionáveis de esportes (TCG) tokenizados. Todos os tokens representam cartões cuja classificação está a cargo de empresas conceituadas como PSA/BGS e com notas distintas. (Ou seja, um PSA 10 é distinto e separado de um BGS 9,5.) Os cartões são armazenados de forma segura em locais externos, como o PWCC Vault e outros. Crie sua coleção digital e evite os problemas de envio e armazenamento.
>
> Você tem a opção de resgatar seu NFT para receber um cartão físico. Instruções completas no conteúdo desbloqueável. Os tokens resgatados são destruídos e o novo proprietário é responsável por todos os custos de envio, taxas de atendimento,

se aplicável, e seguro. Acesse nosso link para mais detalhes. NFTs com um número de série da empresa de classificação corresponderão ao que está sob custódia, porém, nem sempre pode ser o cartão exato que você recebe. Você sempre receberá exatamente a mesma nota pela mesma empresa."

Observe que essa descrição de Slabs não está em nenhuma das descrições de NFTs de Slabs, mas sim na descrição da coleção.

Um artista digital pode, da mesma forma, colocar na descrição de um NFT que seu proprietário tem direito ao desenho original — feito à mão — no qual é baseada a arte do NFT.

NFTs são um meio interessante e conveniente de "possuir" um ativo físico por possuir o NFT sem nunca ter que tomar posse do ativo físico. É provável que esse tipo de uso de um NFT tenha alguma expansão, mas há uma pergunta que não quer calar: o que acontece se o criador do NFT não entregar o ativo quando você resgatá-lo? Na realidade, você tem apenas o NFT e uma promessa. De novo: isso vai contra o valor de um ativo blockchain, pois requer a confiança em um terceiro.

Atributos

NFTs são capazes de conter certos atributos e propriedades. Essa característica é de particular importância ao lidar com NFTs para itens incluídos em games e cartões colecionáveis digitais, por exemplo. Os *atributos* podem ser diferentes propriedades ou categorias nas quais o NFT se enquadra, bem como poderes ou vantagens (às vezes chamados de *boosts*) que o NFT fornece e quanto poder extra ou outra vantagem o NFT oferece. Por exemplo, vamos dar uma olhada nos atributos de um NFT de um par de "Luvas" de corrida F1 Delta Time, como mostrado na Figura 2.7.

A primeira área, denominada Propriedades, mostra em que categorias o NFT se enquadra e qual porcentagem de NFTs está contida nessa categoria. Veja que essas luvas estão na categoria Gear [Equipamento] e que elas têm um Tipo de Equipamento de Luvas. Elas são da Temporada

2020 e estão no Nível Raro. Essas categorias são configuradas pelo desenvolvedor do jogo e podem variar de jogo para jogo. Compare essas categorias com as mostradas na Figura 2.8.

Como você pode observar, diferentes categorias de propriedades serão utilizadas por diferentes games.

Para o NFT luvas de corrida, o nível de raridade é 4 de 9. Embora nenhum de nós, autores, tenha jogado *F1 Delta Time*, presumimos que 4 de 9 seja alguma coisa em torno de mediamente raro. Mais importante para o jogo seriam os boosts. Como você pode ver, as luvas fornecem um boost de +395 para agressividade, um boost de +433 para concentração e um boost de +357 para resistência. O cartão Sign of Avarice [Sinal de Avareza, em tradução livre] tem um nível de Ataque de 3, um nível de Saúde de 3 e um nível de Mana de 4. Novamente, nós também não jogamos Gods Unchained [Deuses Soltos, em tradução livre], mas pelo que entendemos, Mana é o nível de energia requerido para jogar o cartão.

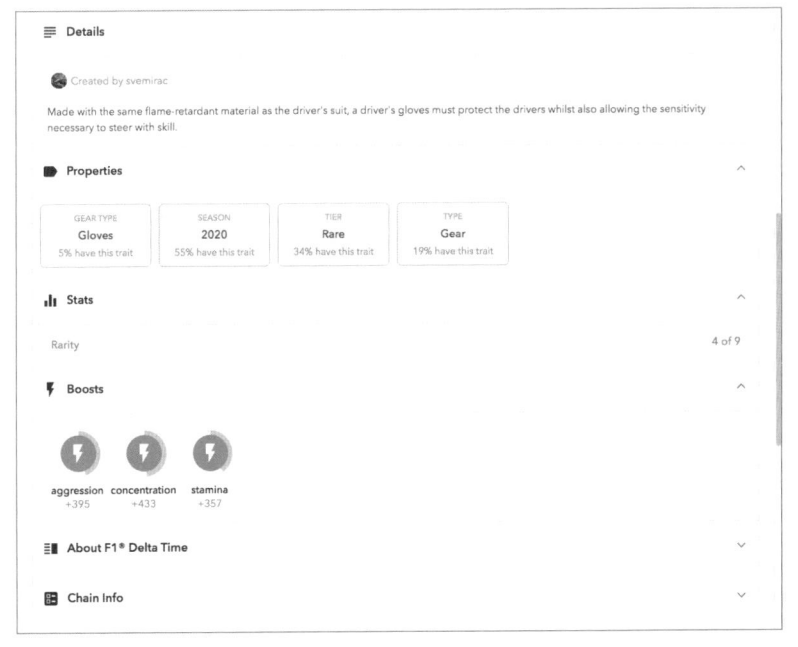

FIGURA 2.7 Atributos de um par de NFT F1 Delta Time "Luvas de Corrida"

Em teoria, não há limites para o número de atributos ou propriedades que um NFT pode conter. Depende do desenvolvedor do jogo, do criador do NFT e de quaisquer parâmetros de exibição que possam ser designados por um marketplace específico.

Conteúdo Desbloqueável

Conteúdo desbloqueável é algo bem legal, só acessível ou visto pelo proprietário do NFT. O conteúdo desbloqueável não apenas agrega valor porque há conteúdo adicional incluído no NFT, como cria curiosidade, o que também pode agregar valor. A descrição do NFT pode descrever somente o conteúdo desbloqueável ou ser uma completa surpresa.

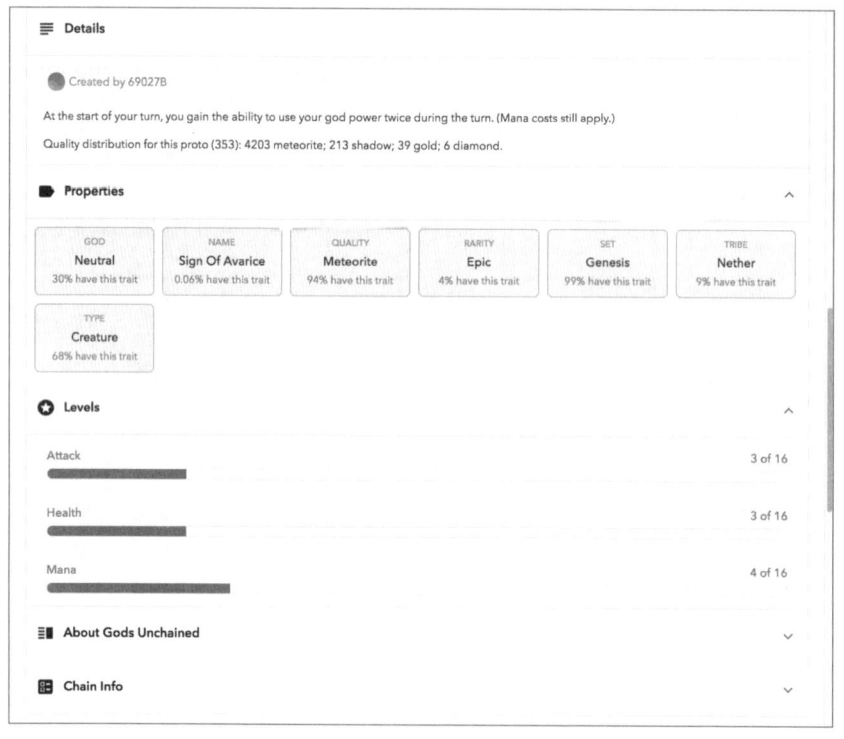

FIGURA 2.8 Atributos do NFT Gods Unchained "Sinal de Avareza ID #73809"

O conteúdo desbloqueável pode ser qualquer tipo de conteúdo. Além de arquivos reais (como imagem ou vídeo), os exemplos incluem informações de contato para resgate de itens físicos ou outros benefícios, credenciais de login para acesso a alguma coisa (como um site ou programa de treinamento online), uma chave de ativação de um game, uma nota do criador do NFT ou mesmo sua sorte sendo tirada por Curly, de Os Três Patetas, como em um dos NFTs Fortune Curly.

Cumpre notar que em alguns marketplaces, como o OpenSea, o conteúdo desbloqueável visível real é apenas texto. Então, caso queira revelar algum outro tipo de conteúdo, como arquivos de imagem ou vídeo, uma opção é indicar links para tais arquivos. Outra é fornecer aos interessados um endereço de e-mail com instruções, aguardar um e-mail de resposta e, em seguida, lhes enviar os arquivos por e-mail.

Royalties Recorrentes

Outro aspecto inovador dos NFTs é que o criador pode definir um *royalty recorrente*. Ou seja: a cada vez que o NFT for vendido no futuro, caberá ao criador original uma certa porcentagem. Assim, artistas e outros criadores de NFT podem, agora, ganhar com as vendas futuras de suas criações sem quaisquer outras providências. O valor dos royalties será enviado automaticamente para a carteira do criador, e este escolhe a porcentagem de direitos que deseja; 10% parece justo. Uma taxa de royalties muito alta desestimula vendas futuras. Observe que quando um NFT é oferecido para venda ou leilão em determinados marketplaces, como OpenSea, os potenciais compradores não conseguem saber qual é a taxa de royalties recorrentes.

Observe também que no OpenSea, a definição dos royalties ocorre, de fato, na criação da coleção, e sua taxa será aplicada a todos os NFTs constantes dessa coleção específica. Além disso, o criador pode indicar o endereço para o qual os royalties serão enviados, o qual pode ou não ser o mesmo da carteira usado para criar os NFTs. Mais detalhes sobre a criação de coleções no Capítulo 6, "Criando e Emitindo NFTs".

Veja ainda que, se você criar NFTs em um determinado marketplace e definir para eles um royalty recorrente, ele pode não ser pago se o NFT for comercializado em um marketplace diferente.

Oferta

Como já discutimos, a *oferta* de um NFT é normalmente (e quase sempre) igual a 1, o que o torna único e não fungível. No entanto, é possível ter uma oferta maior que 1, sendo cada NFT idêntico em todos os aspectos. Observe a distinção entre a oferta e o número de edições de um NFT; por exemplo, que o NFT "Hucksters" de Os Três Patetas, mostrado na Figura 2.9, é o nº 5 em uma edição de 30.

FIGURA 2.9 NFT "Hucksters" de Os Três Patetas (5/30)

A oferta desse NFT em particular é 1. Esse número 5/30 NFT é único. Só existe um "NFT Hucksters" 5/30 NFT. Contudo, existem 30 edições do NFT "NFT Hucksters". Cada NFT na série é numerado distintamente. Assim, a oferta de cada NFT é 1, embora existam 30 edições do NFT.

O que É na Verdade um NFT?

Todos os aspectos de um NFT estão reunidos em um só lugar no blockchain? Na verdade, não. Um NFT é, na realidade, um "contrato inteligente" — um código de programação — baseado no padrão ERC721 (para NFTs baseados em Ethereum). Todos os aspectos anteriores do NFT estão designados no contrato inteligente. Além da oferta e de direitos recorrentes, os aspectos de um NFT estão contidos nos metadados do contrato inteligente. *Metadados* são dados sobre outros dados. Por exemplo, os metadados de um NFT de cartão colecionável de jogo digital podem ser parecidos com o seguinte:

```
{
    "nome": "Elven Wizard",
    "imagem": "storage.googleapis.com/game-image/0x0d7b893b3wdd389cf022530ccd1743ac1db56e4e/0127847.png",
    "descrição": "Mago comum da Edição Alpha de descendência élfica.",
    "atributos": [
        {
            "característica tipo": "Força", "valor": 16
        },
        {
            "característica tipo": "Destreza", "valor": 20
        },
        {
            "característica tipo": "Sabedoria", "valor": 19
        },
        {
            "característica tipo": "Constituição", "valor": 15
```

                }
            ]
        }

Note que a imagem do NFT não está no contrato inteligente, mas armazenada em outro lugar e referenciada nos metadados. A principal razão para isso é que, com grandes arquivos de imagem e vídeo, o blockchain ficaria sobrecarregado. Por essa razão, é extremamente caro implementar contratos inteligentes que incluem arquivos de imagem e vídeo. É caro até mesmo armazenar os metadados on-chain [fonte de dados sobre criptomoedas]. Assim, a maioria dos projetos também armazena os metadados off-chain, com uma referência no contrato inteligente à localização dos metadados.

Existem duas soluções principais para armazenar metadados e arquivos off-chain. A primeira é o armazenamento em nuvem, como Amazon AWS ou Google Cloud, e a outra é o InterPlanetary File System (IPFS). O IPFS é uma rede ponto a ponto descentralizada de computadores em todo o mundo (semelhante a um blockchain) na qual dados e arquivos são armazenados em diversos locais. Em que pese essas sejam as principais soluções, os metadados e os arquivos podem ser armazenados em qualquer lugar da internet.

Portanto, um NFT é, tecnicamente falando, uma referência a dados e arquivos. Discutiremos no próximo capítulo o quanto esses dados e arquivos armazenados são importantes.

Elementos Extrínsecos aos NFTs

Além dos aspectos intrínsecos discutidos neste capítulo, também há nos NFTs *elementos extrínsecos*. Cada NFT, como todo trabalho, tem uma história por trás, que está atrelada ao NFT, declarado ou não.

Uma razão para você ler este livro é porque deseja se envolver com NFTs, provavelmente começar a criar um e, por fim, ter êxito na empreitada. Para muitas marcas, influenciadores, empresas e outros indivíduos desejosos de se envolver com NFTs, pode ser tentador olhar para as vendas bem-sucedidas de NFT e pensar que é possível vender o seu próprio contando simplesmente com a força do valor que eles fornecem, as experiências criadas por eles ou a história da qual fizeram parte até aquele momento.

Infelizmente, não funciona assim.

Para alcançar o sucesso sustentável no longo prazo, os NFTs devem ter os seguintes elementos extrínsecos:

- Uma história convincente de "por que" você (o criador) está entrando no mercado de NFTs.
- Uma reputação que você pode expressar no formato NFT.
- Garantia futura de valor duradouro (ou crescente) dos NFTs.

Você pode apenas querer ir fundo, fazer uns NFTs, se divertir e ver o que acontece. Nada contra, você pode acertar o alvo algumas vezes. No entanto, caso esteja considerando seriamente torná-lo um empreendimento de longo prazo e de mudança de vida, algo certamente possível, leve muito em conta os elementos extrínsecos.

Há mais de 14 anos, Mike Winkelmann (também conhecido como Beeple) partiu do zero para criar uma obra de arte digital todos os dias. Hoje, essa coleção de *Everydays* tem mais de 5.100 ricas obras de arte.

Beeple, como cientista da computação, não tinha experiência em arte. Ele simplesmente queria aprender a desenhar e sentiu que publicar um trabalho todos os dias acumularia seguidores que o ajudariam a se manter responsável e fiel a esse intento.

Em sua visão, ele imaginava vender as primeiras 5 mil obras de arte 13,5 anos depois na forma de um NFT por US$69 milhões? Provavelmente não. Mas aconteceu. Ao examinar por que uma venda desse porte ocorreu, podemos verificar alguns elementos essenciais.

O Porquê

Em termos simples, por que você quer fazer NFTs? Não existe resposta certa ou errada. O que o está levando a isso? Qual é sua motivação? Houve alguma coisa que o incitasse a isso em particular? Como você pode expressar seu porquê em seus NFTs e para seu público? Use seu porquê para construir uma sequência.

A história do porquê de Beeple foi convincente. Sua marca inteira foi alinhada organicamente para ser um artista NFT. Até sua primeira venda NFT, Beeple tirou sua arte do meio digital e vendeu impressões físicas por no máximo US$100. Como artista nativo digital, fazia todo o sentido que seu arquivo de arte digital fosse coletado no meio digital. Ademais, toda a premissa do *Everydays* era mostrar o crescimento da consistência criativa diária. Portanto, possuir uma de suas criações traduzia-se em ter um pedaço da jornada de Beeple. Que história você contará que tornará seu NFT intrigante para os colecionadores?

Reputação

A reputação de Beeple era autêntica. Durante quatorze anos, ele deu (e raramente tirou) para sua comunidade. Beeple inspirou outras pessoas a melhorar a si mesmas, quer isso significasse aprender Cinema 4D e OctaneRender (o software que ele usou para criar sua arte fascinante) ou simplesmente fazer como ele e cumprir uma tarefa todos os dias para se aprimorar. A reputação percorre um longo caminho. Qual é sua reputação e como ela se alinha com sua história do porquê?

Garantia Futura

Adquirir um NFT Beeple vinha com uma sensação de garantia futura. Sabemos que Beeple continuará a criar *Everydays* no futuro, o que assegura aos potenciais colecionadores que ele estará envolvido com isso no longo prazo. Ele não sumirá do dia para a noite. Como você mostrará ao mercado NFT que deseja crescer com a comunidade?

Quando justapomos o imenso sucesso do Beeple em NFTs contra o fracasso do Basquiat NFT, aprendemos ainda mais sobre os elementos extrínsecos que listamos anteriormente.

No final de abril de 2021, a DayStrom listou uma versão NFT da peça *Free Comb with Pagoda*, de Jean-Michel Basquiat. Além da posse do NFT, o vencedor do leilão teria o direito de destruir o Basquiat físico original — eliminando-o inteiramente do meio físico e deixando apenas a versão digital. A teoria subjacente era a de que destruir o original tornaria o NFT mais valioso.

Após alguns dias (sem lances), a venda do NFT foi cancelada devido a uma disputa de direitos autorais.

Como explicar que um cientista da computação que criou arte digital em seu tempo livre conseguiu vender mais de US$75 milhões em NFTs, enquanto um ícone de arte não conseguiu um único lance?

Ainda que seja uma história intrigante sobre a peça, ignorou-se o fato de que os colecionadores podem não ter interesse em destruir uma obra de arte de um dos artistas mais influentes da história norte-americana. Além disso, planejava-se listar todo o trabalho de Basquiat como NFTs? Todos teriam a chance de destruir o original? Tal estratégia não indicava garantia futura.

Nem todos os lançamentos de NFT bem-sucedidos incorporam os elementos extrínsecos que listamos anteriormente. Nem isso se constitui em um guia completo para vender seu NFT, que abordaremos no Capítulo 7, "Vendendo NFTs".

Em janeiro de 2005, um homem chamado Dave Roth involuntariamente fez história na internet ao tirar uma fotografia de sua filha de 4 anos, Zoë, parada em frente de uma casa pegando fogo e olhando de modo malicioso para a câmera. A foto viralizou e ganhou vida própria como o meme "Disaster Girl", um dos mais reconhecidos da história.

Dezesseis anos depois, a fotografia original foi vendida como NFT por 180 ETH (ou mais de US$700 mil no momento em que escrevemos este livro).

Embora se desconheça a razão pela qual a @3FMusic comprou o NFT, podemos supor que tenha sido pela reputação e significado histórico, e não por qualquer garantia futura ou narrativa convincente.

O valor colocado em um NFT ainda pode lhe parecer um enigma; nada mais do que avaliações aleatórias tiradas da cartola. No próximo capítulo, exploraremos com mais detalhes por que os NFTs têm valor.

Ao menos, até agora, você deve entender o que são NFTs, seus diferentes tipos e aspectos, bem como alguns elementos extrínsecos que contribuem para um NFT ser atraente — e os motivos que fazem com que as pessoas os colecionem.

Vejamos, a seguir, a questão do valor dos NFTs.

CAPÍTULO 3

Por que NFTs Têm Valor

Nós consideramos o conteúdo da internet como "gratuito". Porém, na verdade, como o modelo de internet é baseado em anúncios, *esperamos* que todo ele seja gratuito. Caso tuítes, memes, vídeos, artigos — o que for — não sejam gratuitos, a grande maioria de nós apenas segue clicando para sair. Por esse motivo, é difícil para a maior parte das pessoas pensar em comprar algo digital, como um token não fungível (NFT), que parece ser possível ter de graça: "Por que eu compraria algo que qualquer um pode ver online, fazer uma captura de tela e considerar-se 'dono' daquilo?"

A resposta a essa pergunta tem diversas facetas, que exploraremos ao longo deste capítulo. Porém, tal como fizemos no Capítulo 2, "O que São NFTs?", quando abordamos pela primeira vez as razões pelas quais as pessoas colecionam, gostaríamos de iniciar abordando o princípio inicial que gira em torno do conceito de "valor", no intuito de criar uma compreensão básica de por que os NFTs têm valor.

Por que Colecionáveis Têm Valor?

A Segunda Guerra Mundial recalibrou a importância dos recursos. A maioria de nós está familiarizada com o racionamento de açúcar, carne, gasolina, pneus e papel nos EUA. Mas você sabia que o cobre também estava no rol de suprimentos escassos?

O cobre era essencial na fabricação de geradores e motores, bem como de circuitos de rádio e munição. Com a Segunda Guerra Mundial ocorrendo em terra, ar e água, era enorme a quantidade de máquinas que precisavam de fiação de cobre para operar. Sem mencionar que nunca os norte-americanos poderiam produzir munição suficiente para lutar na guerra.

A produção doméstica de cobre dos Estados Unidos não era suficiente para satisfazer as necessidades da guerra. Agora, adivinhe quem, àquela altura, estava entre os grandes consumidores de cobre? A Casa da Moeda dos EUA.

Em dezembro de 1942, o Congresso aprovou um projeto de lei autorizando a Casa da Moeda dos EUA a utilizar diferentes metais para confeccionar moedas de centavos. Como resultado, a partir de 1943, a composição das moedas de centavos passou de 95% de cobre, 4% de zinco e 1% de estanho para quase inteiramente de aço com um fino revestimento de zinco para evitar a ferrugem.

Cerca de 1,1 bilhão de moedas de centavos de aço depois, a população norte-americana rejeitou a mudança na aparência das moedas, de marrom para prateada, sem contar que a composição mais leve também confundia as máquinas de venda automática. Em consequência, a produção de moedas em aço cessou em 1943 e voltou-se à composição de 95% de cobre e 5% de zinco (até 1982, quando mudou novamente, desta vez para zinco revestido de cobre).

Dentro da transição anual de materiais, havia moldes extras (discos de metal prontos para serem estampados) tanto de cobre quanto de aço. Isso resultou em centavos de cobre de 1943 e centavos de aço de 1944, que deveriam ter sido descontinuados no ano anterior, mas que acabaram sendo confeccionados, provavelmente por engano.

Aproximadamente 40 moedas de um centavo de cobre foram produzidas em 1943, e outras 35 de aço, em 1944. Quando comparadas às bilhões de moedas confeccionadas durante esses dois anos, esses 75 erros instantaneamente ganharam a aura de raridade.

Em meio ao processo de contribuir para o esforço de guerra, a Casa da Moeda dos EUA criou, ao mesmo tempo, um item colecionável raro para numismatas de todos os lugares.

Muitas décadas à frente, as estimativas colocam o valor dessa moeda de cobre de 1943 em algo entre US$150 mil e US$200 mil, e a de aço de 1944 em algum ponto entre US$75 mil e US$110 mil (dependendo, é lógico, de sua condição).

No entanto, como diz o ditado, a arte vale o que alguém estiver disposto a pagar por ela. Isso se aplica a colecionáveis também.

Em 2010, Bill Simpson, coproprietário do Texas Rangers, pagou US$1,7 milhão — um recorde — por uma moeda de cobre 1943-D, e sete anos depois, mais US$1 milhão por uma moeda de cobre 1943-S (as letras "D" e "S" designam as filiais da Casa da Moeda dos EUA nas cidades de Denver e São Francisco). Essas duas compras completaram sua coleção de uma moeda de cobre de 1943 de todas as três casas da moeda dos EUA existentes na época (a outra era a 1943-P, com o "P" significando Philadelphia).

Não deixa de ser um absurdo o fato de que uma moeda com um valor nominal de 1 centavo possa valer um total de sete dígitos. Mas não podemos pensar em uma metáfora melhor para como os colecionáveis são valorados e como podem representar valor muito maior do que o originalmente pretendido.

Só porque algo é raro não significa que seja valioso. Há muitos fatores que influenciam o preço dos colecionáveis, como segue.

Prova de Procedência. A procedência está relacionada com a origem de um item. Ao se referir a colecionáveis, *procedência* é um registro de propriedade que serve de guia para a autenticidade ou qualidade. A prova de procedência significa, portanto, que um determinado item de colecionador é, de fato, o que afirma ser. No que diz respeito à arte, a procedência é o rol [ou cadeia] documentado de títulos desde o proprietário atual até o artista. Nas transações de arte e colecionáveis, a procedência é fator que favorece ou impede uma negociação.

Relevância Histórica. O período de tempo em que um colecionável foi criado, ou a narrativa histórica que levou à sua criação, pode ter influência no preço do colecionável. Quando a Segunda Guerra Mundial inadvertidamente causou a criação dos raros centavos de 1943 e 1944, isso passou a fazer parte da história dessa moeda. Tal fato aumenta a complexidade do porquê da enorme valoração, o que não acontece com as muitas outras moedas erroneamente cunhadas liberadas por simples engano pelas casas da moeda ao longo da história.

Sentimento. A conexão emocional entre colecionador e colecionável também não pode ser posta de lado. Ela pode levar o colecionador a pagar mais por um item só por ser algo significativo para ele.

Condição. Obviamente, a condição de um item é importante. Colecionáveis de todos os tipos são analisados e classificados segundo seu desgaste. No caso de se tratar de peças únicas e exclusivas, a condição não exerce um papel significativo. Mas quando existem múltiplos de um colecionável, como no exemplo do centavo em tempo de guerra, quanto melhor a condição, maior o valor. Vem daí o grande esforço dos colecionadores para preservar a qualidade de suas coleções.

Coleção Completa. Possuir todo o conjunto ou variações de um colecionável também joga a favor do preço. Para ultracolecionadores como Bill Simpson, a emoção da busca impera e os faz querer a coleção completa. Quanto mais raro o colecionável, mais difícil completar o conjunto. Assim, adquirir um conjunto inteiro de um colecionável aumenta o valor dos itens individuais. Em outras palavras, dá maior poder de comercialização aos colecionáveis.

Nem é preciso dizer, para quem desconhece a questão, o enigma que pode representar o valor de um colecionável. Imagine tentar comprar uma casa de US$1 milhão oferecendo uma daquelas moedas raras. Você seria ridicularizado (por aqueles que não estão cientes da raridade da moeda).

O valor do colecionável raramente é compreendido por pessoas de fora do universo desse colecionável. Entretanto, é esse o ponto. O valor dos colecionáveis é em grande parte aumentado porque existem colecionadores. Oferta e demanda são o principal determinante do valor dos colecionáveis. Todos os outros fatores têm seu papel na história do item, mas não havendo demanda, não há valor (a essa altura).

Outro grupo de colecionadores que entende os princípios envolvidos no valor é aquele ligado às belas artes. E se há algo com que todos os colecionadores devem se preocupar é com a autenticidade da peça.

Para compreender os NFTs e seu valor, primeiro exploraremos os problemas que afligem os mundos tradicionais da arte e colecionáveis. Ao longo dos anos, um e outro viram-se assolados por falsificações, pirataria, fraudes de todo tipo e muitos pontos de interrogação.

Os Problemas da Arte Tradicional

Um segredinho sujo no mundo da arte é que há anos as falsificações inundam o mercado de arte, um problema que persiste ainda hoje. De acordo com um relatório de 2014 do Fine Art Expert Institute (FAEI) da Suíça, 50% (isso mesmo, 50%) das belas artes em circulação no mercado são falsificadas ou equivocadamente atribuídas. Há quem conteste esse número, mas falsificações continuam a ser descobertas em coleções particulares, galerias e museus em um mercado global cujas vendas chegaram a mais de US$64 bilhões em 2019.

Fraudes Recentes

Fraudes e falsificações de arte acontecem há milênios, mas os métodos de autenticação permanecem os mesmos. Eis a seguir apenas algumas das fraudes mais recentes que destacam a falibilidade dos critérios usados para autenticar obras de arte.

As Fraudes em Obras dos Grandes Mestres. Um retrato de Frans Hals, supostamente pintado no século XVII, foi vendido por US$10 milhões em 2011. Em 2016, descobriu-se que havia materiais modernos na tela, provando tratar-se de uma falsificação. Acredita-se que esse escândalo possa envolver até 25 pinturas de Grandes Mestres com um valor total de US$255 milhões.

A Quadrilha de Falsificadores da Knoedler. Entre 1994 e 2008, a Knoedler Gallery vendeu mais de duas dúzias de falsificações, com um montante de US$80 milhões, para compradores desavisados. Uma negociante de arte de Long Island, em conluio com seu namorado e seu irmão, contratou um artista no Queens, Nova York, para criar pinturas nos estilos de Jackson Pollock, Mark Rothko e Robert Motherwell, dentre outros. Os cabeças da quadrilha também elaboraram documentos de procedência falsos (rol de títulos).

Os Bronzes Falsos de Giacometti. Um falsificador do artista suíço Alberto Giacometti foi finalmente preso em 2011 depois de vender mais de mil esculturas forjadas e bronzes falsos no valor de quase US$9 milhões em um período de trinta anos. Como remodelar é mais fácil do que pintar, o mercado de esculturas é ainda mais sombrio do que o da pintura. A fraude continua a repercutir ainda hoje, já que muitas das esculturas forjadas ainda estão no mercado.

Falsificações Vendidas no eBay. Em 2016, um negociante de arte de Michigan foi descoberto usando vários pseudônimos ao longo de dez anos para vender dezenas de obras de arte forjadas no eBay. Os artistas falsificados incluíam, entre outros, Willem de Kooning, Franz Kline e Joan Mitchell. O fraudador também criou recibos, notas fiscais e correspondências falsas a título de autenticar a procedência das obras. O Smithsonian pode ter sido enganado, pois possui seis obras desse negociante em seu acervo.

Veja que esses são apenas alguns dos golpes fraudulentos de maior repercussão ocorridos recentemente. Recuando no tempo, entre 1985 e 1995, o londrino John Myatt, tido muitas vezes como um dos mestres (da falsificação), forjou mais de duzentos quadros de pintores como Chagall, Picasso e Monet, os quais vendeu por vários milhões de libras, logrando as mais prestigiosas galerias, colecionadores e casas de leilões. Hoje em dia, o mundo da arte não está melhor quando se trata de falsificações, e não parece haver nenhum alívio à vista.

A Falibilidade do Connoisseur

No mundo da arte, pinturas e outras obras de arte são autenticadas por connoisseurs [os "especialistas" ou "conhecedores"]. Eles examinam uma obra, tentando sentir a presença da mão do artista, e, então, fornecem uma opinião completamente subjetiva, baseada em sua "experiência" e "expertise". As desvantagens óbvias desse sistema de autenticação estão na completa subjetividade — os assim reputados especialistas são falíveis, são tendenciosos e potencialmente corruptíveis. Ao lidar com uma pintura que pode valer dezenas ou centenas de milhões de dólares, não é tão difícil ser "enganado". O mundo da arte de ponta também pode ser descrito como uma panelinha. Se os componentes não o quiserem lá dentro, você passará por maus bocados. Tomemos, por exemplo, uma pintura que a então caminhoneira boca-suja Teri Horton, de 73 anos, comprou em um bazar por US$5. O documentário de 2006, *Who the #$&% Is Jackson Pollock*? (Picturehouse, 2006) acompanha sua jornada para que a pintura seja reconhecida pelo mundo da arte como um Jackson Pollock. Não é de admirar que, dada a falta de procedência, os especialistas declararam que o quadro era uma falsificação óbvia. Francamente, também estaríamos céticos. Mas então Teri Horton contratou um cientista forense que encontrou uma impressão digital na parte de trás da tela que correspondia a uma impressão digital de uma lata de tinta no estúdio de Jackson Pollock. Também batia com as impressões digitais encontradas em outras pinturas autênticas de Jackson Pollock. E, para coroar, a análise de cromatografia gasosa da composição da tinta utilizada na pintura de Teri e da tinta encontrada no chão do estúdio de Jackson Pollock indicava que ambas eram idênticas. Não obstante a evidência forense, os "especialistas" insistem até hoje que suas conclusões subjetivas originais estão corretas, com um deles declarando que a pintura simplesmente "não reluz como um Pollock".

Chega a ser chocante que muitos bilhões de dólares de valor no mundo da arte estejam por conta de "especialistas". Também não há como saber quantas falsificações continuam à vista de todos, uma vez autenticadas por connoisseurs.

Questões de Procedência

Outro fator utilizado para autenticar obras de arte é sua procedência, que, como observado anteriormente, é um rol de títulos documentados do proprietário atual até o artista. Como ocorre muitas vezes nas fraudes, a pintura foi "recém-descoberta" e tem pouca ou nenhuma documentação de procedência. Outras vezes, como em alguns dos exemplos anteriores, a procedência é totalmente forjada com documentos falsos.

Ainda mais inquietante é o fato de que fraudadores com pinturas forjadas têm conseguido inserir procedências falsas nos registros de instituições célebres, como a Tate Gallery, Victoria e Albert Museum e British Council, entre outras. Como confiar em registros assim contaminados a respeito de uma pintura qualquer? Nem mesmo se sabe o quão difundida é essa prática. Alguns registros podem até desconhecer se e em que medida eles contêm procedências falsas. Além disso, alguns falsificadores até imprimiram catálogos falsos e os colocaram em bibliotecas de museus.

É insondável o grau de infâmia do mundo da arte, ontem e hoje em dia, na questão da autenticação de obras de arte, especialmente quando dezenas ou centenas de milhões de dólares podem estar em jogo. Como qualquer obra de arte pode ser confiável neste momento?

Os Problemas com Colecionáveis e Memorabilia

O tamanho do mercado global de colecionáveis é estimado em US$370 bilhões. Isso cobre uma infinidade de itens — cartões esportivos, memorabilia, antiguidades, histórias em quadrinhos, moedas, selos e, claro, Beanie Babies, para citar alguns. À semelhança do mundo da arte, fraudes e falsificações no mercado de colecionáveis proliferam. Até 80% das antiguidades vendidas online provavelmente são falsas ou provenientes de pilhagem. Há 20 anos (e talvez ainda hoje), 90% dos itens esportivos vendidos nos Estados Unidos eram piratas. O FBI até precisou agir para reprimir os Beanie Babies falsificados.

Falsificações

Todos os tipos de falsificações inundam o mercado de colecionáveis. Os exemplos a seguir são apenas uma gota no oceano.

Assinaturas Falsas. Nos anos 1990, em uma ação batizada de Operação Bullpen, o FBI se infiltrou no mercado de fraude de memorabilia dos EUA e reprimiu várias quadrilhas de fraudadores e indivíduos envolvidos na falsificação de assinaturas para todos os tipos de esportes e memorabilia de celebridades. Especialistas e colaboradores estimaram que a memorabilia forjada alcançava mais de US$100 milhões por ano. A operação teve os seguintes resultados:

- Sessenta e três acusações e condenações.
- Mais de US$4,9 milhões em apreensões.
- Dezoito quadrilhas de falsificadores desmanteladas.
- Mais de US$300 mil restituídos a mais de mil vítimas.
- US$15.253.000 em perdas econômicas evitadas com o confisco de dezenas de milhares de peças de memorabilia falsificadas, por

meio de 75 mandados de busca e apreensão, e mais de 100 evidências de compras encobertas.

Greg Marino, uma das pessoas condenadas na Operação Bullpen, que foi tema de um documentário da ESPN, *The Counterfeiter*, é conhecido como o maior falsificador do mundo. De Babe Ruth a Mickey Mantle; de Ty Cobb a Albert Einstein; de Alfred Hitchcock a Abraham Lincoln, e muitos, muitos outros, Greg Marino era o mestre. Ele costumava forjar centenas de peças de memorabilia por dia. E ele era apenas um falsificador entre muitos.

Desde a Operação Bullpen, o setor implementou procedimentos de autenticação pelos quais um "autenticador" avalizaria uma assinatura e colocaria um adesivo de "autenticação" no item ou forneceria alguma outra forma de certificado de "autenticidade". Não é de surpreender que adesivos e certificados falsos de autentificação tenham surgido com itens falsificados, algo um tanto semelhante a falsas procedências de obras de arte.

Eu (Matt) tenho um amigo — vamos chamá-lo de Barney — que costumava ir a convenções de cartões de beisebol e pegar autógrafos de jogadores que pediam US$10 ou mais para assinar uma bola de beisebol. Ele conseguiu Ted Williams, Dom DiMaggio, Jim Rice e Carl Yastrzemski para mim. Não há adesivo de "autenticidade", pois nenhum estava disponível na época, mas confio completamente em Barney; nós crescemos juntos.

Especialistas em análise de assinaturas podem identificar com facilidade uma falsificação grosseira; mas e quanto a falsificações mais magistrais, como uma de Greg Marino? Temos a sensação de que a análise de assinatura é provavelmente mais científica do que a de um connoisseur da arte, porém, como se pode realmente ter certeza de que um colecionável assinado seja autêntico?

Cartões Adulterados e Falsificados. Além de enquadrar vários falsificadores de assinaturas, a Operação Bullpen desbaratou duas quadrilhas de cartões falsificados.

O mais famoso incidente de cartão alterado é o tema de um livro, *The Card: Collectors, Con Men, and the True Story of History's Most Desired Baseball Card* (O Cartão: Colecionadores, Vigaristas e a Verdadeira História do Cartão de Beisebol Mais Desejado da História, em tradução livre), cujos autores são dois repórteres do *New York Daily News*, Michael O'Keefe e Teri Thompson. O livro se concentra em um dos cartões de beisebol mais caros do mundo, um Honus Wagner 1909 T206. Sabe-se que existem somente uns cinquenta desses cartões, a maioria em mau estado de conservação. Mas um deles tinha cantos inteiros e parecia ter resistido aos efeitos do tempo. Seu preço chegou a US$2,8 milhões em 2007. Acontece que um negociante de memorabilia esportiva havia aparado as bordas para fazer parecer que o cartão estava bem preservado, e funcionou… até quando ele finalmente foi pego.

Não faz muito tempo, a adulteração de cartões esportivos chamou a atenção do FBI, que localizou centenas de cartões vendidos por US$1,4 milhão, supostamente retocados ou indevidamente alterados por "médicos de cartões".

A investigação também se concentrou na Professional Sports Authenticator (PSA), a maior empresa de classificação de cartões esportivos, na qual os colecionadores confiam para ajudar a determinar a condição dos cartões, um fator que tem grande peso no valor de mercado de um cartão. A PSA atualmente é ré em uma ação coletiva.

Itens Falsos Usados em Jogos. Outra área em que a fraude corre solta no mercado de colecionáveis é a de camisetas e equipamentos esportivos. Em 2012, um homem da Flórida foi condenado por acusações, na esfera federal, de fraude por distribuir réplicas de camisetas esportivas usadas em jogos. Ele adicionava emblemas ou bordava marcas identificáveis para que parecessem que atletas profissionais os haviam usado em jogos.

Mais recentemente, em 2018, o quarterback do New York Giants, Eli Manning, enfrentou uma ação cível, cuja alegação é a de que ele estava se valendo de equipamentos não usados nos jogos como se tivessem sido. Capacetes e camisetas usadas em jogos têm valor nitidamente mais alto graças à sua escassez e relevância histórica. Manning havia feito um acordo com a Steiner Sports, uma conhecida empresa de artigos esportivos, para fornecer dois capacetes e camisetas usados em jogos. Manning, então, teria enviado um e-mail para o gerente de equipamentos do Giants, pedindo que ele enviasse à Steiner Sports "dois capacetes que podem passar como usados no jogo".

Degradação

Muitos colecionáveis também estão sujeitos a desgaste pela ação do tempo, degradando-se ao longo dos anos. Em função disso, há toda uma atividade econômica envolvida na classificação de colecionáveis, principalmente de cartões esportivos e histórias em quadrinhos. A luz ultravioleta, a umidade e até o oxigênio podem ter efeitos deletérios em colecionáveis de todos os tipos, além do manuseio ou eventuais acidentes. Embora existam meios capazes de retardar o processo de envelhecimento e oferecer certa proteção, uma porcentagem diminuta de itens colecionáveis pode ser encontrada em perfeitas condições.

À medida que um colecionável se degrada, o mesmo acontece com seu valor.

A Arte Digital Antes dos NFTs

Conforme discutido anteriormente, a arte digital é aquela existente em um meio digital, como uma imagem ou vídeo. Como a indústria da música descobriu de forma frustrante, os arquivos digitais podem ser copiados e circular por todo o ciberespaço sem perda de qualidade. Após uma década tentando saber o que fazer, o setor musical desenvolveu técnicas de gerenciamento de direitos digitais (em inglês, digital rights management

— DRM) para diminuir o ritmo das cópias de músicas para o formato digital (principalmente MP3). Ademais, foram desenvolvidos serviços de streaming, como o Spotify, bem como novas formas de royalties para monetizar essas novas tecnologias de distribuição de música.

Grandes companhias que trabalham com fotos, vídeos e clip-arts também tentam proteger os produtos de seus catálogos. Elas contratam empresas cujos softwares monitoram a web, procurando cópias de imagens nos catálogos de seus clientes. Um blogueiro, ou alguém que postou uma foto do acervo delas, pode receber um e-mail ameaçador de uma dessas empresas solicitando o pagamento de uma taxa de licença. Não temos certeza da eficácia disso, mas é provável que algumas pessoas paguem, enquanto outras apenas removam a imagem utilizada.

Mas e quanto aos artistas digitais, cuja grande maioria é independente? Eles não têm os meios para impor seus direitos autorais na internet. É uma tarefa gigantesca para um indivíduo. E como seria viável vender, ou melhor, quem compraria uma obra de arte digital se ela pudesse simplesmente ser copiada e compartilhada? Supomos que o artista pudesse imprimir e vender sua obra. Contudo, já não seria mais arte digital, e se estaria lidando com o mundo da arte eivado de fraudes. Sair da frigideira para cair no fogo.

A Verdadeira Vantagem dos NFTs

Os NFTs resolvem os principais problemas que infestam a arte tradicional e os colecionáveis — autenticidade e procedência — e também oferecem várias outras vantagens.

Autenticidade

Ao contrário do mundo das belas artes, os NFTs não requerem especialistas semelhantes a médiuns de parque de diversões evocando o espírito do artista para dizer se ele pintou uma peça em particular. A autenticidade de um NFT é verificada pelo blockchain.

Já vimos que um NFT é um contrato inteligente, e cada contrato inteligente, como uma carteira blockchain, tem seu próprio endereço. No caso de um NFT baseado em Ethereum, o contrato inteligente do NFT tem um endereço Ethereum de 42 caracteres. Qualquer um pode acessar um explorador de blocos, inserir o endereço de um NFT na barra de pesquisa e encontrar facilmente o contrato inteligente do NFT. Além disso, o explorador de blocos mostrará o endereço que originou o NFT. Se o endereço do contrato inteligente corresponder ao endereço do artista (ou de outro criador conhecido), o NFT é autêntico. Se isso não acontecer, o NFT não é autêntico e não pertence ao suposto artista ou a outro criador conhecido. É isso. Sem incerteza, sem "especialistas" e sem sortilégios.

Em marketplaces como o OpenSea, você também pode verificar quem criou o NFT. Uma vez na página de um NFT, basta rolar para baixo até a seção Histórico de Transações e rolar até o fim nessa seção para ver quem criou o NFT. Se esse for o nome ou endereço verificado do artista (ou outro criador conhecido), o NFT é autêntico.

Procedência

A procedência de um NFT já está embutida nele: um rol de títulos, desde o criador ao proprietário atual. Na verdade, a série de títulos é a base da verificação do blockchain, que se aplica a todas as criptomoedas.

Conforme discutimos no Capítulo 2, cada transação no blockchain tem que ser verificada. Vamos ver mais detalhadamente como funciona o processo de validação.

Um *blockchain* é uma rede descentralizada, ou seja, não há uma autoridade central ou localização de um blockchain (veja a Figura 3.1). Existem várias (em certos casos, milhares) cópias do blockchain (a lista de todas as transações) em diferentes computadores em diferentes localizações geográficas ao redor do mundo.

Cada cópia do blockchain é preservada por diferentes pessoas ou grupos. Cada um dos computadores na rede é referido como um *nó*. Todos os nós estão constantemente sincronizando uns com os outros por meio de uma rede ponto a ponto descentralizada a fim de manter a integridade dos dados da transação.

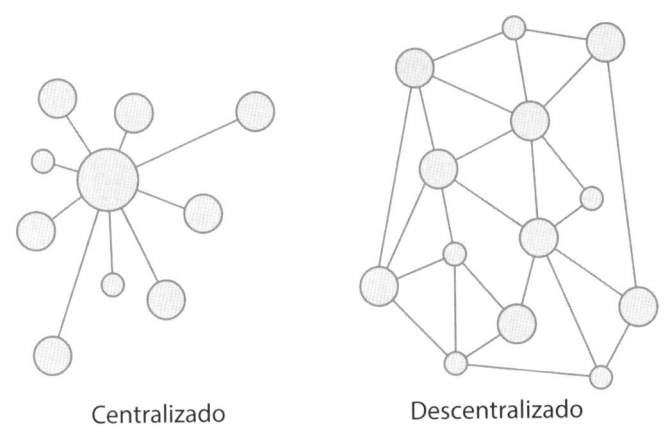

FIGURA 3.1 Sistema centralizado versus sistema decentralizado

Mineradores ou validadores obtêm (ou ganham) o direito de validar transações em um bloco. Isso é determinado pelo método de prova de trabalho ou prova de participação, discutido mais adiante neste capítulo. O validador deve determinar se o endereço que envia a criptomoeda realmente dispõe de tal quantidade de criptomoeda para enviar. Isso é feito subindo a cadeia: o endereço de envio recebeu a criptomoeda da carteira B, que a recebeu da carteira C, que a recebeu da D, e assim por diante, até o último bloco verificado, que, de fato, valida a transação até o primeiro bloco (o bloco de gênese) do blockchain.

Da mesma forma, cada proprietário (original, interino e atual) e transação de um NFT é registrado no blockchain. Assim, ao pesquisar o endereço de um NFT em um explorador de blocos ou verificar o histórico de transações em um marketplace, você saberá quem é o criador do NFT, cada proprietário subsequente e as datas e valores (em criptomoeda) de cada transação. Essas transações são imutáveis (uma vez confirmadas no blockchain), bem como a natureza do blockchain, implicando em uma cadeia rígida de título ou procedência.

Permanência

O blockchain também garante *permanência*. Ao contrário dos colecionáveis físicos, os NFTs não se degradam com o passar do tempo, nem podem ser danificados ou destruídos acidentalmente. Teoricamente, são capazes de permanecer em bom estado para sempre.

No entanto, tal como no caso da arte física e de colecionáveis, o proprietário de um NFT pode destruí-lo de modo intencional e permanente. Esse procedimento é conhecido no ambiente criptográfico como *queimar*. Por que alguém queimaria a arte da qual é o dono? Não sabemos, mas você deve estar ciente de que isso pode ser feito.

Escassez

Seria bom se você pudesse fazer cópias dos Bitcoin em sua carteira para ter o dobro da quantidade deles, não seria? Bem, obviamente isso não pode ser feito. Bitcoin ou qualquer outra criptomoeda, ou qualquer moeda, não teria sentido se alguém pudesse copiar. Eu (Matt) me lembro de quando, no fliperama do shopping, um garoto colocou dólares fotocopiados na máquina de câmbio para conseguir moedas de verdade. O Serviço Secreto caiu em cima dele com toda força. Criar moeda falsa é um crime grave, como deve ser, para manter a integridade da moeda.

Da mesma forma que você não pode copiar Bitcoins ou qualquer outra criptomoeda, não pode copiar NFTs. Afinal, como discutimos, um NFT é uma criptomoeda, com oferta de 1. Assim, a escassez de um NFT é garantida pelo blockchain.

A escassez, tal como ocorre com a autenticidade dos NFTs, possibilita que os artistas comercializem obras de arte digitais sem ter que se preocupar com originais não licenciados ou fraudulentos. Abre um mercado totalmente novo para artistas digitais e criadores de colecionáveis digitais — um mercado que nunca existiu antes e que está gerando milhões de dólares.

Royalties Recorrentes para os Criadores

Quando um pintor vende uma pintura, tudo o que recebe é a quantia em dinheiro pela qual ela foi vendida. Quando essa pintura é posteriormente vendida para o próximo comprador, possivelmente por dez vezes, cem vezes ou até mais do que o valor da venda original, o artista nada recebe dessa venda secundária ou qualquer venda posterior. Não há royalties recorrentes para um pintor ou outros meios de ele lucrar com o aumento do valor de seu trabalho (além de pintar novos quadros).

Além de criar um mercado totalmente novo para arte digital e colecionáveis, os NFTs podem conter royalties contínuos, permitindo aos artistas e outros criadores compartilhar vendas futuras de sua arte. E os artistas não precisam emitir faturas ou monitorar o comprador, nem depender de intermediários ou esperar seis meses para receber. Os royalties são enviados automaticamente para a carteira de criptomoedas do artista.

Tenha em mente que os royalties recorrentes são garantidos apenas se o NFT for vendido no mesmo marketplace em que foi criado. O royalty recorrente pode não ser pago se o NFT for comercializado em um marketplace diferente.

Vantagens de um Sistema Descentralizado

Os NFTs, que são fundamentados na tecnologia blockchain, se beneficiam das vantagens inerentes a um sistema descentralizado.

Não Há um Ponto Único de Falha. Os sistemas de transações centralizadas consistem em um banco de dados e um processo de verificação executado em um único local ou autoridade central. Por exemplo, ainda que os bancos funcionem em vários locais, são sistemas centralizados. Um banco controla seu próprio banco de dados e verifica todas as transações dentro e fora das contas nele mantidas.

O problema com um sistema centralizado ocorre quando há uma violação causada por um hacker, que pode obter acesso a todos os registros no banco de dados e roubar dados confidenciais ou até mesmo alterá-los. Por exemplo, em 2019, alguém invadiu o banco de dados da Capital One e obteve os dados pessoais de mais de 100 milhões de pessoas. O principal problema nesse caso é que havia apenas um lugar que o hacker precisava atacar para entrar no banco de dados.

Em um sistema descentralizado, não há um ponto único de falha que possibilite a um invasor acessar o banco de dados. Se um invasor conseguir acessar um dos nós Bitcoin e tentar alterar transações anteriores ou adicionar falsas transações ao blockchain, os outros nós as reconhecerão como algo anômalo e o restante da rede as rejeitará.

Não Há uma Única Autoridade Controladora. Com uma única autoridade controladora, novamente como em um banco, este (sujeito a certas regulamentações governamentais) tem controle total do banco de dados e de como ele é gerenciado. Ademais, o banco tem controle total (mais uma vez, sujeito a certas regulamentações governamentais) da maneira pela qual realiza as transações. Por exemplo, você pode ter um cheque depositado que está em um período de compensação para que o dinheiro fique disponível. O banco determina esse prazo e pode até estendê-lo. Desejo-lhe sorte ao tentar obter esses fundos mais cedo.

Como já mencionado, em um sistema descentralizado, nenhuma autoridade centralizada o controla. Além de todas as transações serem verificadas e processadas da mesma maneira, fica-se livre dos caprichos e inconstâncias de uma autoridade controladora. Mais importante, sem uma autoridade controladora, você realmente tem 100% de controle total de seus fundos. Somente você, e mais ninguém, é capaz de fazer qualquer coisa com seus fundos (desde que você tenha protegido com segurança sua senha e chave privada, para evitar que sua carteira seja invadida).

Transações sem Necessidade de Confiança. Nos "velhos tempos", as transações eram realizadas pessoalmente por escambo — trocarei estas mercadorias com você por estas mercadorias. Não havia, na verdade, necessidade de confiar um no outro, pois a troca era simultânea, e cada um tinha a chance de inspecionar as mercadorias do outro antes.

Mais tarde, com o surgimento da moeda, a confiança entrou em cena. Ao comprar mercadorias com moeda, a troca é praticamente a mesma. Eu lhe dou dinheiro (ou qualquer que seja a moeda pertinente) para ficar com as mercadorias. Mas agora o vendedor tem que se preocupar que a moeda seja verdadeira (não falsificada), que tenha valor e que manterá seu valor (ao menos até quando o vendedor a usar para comprar algum outro bem ou serviço).

Sobre se a moeda é verdadeira, o vendedor precisa confiar em mim. Contudo, e em maior medida, o vendedor deve ter a capacidade de perceber se a moeda é falsa, bem como confiar que o governo ou outra autoridade aplique com rigor a legislação contra a falsificação, a fim de desencorajar essas ações fraudulentas. Assim, entra um terceiro na transação no que diz respeito à confiança: o órgão governamental.

Conforme o comércio aumentava, as pessoas passaram a fazer transações remotamente, o que exigia que um ou mais intermediários confiáveis entrassem no circuito de pagamentos. No início, era um mensageiro que entregava pessoalmente os fundos. Agora temos um sistema bancário avançado. Por exemplo, se você emitisse um cheque a meu favor, eu o apresentaria ao meu banco, que o apresentaria ao seu banco para verificar se os fundos em sua conta são suficientes para cobrir o cheque. Em caso positivo, os fundos seriam enviados do seu banco para o meu banco, que faria um crédito em minha conta. Obviamente, em tal cenário, os bancos estão atuando como intermediários confiáveis.

Digamos que você está comprando algo online. Os intermediários confiáveis seriam sua empresa de cartão de crédito, o banco comercial do vendedor (a instituição que processa as transações com cartão de crédito) e o banco do vendedor.

O problema com intermediários confiáveis é que às vezes essa confiança é traída, intencionalmente ou não. Quão confiáveis são esses intermediários confiáveis? Tomemos os bancos novamente como exemplo.

À parte de todas as taxas e encargos, os bancos são capazes de cometer erros. Entre eles, erros de processamento que resultam em um valor incorreto de fundos em sua conta, transações que você não reconhece e taxas ou encargos adicionais indevidamente cobrados.

Se você já jogou Banco Imobiliário, pode se lembrar do cartão do Caixa da Comunidade: "Erro do banco a seu favor. Pegue $200." Isso é ótimo! Porém, se isso acontecer com você na vida real, e você gastá-lo, pode "ir diretamente para a cadeia". É sério. Se o erro do banco não estiver a seu favor, você tem apenas um certo tempo para notificar o banco a respeito e desejo-lhe boa sorte ao tentar corrigi-lo sem grandes dores de cabeça.

E depois há o escândalo da Wells Fargo em 2016, no qual os executivos do banco pressionaram os funcionários para aumentar o faturamento cumprindo cotas agressivas. Esses funcionários da Wells Fargo criaram, intencionalmente, milhões de novas contas para clientes sem o seu conhecimento ou consentimento, resultando em novas taxas por algo que eles nunca solicitaram ou quiseram.

Quão seguro está seu dinheiro no banco? Operando segundo um sistema bancário de reserva fracionária, os bancos podem emprestar a grande maioria dos fundos de seus depositantes, mantendo em caixa apenas uma pequena fração para cobrir saques de clientes. Isso geralmente funciona, até que vários clientes queiram sacar seus fundos simultaneamente, levando a uma corrida bancária. Para evitar isso, são impostas restrições na quantidade e frequência de saques individuais.

Não raro ouvimos a frase "grande demais para quebrar" quando se trata de grandes bancos, mas isso acontece apenas devido aos aportes monetários governamentais. Certamente pode haver outra crise financeira como a que tivemos nos Estados Unidos em 2008. Os bancos ainda serão grandes demais para quebrar? Caso isso ocorra, felizmente a Federal Deposit Insurance Corporation (FDIC) deve garantir até US$250 mil.[1]

---

1 No Brasil, há o Fundo Garantidor de Créditos, cuja finalidade é a mesma; e também apresenta limites para a cobertura. [N. do T.]

Quanto tempo pode levar para receber seus fundos, não sabemos. Se você tiver uma quantia superior a US$250 mil no banco, boa sorte com isso. O valor que você tem em depósito além da cobertura do FDIC pode estar sujeito a *bail-ins*: em vez de receber um resgate do governo, um banco pode usar, ou melhor, tomar seu dinheiro para se manter vivo. Isso realmente aconteceu no Chipre em 2013. Os depositantes não segurados do Banco do Chipre perderam uma parte substancial de seus recursos financeiros depositados.

Os fundos em sua conta-corrente também podem estar sujeitos a ônus e penhoras, podendo ser congelados ou até apreendidos. Os bancos podem bloquear sua conta mesmo que você não tenha feito nada de errado, apenas declarando que sua atividade bancária é "suspeita".

Diante disso, quanto controle você realmente tem sobre seus fundos? Veja, não estamos aqui para fazer pouco caso dos bancos, cujos serviços são valiosos e mantêm nossa economia em movimento. Estamos meramente apontando os problemas relevantes para sistemas centralizados.

Agora imagine transações remotas sem a necessidade de intermediários. Posso enviar moeda em um blockchain diretamente para você. Não preciso confiar em você, e vice-versa; e, mais importante, não precisamos confiar ou mesmo lidar com um intermediário. Sim, é verdade que mineradores e validadores têm que processar transações de blockchain, mas isso é feito segundo um programa elaborado de acordo com regras e protocolos estabelecidos no software específico do blockchain, sem que haja intervenção humana. Pode não parecer grande coisa, mas enviar recursos financeiros sem correio, sem banco ou sem intermediário é um grande avanço.

Além do mais, você está no controle total dos fundos que mantém no blockchain em sua carteira blockchain. Não estão sujeitos nas regras onerosas; não incorrem em taxas e eventuais erros (a menos que você mesmo, humano que é, os cometa); estão 100% disponíveis (não sujeitos a limitações de reservas fracionárias ou corridas bancárias); não correm o risco de ônus involuntários, outros gravames ou apreensão; e não podem ser submetidos a bail-ins. Contanto que você esteja no controle total de sua carteira e proteja sua chave privada, os fundos são 100% seus. No Capítulo 6, "Criando e Emitindo NFTs", falaremos sobre como obter e proteger uma carteira de criptomoedas.

Uma condicionante ao mencionado é que, se você deseja ter 100% de controle de suas criptomoedas e outros ativos de criptografia, como NFTs, eles devem ser mantidos em uma carteira independente, não em uma carteira em uma exchange de criptomoedas. Por exemplo, caso seu Ethereum esteja em sua carteira Coinbase, não é diferente de ter dinheiro em um banco. Outra ressalva é que a criptomoeda pode estar sujeita à regulamentação do governo ou até mesmo ser banida. Muitos países instituíram proibições em diversos tipos de transações de criptomoedas, como China e Turquia, ou até mesmo as baniram completamente, como na Bolívia e no Nepal.

Velocidade. Digamos que uma pessoa na Itália queira enviar dinheiro para alguém nos Estados Unidos. Ela poderia enviar um cheque pelo correio, o que levaria algum tempo, além, é claro, dos dias ou até semanas para a compensação. Um método alternativo, muito mais rápido, seria fazer uma transferência bancária pelo sistema Society for Worldwide Interbank Financial Telecommunications (SWIFT), uma rede de mais de 11 mil bancos e instituições financeiras em todo o mundo. Em média, as transferências eletrônicas internacionais levam dois ou mais dias úteis para serem concluídas. Mas se é tudo eletrônico, por quê? O dinheiro está fazendo um cruzeiro pelo Atlântico? Além disso, haverá a cobrança de uma taxa de transferência considerável pelo serviço.

Em vez disso, a pessoa na Itália pode enviar criptomoedas para a pessoa nos Estados Unidos praticamente de maneira instantânea. O período exato de tempo pode variar dependendo de vários fatores, como qual criptomoeda está sendo usada, congestionamento da rede (devido ao volume de transações) e, em alguns casos, como na Ethereum, a taxa de "gás" que você paga. Falaremos mais sobre essas taxas adiante neste capítulo.

De modo geral, uma transação de criptomoeda levará entre alguns segundos e vários minutos, embora possa levar mais tempo para algumas entidades receptoras considerarem que uma transação está finalizada. Por exemplo, a Coinbase requer três confirmações antes de considerar finalizada uma transação Bitcoin. As confirmações são o número de blocos adicionados ao blockchain após o início da transação. Quanto mais blocos forem adicionados, mais segura será a transação. Como os blocos Bitcoin são adicionados ao blockchain a cada dez minutos, uma transação Bitcoin enviada para a Coinbase ficará pendente por cerca de meia hora.

Custo. Os custos para transações de blockchain também (provavelmente) serão menores do que uma taxa de transferência bancária internacional. Litecoin, uma moeda baseada na tecnologia Bitcoin, tem taxas muito baixas. Por outro lado, as taxas de gás Ethereum têm aumentado ultimamente e, às vezes, podem ser excessivas. Isso decorre da crescente popularidade e uso do Ethereum (devido, e não em pequena parte, aos NFTs). Quanto mais transações precisam ser processadas, maior a demanda e maior a taxa de gás. As taxas de gás Ethereum e outras taxas de rede de criptomoeda vão para os validadores — aqueles que executam os nós validadores que processam transações.

Anonimato. Muita gente afirma que no blockchain há anonimato. Como as transações no blockchain são feitas com um endereço, e não com um nome ou outros dados de identificação, parece que tudo acontece anonimamente. Mas será realmente o caso? Blockchains são livros-razão públicos. Qualquer pessoa pode ver qualquer transação ou as participações de qualquer endereço específico. Por exemplo, se for um endereço Ethereum, alguém pode ver todos os diferentes tokens que você tem nesse endereço, a quantidade de cada token e quando quantidades específicas desses tokens foram recebidas ou enviadas desse endereço. Seus endereços de criptomoedas estão contidos em uma carteira de criptomoedas, um aplicativo que permite armazenar, enviar e receber criptomoedas e NFTs com segurança. Mais sobre carteiras e orientações sobre como criar uma no Capítulo 6.

A pesquisa de transações e endereços pode ser feita facilmente utilizando um explorador de blockchain, geralmente chamado de *explorador de blocos*, um site no qual você pode pesquisar transações e endereços específicos, bem como visualizar todos os tipos de dados atuais pertencentes ao blockchain. Por exemplo, para o blockchain Ethereum, há Etherscan (`etherscan.io`) e Ethplorer (`ethplorer.io`). Basta digitar um endereço ou hash de transação (ID) na barra de pesquisa. Assim, se alguém souber de quem é um determinado endereço, esse alguém poderá saber o que você está mantendo e quais transações fez, mas somente para esse endereço em particular.

Se você comprar criptomoedas em uma exchange, como a Coinbase, a exchange saberá quem você é. Quaisquer transações originadas nessa exchange podem ser rastreadas até você, incluindo outras transações que você fizer. Por exemplo, se você comprar ETHs na Coinbase, enviá-los para sua carteira MetaMask, convertê-los em WETH e depois comprar um NFT no OpenSea, todas essas transações podem ser rastreadas até sua compra original na Coinbase. Então a Coinbase (e qualquer parte com quem a Coinbase compartilhou essas informações, por exemplo, o governo) saberia que foi você quem fez todas essas transações e é dono desse NFT. Não é bem anonimato, não é? Mas existem maneiras de se tornar mais anônimo no blockchain, no entanto, elas ultrapassam o escopo deste livro. A propósito, não se preocupe se o processo anterior o deixou completamente desconcertado; isso será abordado em detalhes no Capítulo 7, "Vendendo NFTs".

Limites da Inflação. O governo de um país, em conjunto com seu banco central, é responsável pela manutenção do valor da moeda, seja ela lastreada por ouro, prata ou outra commodity, ou, como no caso do dólar norte-americano, na confiança e credibilidade do governo dos EUA. O dólar norte-americano é uma moeda fiduciária, o que significa que não é lastreado por uma commodity ou metal precioso. Como é comum às moedas fiduciárias, a oferta pode ser continuamente aumentada (imprimindo mais dinheiro), o que reduz o valor do dólar e, portanto, causa inflação. Ao longo da história há exemplos de hiperinflação decorrente da impressão excessiva de dinheiro, como na República de Weimar, na

Alemanha, e no Zimbábue, tornando a moeda virtualmente (ou inteiramente) sem valor (ver Figura 3.2). Em contraste com a moeda fiduciária, a oferta da maioria das criptomoedas é limitada. Esse limite está inscrito no código de programação inicial sob o qual a criptomoeda foi criada e não tem como ser alterado. Por exemplo, a oferta máxima de Bitcoin é 21 milhões: uma vez atingido esse valor, não haverá mais cunhagem? No momento em que escrevemos este livro, a oferta atual de Bitcoin é de aproximadamente 18,69 milhões. Cada vez que um minerador conclui com sucesso um bloco, ele recebe uma bonificação, chamada de *recompensa de bloco*, atualmente de 6,25 bitcoins (BTC). A cada 210 mil blocos, aproximadamente a cada quatro anos, a recompensa do bloco é cortada pela metade. Portanto, estima-se que o Bitcoin não atingirá a oferta máxima até o ano de 2140.

FIGURA 3.2 Nota de 100 trilhões de dólares do Zimbábue

Como mencionado, nem todas as criptomoedas têm uma oferta máxima. Um exemplo é o Ethereum (ETH), a segunda criptomoeda mais popular. Atualmente, para cada bloco, apenas 2 ETH são adicionados à oferta circulante, que no momento em que escrevemos este livro é de aproximadamente 115,6 milhões. Em virtude da crescente demanda por Ethereum, especialmente em conexão com NFTs e outros usos, quaisquer efeitos inflacionários são mínimos. Isso é válido também para outras criptomoedas que não atingiram sua oferta máxima. Evidentemente, uma vez que essas criptomoedas atinjam a oferta máxima, a inflação passará a ser zero. A principal conclusão a tirar é que o valor de uma criptomoeda não pode ser inflacionado pelo decreto de um órgão governamental. E, conforme também já mencionado, os NFTs, sendo tecnicamente cada um sua própria criptomoeda, têm uma oferta de 1, a qual é sua oferta máxima. Observe que, como vimos anteriormente, é possível que um NFT tenha uma oferta maior que 1.

NFTs Não São Perfeitos

Dadas todas as vantagens que têm sobre obras de arte tradicionais, colecionáveis e outros ativos, os NFTs vieram para ficar. Os NFTs se revelam excelente meio para verificar a autenticidade e a propriedade, bem como outras funcionalidades que discutimos. Entretanto, ainda que alguns apontem os NFTs como a solução perfeita, na verdade, eles não são perfeitos. Há neles várias desvantagens que precisam ser abordadas.

Taxas de Gás

Quando falamos sobre taxas de gás em relação aos NFTs, não estamos falando sobre o preço do produto derivado de hidrocarbonetos. Estamos falando de taxas de transação na rede Ethereum, conhecidas com *taxas de gás,* ou simplesmente gás. Não muito diferente do gás, natural ou de cozinha, as taxas de gás aumentaram recentemente e estão começando a ficar fora de controle e se tornar impeditivas.

As taxas de gás vão para os mineradores (validadores) que processam as transações na rede Ethereum. A quantidade de gás necessária para uma determinada transação é baseada em dois fatores principais. Primeiro, o gás é baseado no tipo de transação. Mais precisamente, a taxa de gás é fixada com base na quantidade de poder computacional requerido para executar a operação. Para uma simples transferência de criptomoeda, como ETH, outro token ou um NFT de uma carteira para outra, a taxa do gás será menor. Se você estiver implantando um contrato inteligente longo na rede, a taxa de gás será significativamente maior.

O segundo fator que afeta a taxa de gás é o volume da rede (às vezes chamado de *congestionamento*). Quanto maior o volume, mais demanda é criada, o que acresce o preço do gás. Pense nisso como o aumento dos preços no aplicativo Uber durante os horários de pico. Devido à maior demanda das criptomoedas, em grande parte graças ao crescente interesse em NFTs, o número de transações na rede Ethereum tem se elevado, com a popularidade e o preço do Ethereum na esteira desse processo. Por enquanto, parece que os velhos tempos do gás barato se foram.

Embora em crescimento, o volume na rede Ethereum não ocorre continuamente em um ritmo constante. Ele flutua minuto a minuto, segundo a segundo, e, em consequência, o preço do gás é volátil. Se em certo dia o preço do gás para uma transação específica está em US$30, no dia seguinte pode alcançar US$60 ou mais.

Pode haver uma opção, dependendo de onde você está originando a transação, para escolher um nível de gás. Por exemplo, se você estiver enviando cripto de uma carteira MetaMask (falaremos mais sobre isso no Capítulo 7), pode escolher um nível de gás correspondente à velocidade desejada da transação: Lenta, Média ou Rápida (consulte a Figura 3.3). Observe que, seja qual for o tipo de transação, os mineradores priorizarão as transações dependendo de suas respectivas taxas de gás. Ao selecionar Lento, você poderá esperar horas.

Taxa de Transação	Lenta 0.00794 ETH US$32,93	Média 0,00861 ETH US$35,72	Rápida 0.00905 ETH US$37,55

FIGURA 3.3 Opções de taxas de gás da carteira MetaMask

Mesmo podendo fazer uma seleção, não há garantias sobre quanto tempo a transação levará. Se você selecionar Rápida, é provável que a transação aconteça de forma relativamente instantânea. Se selecionar Média, a transação em geral levará de alguns a vários minutos. Os preços do gás, porém, podem ter subido entre o momento do início e o momento da confirmação da transação. Nesse caso, a taxa de gás média selecionada será baixa e pode haver uma demora superior à esperada — potencialmente muito maior.

É de esperar que, em breve, as altas taxas de gás sejam uma coisa do passado. A rede Ethereum passa atualmente por uma atualização, chamada Eth2 (ou Eth 2.0). Um dos resultados dessa atualização, entre outras melhorias, será uma redução importante das taxas de gás. No site `Ethereum.org` pode-se ler:

> "Eth2 refere-se a um conjunto de atualizações interconectadas que tornarão o Ethereum mais escalável, mais seguro e mais sustentável. Tais atualizações estão sendo efetuadas por várias equipes de todo o ecossistema Ethereum."

Outros Blockchains. O Ethereum não é o único blockchain que suporta NFTs. Como mencionado anteriormente, outros blockchains populares que apresentam NFTs são WAX, FLOW, Tron e Binance Smart Chain, entre outros. Esses blockchains têm taxas de transação consideravelmente menores em comparação às taxas de gás da Ethereum, e por esse motivo estão aumentando sua popularidade.

A razão pela qual essas outras cadeias têm taxas de transação mais baixas é porque elas usam um método menos intensivo de recursos para determinar quem valida as transações. Blockchains como Ethereum e Bitcoin usam *prova de trabalho*, o que significa que os mineradores correm para resolver quebra-cabeças criptográficos complexos (daí o nome *cryptomoeda*). O minerador que o resolver ganha a oportunidade de validar o último bloco de transações e ganhar a recompensa do bloco. Tentar resolver esses quebra-cabeças requer enormes quantidades de poder de processamento (em inglês conhecido como *hash power*), então, quanto mais poder de processamento tiver, maiores serão suas chances de resolver o quebra-cabeça. Além disso, o grau de dificuldade desses quebra-cabeças cresce à medida que a quantidade total de poder de processamento na rede cresce, exigindo ainda mais poder de processamento para resolver. A razão que explica o aumento da dificuldade está em manter um intervalo de tempo entre os blocos de aproximadamente dez minutos.

Os outros blockchains citados anteriormente usam a *prova de participação* para determinar quem valida os blocos. Basicamente, quanto mais de uma determinada moeda um validador possui, WAX, por exemplo, maior a chance de ele ser escolhido para validar um bloco. Uma vez não havendo quebra-cabeças criptográficos para resolver, não há necessidade de desperdiçar poder de processamento e, portanto, as taxas são significativamente menores. Como parte da Eth2 mencionada anteriormente, a Ethereum planeja mudar para a prova de participação, o que reduziria drasticamente as taxas de transação.[2]

Sidechains. Outra maneira de reduzir as taxas de gás é mediante o uso de um *sidechain*, que é um blockchain secundário conectado ao blockchain principal. Um sidechain permite que os tokens sejam usados no blockchain secundário (que tem pouca ou nenhuma taxa de transação), com a capacidade de mover tokens de volta para o blockchain principal quando necessário. Por exemplo, em um marketplace de NFT específico, você pode emitir vários NFTs sem gás em um sidechain e pagar apenas quando os NFTs forem enviados para o blockchain Ethereum quando você vender ou transferir um NFT.

Assim, embora no momento as taxas de gás possam ser um problema, há medidas para reduzi-las, e os blockchains de prova de participação têm taxas significativamente mais baixas. Quando o Ethereum aderir à prova de participação, taxas de gás altas podem ser coisa do passado.

Armazenamento de Conteúdo

Vamos supor que você comprou um NFT de uma arte digital que adora. O conteúdo principal do NFT, o motivo que o levou a comprá-lo, é um vídeo abstrato muito legal. O blockchain confirma que o NFT foi criado pelo artista e que agora você é o dono. Mas onde exatamente está o conteúdo de seu NFT? E, mais importante, quão seguro ele está?

---

2 Em 15 de setembro de 2022, data posterior à publicação da versão em inglês do livro, o Ethereum passou pelo The Merge, processo que alterou seu mecanismo de verificação de prova de trabalho (proof of work) para prova de participação (proof of stake). [N. da R.]

Dissemos antes que o NFT está no blockchain; mas seu conteúdo não. O NFT é permanente enquanto o blockchain continuar a existir, mas seu conteúdo pode não ser. Abordamos as duas principais soluções para armazenamento off-chain de conteúdo NFT: um provedor de armazenamento em nuvem confiável e o IPFS.

O IPFS é a solução de armazenamento preferida porque é descentralizado; o conteúdo é armazenado em vários locais. Enquanto houver suporte para a rede (e tudo indica que haverá), o conteúdo deve estar seguro. Outras soluções de armazenamento descentralizado, como Arweave, também entraram em cena.

Provedores de armazenamento em nuvem confiáveis, como AWS e Google Cloud, também são soluções excepcionais. Todavia, o conteúdo será hospedado apenas enquanto a organização que paga as taxas de armazenamento em nuvem continuar a fazê-lo. Se o NFT foi minerado em um dos marketplaces principais, isso provavelmente não será um problema, mas nunca se sabe. Digamos que, seja qual for o motivo, o marketplace quebre. É algo que poderia acontecer — então, o que seria do conteúdo de seu NFT?

Alguém, um artista, por exemplo, também poderia emitir um NFT por conta própria (não em um marketplace) e armazenar o conteúdo do NFT em um servidor privado. Se esse servidor ficar inoperante de modo permanente, seu conteúdo NFT irá para o espaço.

Esses cenários contrariam uma das principais vantagens dos blockchains discutidas anteriormente — a de que não há necessidade de terceiros confiáveis. Essa é, em essência, toda a base sobre a qual o blockchain foi inventado — fornecer transações ponto a ponto sem depender de confiança. Como o conteúdo de um NFT não reside no blockchain e um terceiro deve ser confiável para armazenar e preservar seu conteúdo (em geral o conteúdo principal), os NFTs não são verdadeiros ativos de blockchain. Soluções descentralizadas, como o IPFS, se parecem com blockchains, mas os marketplaces podem achar mais barato e fácil armazenar arquivos em uma plataforma de armazenamento centralizada confiável, em vez de executar os nós do IPFS.

O armazenamento de conteúdo é particularmente problemático quanto ao conteúdo desbloqueável. Como citado anteriormente, no OpenSea, por exemplo, você só pode incluir texto como conteúdo desbloqueável, e não arquivos de imagem ou vídeo. Portanto, se um NFT criado no OpenSea tiver uma imagem ou vídeo como conteúdo desbloqueável, o criador deverá fornecer um link para a imagem ou vídeo, o qual está hospedado em algum lugar da internet. Não é provável que seu artista digital típico médio esteja usando a AWS ou outro provedor de armazenamento em nuvem confiável ou o IPFS. As chances são de que a imagem ou vídeo estará em algum site ou talvez no Dropbox (um provedor de armazenamento em nuvem mais pessoal). Então, cabe a pergunta: o que acontece se o artista não mantiver mais o site, deixar de hospedá-lo ou cancelar sua conta no Dropbox? A imagem ou o vídeo desaparecerá.

Impostores

Tal como fazem com os administradores do Telegram e outros, os fraudadores também podem imitar um determinado artista NFT ou outra fonte NFT. Em um marketplace, é importante se certificar de que a coleção da qual você está comprando um NFT seja validada, o que é demonstrado por uma marca de seleção azul ou algo parecido. De novo, o problema aqui é que se está confiando em um terceiro confiável. Na verdade, isso não é necessariamente um problema, apenas ignora a principal vantagem de um blockchain, conforme discutido anteriormente, por ter que confiar em um terceiro confiável.

Apesar de útil, a marca de validação não é uma solução perfeita. A validação está sujeita a cometer erros ou até ser enganada para validar um imitador. Além disso, como os criadores de NFT que não estão nos marketplaces seriam validados? A conclusão é a de que, mesmo os NFTs provando a autenticidade da origem, ainda é preciso ter certeza de que essa origem é a pessoa que eles afirmam ser.

Reproduções Adicionais

NFTs são únicos, certo? Sim, eles são, e isso é um grande fator de valorização de um NFT. Mas o que impede o criador de um NFT de fazer outro NFT com exatamente o mesmo conteúdo, mesma imagem (ou conteúdo), nome, descrição? Na verdade, nada. Digamos que você comprou um NFT, um 1 de 1 e está contente com isso. No dia seguinte, você vê um NFT exatamente igual do mesmo criador. Agora você já não está tão contente assim. Pensou que tinha um item único e agora não mais, e não teria pagado o que pagou ou talvez nem tivesse comprado o NFT.

Alguns NFTs, como o "(1 de 1) GRONK Career Highlight Card" de Rob Gronkowski, dizem na descrição que "Este NFT é limitado a apenas 1 edição e nunca mais será emitido". Confiamos em Gronk e nos criadores de seus NFTs. Mas e quanto a algum artista, entre tantos por aí, de cujo NFT você gosta?

Afirmar que algo é único e, em seguida, criar outro item idêntico é fraude. Provavelmente, o marketplace daria um "chega pra lá" em um artista que fizesse isso. Contudo, você ainda poderia estar preso a um item que pensava ser exclusivo e não era.

Entrega de Benefícios e Itens Físicos

Conforme vimos anteriormente, a descrição de um NFT pode conter benefícios, como o NFT "(1 de 1) GRONK Career Highlight Card" de Rob Gronkowski. Confiamos que Gronk e a empresa que criou seus NFTs cumprirão o prometido.

Porém, o que se pode fazer se o criador do NFT não entregar o benefício ou o item físico? Você pode levantar a questão com o marketplace no qual o NFT foi vendido, mas infelizmente não há muito o que fazer além de banir o criador do NFT.

A questão aqui é que benefícios e itens físicos não são, na verdade, aspectos inerentes a um NFT. Os benefícios são mais parecidos com um

"Espere... há mais", uma tática de marketing para aumentar o valor do NFT. E embora um item físico possa ser o principal impulsionador do valor do NFT, será necessário confiar em seu criador para recebê-lo, o que ignora a principal vantagem dos ativos blockchain: transações que dispensam a confiança.

Efeitos Ambientais

Como discutido na seção "Taxas de Gás", nas transações na rede Ethereum, o blockchain NFT mais popular, hoje em dia se utiliza a prova de trabalho para determinar quem minera um bloco. E, também como mencionamos, a prova de trabalho requer enormes quantidades de poder de computação, o que necessita de imensas quantidades de eletricidade (veja a Figura 3.4).

Para se ter uma ideia do consumo de energia elétrica, se o Bitcoin fosse um país, ficaria entre os países de médio porte como Ucrânia e Argentina.

Estimativa do Consumo de Energia Anual (TWh)

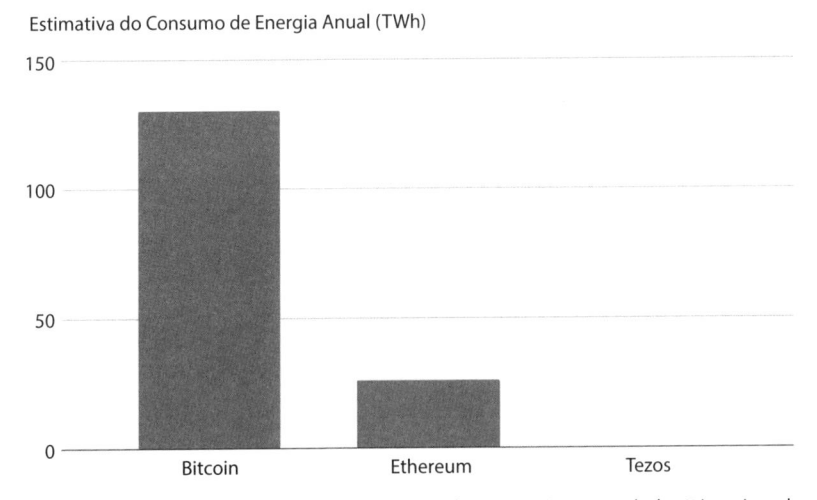

FIGURA 3.4 Estimativa do consumo de energia anual do Bitcoin, do Ethereum e do Tezos

Ethereum seria mais comparável ao Equador.[3] Em relação aos NFTs, (1) o Bitcoin não tem nada a ver com os NFTs, e (2) estima-se que os NFTs representem por volta de 1% das transações na rede Ethereum. Pessoalmente, 1% nos parece uma proporção bastante superestimada, mas vamos em frente. Isso tudo se resume em uma média estimada de 48 kWh por transação Ethereum, uma quantidade de energia menor do que a necessária para fazer uma camiseta.

Além disso, outros blockchains NFT, como WAX e Tezos, usam prova de participação, cujo consumo de energia é 99% menor do que na prova de trabalho. Portanto, embora Bitcoin, Ethereum e outros blockchains de prova de trabalho em geral consumam grandes quantidades de energia, algo que pode ter sequelas ambientais, os NFTs são responsáveis por uma parte diminuta nesse quesito. Além disso, cumpre lembrar que o blockchain Ethereum mudará para a prova de participação em um futuro próximo;[4] assim, praticamente todos os NFTs a essa altura consumirão quantidades mínimas de energia.

Desvantagens do Blockchain

Ainda que os sistemas descentralizados, e o blockchain em particular, tenham várias vantagens, conforme discutido anteriormente, eles também não são perfeitos. A seguir, as principais desvantagens do Blockchain.

Não Há a Quem Apelar. Ao lidar com um sistema descentralizado, você praticamente fica por sua conta e risco. Se tiver um problema, não há um atendimento ao cliente com o qual entrar em contato. Por exemplo, se você fez uma compra online com cartão de crédito e o vendedor não a entregou, ou se você perder o cartão ou o roubarem, pode ligar para a operadora do cartão de crédito e provavelmente reverter a cobrança e se proteger de transações fraudulentas.

---

3 O The Merge — processo que alterou o mecanismo de verificação de transações do Ethereum de prova de trabalho (proof of work) para prova de participação (proof of stake) — reduziu o consumo de energia da rede em 99,5%. [N. da R.]

4 Como citado, a transição ocorreu em 15 de setembro de 2022. [N. da R.]

Se você comprar algo online com criptomoeda e o vendedor não enviar o item adquirido, você está sem sorte. Todas as transferências de criptomoedas são finais e absolutas. Após ter remetido uma criptomoeda, incluindo um NFT, não há como recuperá-la, a menos que a pessoa para quem enviou a devolva.

Por isso, é de extrema importância negociar somente com quem merece respeito ao utilizar uma criptomoeda como meio de pagamento, de NFTs ou de qualquer outra compra. Existem muitos golpistas no espaço criptográfico, então é preciso ser extremamente cauteloso com aqueles para quem você envia criptomoedas e NFTs.

Os marketplaces de NFT operam como intermediários centralizados entre vendedores e compradores de NFT, e se houver algum problema, você pode entrar em contato com eles para obter suporte. Todavia, dependendo do problema, pode haver pouco (ou nada) que eles possam fazer a seu favor.

Responsabilidade Pessoal. Uma das consequências de utilizar um sistema sem intermediários é a responsabilidade pessoal. Você é responsável pelas ações que realiza no blockchain e por tudo o que resultar disso. Primeiro, conforme discutido, é sua responsabilidade determinar a confiabilidade das partes com as quais faz negócios no blockchain — faça sua própria pesquisa [em inglês, do your own research — DYOR, um termo dogmático no universo das criptomoedas]. Pesquise avaliações e faça perguntas no Telegram ou em outros canais de mídia social. O melhor é fazer negócios com empresas ou pessoas conhecidas e respeitáveis. Seja extremamente cauteloso com fraudes. Se parece bom demais para ser verdade, provavelmente é.

É sua tarefa manter suas criptomoedas e NFTs seguros. Caso alguém obtenha acesso às suas senhas bancárias online e transferir dinheiro de sua conta, você poderá reverter essa transação se entrar em contato com o banco o quanto antes. Contudo, se alguém obtiver acesso à sua carteira de criptomoedas e transferir suas criptomoedas e NFTs, a completa falta de sorte o deixou de mãos abanando. É sua responsabilidade, e somente sua, manter a chave privada de sua carteira segura e protegida para tornar muito menos provável ser comprometida. No Capítulo 6 discutimos maneiras de fazer isso.

Além do mais, como mencionado, são muitos os fraudadores no mundo das criptomoedas. Há não apenas os que tentarão fazer com que você envie criptomoedas, mas também aqueles que solicitarão sua chave privada.

Nunca dê a chave privada de sua carteira a ninguém. Ponto.

Há uma infinidade de tipos diferentes de golpes envolvendo criptomoedas, mas eis alguns dos mais comuns para você ficar atento:

Sites Impostores. Os golpistas fazem de tudo para fazer com que os sites fraudulentos pareçam idênticos ao original. Primeiro, verifique se o site é seguro (o endereço começa com https e o ícone de cadeado aparece na barra de endereço). Em seguida, assegure-se de que o nome de domínio seja exatamente como deveria ser: sem erros ortográficos ou um "0", em vez de um "O". Além disso, tenha cuidado ao digitar endereços da Web em um navegador.

Administradores Impostores. Telegram e Discord são plataformas populares de mídia social, entre outras, que criptomoedas e marketplaces de NFT usam para formar comunidades e mantê-las atualizadas. Algumas criptomoedas e marketplaces de NFT também usam essas plataformas para atendimento ao cliente, em que você pode fazer perguntas. Os fraudadores adoram se passar por administradores falsos, com a mesma "profile pic" [um avatar ou imagem representativa] de um administrador em particular, mas normalmente com uma grafia ligeiramente diferente no nome de usuário ou com uma letra ou ponto extra no final. Tenha certeza de estar se comunicando com um administrador real, que provavelmente nunca lhe pediria para enviar criptografia ou NFT para qualquer lugar ou solicitaria a chave privada de sua carteira.

Aplicativos Móveis Falsos. Além de sites falsos, os golpistas criam aplicativos móveis falsos na Apple App Store e na Google Play Store há anos, e as pessoas continuam sendo vítimas. Em fevereiro de 2021, por exemplo, uma pessoa baixou um aplicativo falso da Trezor da App Store e perdeu quase tudo que havia economizado na vida: 17,1 Bitcoins, em um segundo. A Apple e o Google estão tentando reprimi-los, mas esses fraudadores são espertos. Portanto, certifique-se de que está baixando o aplicativo oficial da empresa (ou de uma exchange ou marketplace de NFT, e assim por diante), caso contrário você pode dar adeus a suas criptomoedas e/ou NFTs.

E-mails Fraudulentos. E-mails maliciosos e phishing podem parecer idênticos aos e-mails oficiais. Até mesmo o "De:" pode parecer um endereço de e-mail legítimo. É da máxima importância que você verifique a autenticidade desses e-mails. Ligue para alguém da empresa, se possível, ou confira com um administrador no canal de mídia social da empresa. E nunca clique em um link em qualquer e-mail relacionado a criptografia ou NFT, a menos que você tenha 100% de certeza de sua autenticidade

Esses golpes e essas dicas não se aplicam apenas às criptomoedas. Acontece que, no espaço criptográfico, cometer um erro pode ser devastador e não há como desfazê-lo.

Ataques de Hackers. Como qualquer outro sistema, blockchains e projetos relacionados a blockchain estão sujeitos à ação de hackers.

Segundo o SlowMist Hacked, mais de US$14,5 bilhões em valor foram perdidos em invasões de hackers relacionados a blockchain. Em 2020, esses ataques ocorreram em três áreas principais:

- Aplicativos descentralizados (dApps) na rede Ethereum sofreram 47 ataques (US$437 milhões em perdas).
- Exchanges de criptomoedas foram alvo de 28 ataques (US$300 milhões em perdas).
- Nas carteiras Blockchain, ocorreram inúmeros ataques (US$3 bilhões em perdas).

Note que esses valores são baseados nos preços das criptomoedas de janeiro de 2021.

Sua carteira blockchain, na qual você mantém seus NFTs, e até mesmo uma conta em um marketplace podem ser vítimas de invasão por hackers. Em março de 2021, algumas contas do Nifty Gateway foram invadidas e milhares de dólares em NFTs foram roubados. Aparentemente, o ataque foi limitado a certas contas, todas sem autenticação de dois níveis configurada. Felizmente, esse ataque em particular não foi mais extenso.

Sua carteira blockchain também é vulnerável a ações de hackers caso não tome cuidado. Nos Capítulos 6 e 7, mostraremos como proteger suas contas e carteira blockchain. Isso é imperativo, porque, se você for vítima de um ataque desses, não há nada que se possa fazer para recuperar seus NFTs.

Lembre-se de que tokens também podem ser invadidos diretamente. Em março de 2021, por exemplo, o contrato inteligente de token pago (PAID) foi comprometido e um hacker conseguiu cunhar quase 60 milhões de tokens; ele jogou no mercado uma quantidade significativa deles por US$3 milhões (veja a Figura 3.5).

Felizmente, a equipe da Paid fez a coisa certa e tentou se acertar com o maior número possível de investidores, e o token parece ter se recuperado. Outros projetos não tiveram tanta sorte.

Ataques Potenciais. Blockchains estão sujeitos a potenciais *ataques 51%*. É quando um grupo de mineradores (validadores) controla mais de 50% do poder de mineração? Nesse caso, esse grupo controlador poderia interromper as transações entre alguns ou todos os usuários ou, ainda mais importante, reverter transações recentes, permitindo que eles gastem moedas em dobro. Em 2018, o Bitcoin Gold (BTG) foi atingido por um ataque 51% que ocasionou um gasto duplicado de moedas no valor de US$18 milhões.

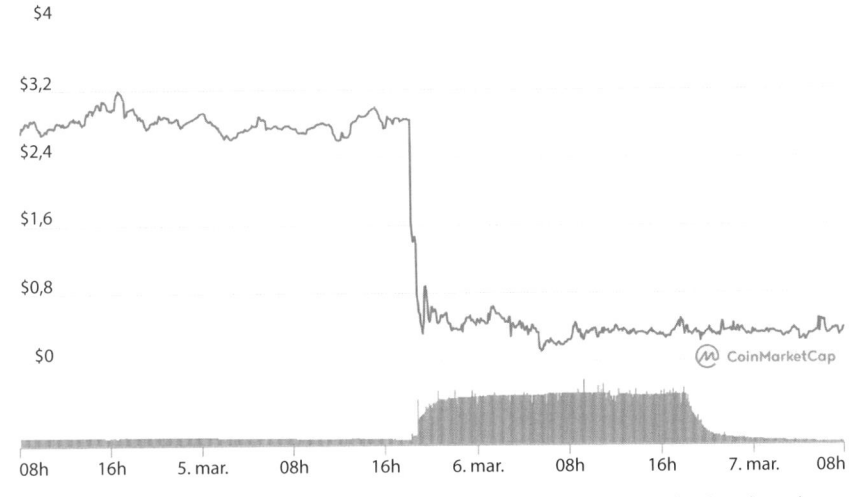

FIGURA 3.5 Tabela de preço do PAID no dia em que foi hackeado

Abandono. Abandonados por seus fundadores, há uma série de blockchains, também conhecidos como *moedas mortas*. Os projetos são abandonados em razão da falta de financiamento ou de volume de negociação, ou devido à insuficiência de mineradores ou validadores para processar transações, com as fraudes vindo em primeiro lugar, ou qualquer combinação dos anteriores.

Volatilidade dos Preços. Os preços das criptomoedas derivam estritamente das forças do mercado, o que pode levar a uma volatilidade significativa dos preços. Não há um Banco Central ou outro órgão de supervisão que defina taxas de juros ou outras políticas estabilizadoras. Muitas vezes, há um comportamento de manada com relação às criptomoedas; assim, quando uma determinada moeda ou token começa a subir, talvez em função de algumas notícias positivas, o medo de perder [em inglês, *fear of missing out* — FOMO] pode entrar em ação, e o preço dispara. Outras vezes, se o preço de uma moeda ou token cair, talvez em função de algumas notícias negativas, a venda motivada pelo pânico pode entrar em ação e você pode se tornar um *rekt* (jargão de blockchain para "arruinado"). Porém, para moedas e tokens com menor volume de negociação, não são necessários muitos negócios para jogar o preço em qualquer direção. Além disso, existem muitas "*baleias criptográficas*" (pessoas que possuem quantidades enormes de uma determinada moeda ou token) que têm o potencial de manipular o preço dessa moeda ou token.

Há, ainda, os esquemas clássicos de *manipulação de mercado*, nos quais um grupo de pessoas conspira para comprar grandes lotes de uma determinada moeda ou token. O FOMO toma conta, fazendo com que o preço suba, e, a um preço normalmente predeterminado, o grupo vende suas moedas ou tokens com lucro, deixando muitos com o pincel na mão enquanto todos dão no pé.

Se você estiver criando, vendendo ou comprando NFTs, estará no mundo das criptomoedas, então tenha em mente que pode (provavelmente) haver grandes flutuações nos preços das criptomoedas.

Agora que abordamos todas as razões técnicas pelas quais os ativos digitais e os NFTs têm valor, exploraremos as forças externas que impulsionam o valor dos NFTs.

Forças Externas que Impulsionam o Valor

Começamos com uma pergunta: "Por que os NFTs de Logan Paul foram vendidos por US$5 milhões?" Essa história começa com um youtuber e um vídeo incomum que passou a ser uma das maiores vendas de NFT.

Logan Paul, conhecido por muita gente por seus vídeos de alta octanagem no YouTube, conhecido por outros tantos por sua incursão no pugilismo de celebridades e sua luta contra Floyd Mayweather, fez um vídeo em outubro de 2020 intitulado *Opening the $200,000 1st Edition Pokémon Box* ["Abrindo a 1ª Edição do Box Pokémon de US$200 mil", em tradução livre].

Como acontece com qualquer vídeo no YouTube, o clickbait [estratégia que usa chamadas sensacionalistas] vence. E esse clickbait funcionou! O vídeo transmitido ao vivo atraiu mais de 300 mil espectadores e mais de 11 milhões de visualizações totais até o momento. Simultaneamente, o evento arrecadou US$130 mil para doenças mentais.

O título claramente despertava o interesse das pessoas. "O que poderia estar dentro de uma caixa de Pokémon de US$200 mil e por que alguém pagaria tanto por algumas imagens em papelão?"

Dentro de cada caixa havia 36 pacotes de cartas com cada pacote contendo 10 cartas de Pokémon. Mas não era a coleção de 360 cartas que os compradores queriam. Era uma carta, ou melhor, um tipo de carta que eles estavam procurando: um Pokémon holográfico. Eles são mais raros e, consequentemente, mais valiosos do que seus equivalentes normais (e parecem muito mais legais também). Quem tiver a sorte de tirar um Charizard holográfico de um pacote, estará olhando para um valor que pode chegar a US$350 mil. Além disso, as caixas da 1ª edição foram criadas há mais de vinte anos, quando se iniciava o jogo de cartas Pokémon, o que aumenta sua raridade.

Obviamente, a franquia Pokémon não precisa de nenhuma ajuda de Logan Paul para vender. Pokémon lidera a lista das franquias de mídia de maior bilheteria do mundo, com cerca de US$100 bilhões em vendas totais, superando até mesmo Star Wars, Mickey Mouse e Super Mario.

Embora a atração exercida pela franquia Pokémon nunca tenha diminuído, o vídeo de Logan amplificou o interesse pelas cartas colecionáveis e ajudou a alimentar o furor novamente. O vídeo influenciou fortemente o mercado de revenda dessas caixas da 1ª edição.

Com o vídeo de Logan, o mercado de revenda dessas caixas da 1ª edição disparou. Aqueles que tiveram a sorte de ter comprado uma dessas caixas anos (ou mesmo décadas) antes e nunca tê-la aberto estavam olhando para um preço potencial de US$300 mil a US$400 mil. Para se ter uma ideia, as caixas da 1ª edição custavam cerca de US$500 em 2007.

Naturalmente, Logan queria aproveitar ainda mais o sucesso de seu vídeo de *unboxing* [no qual há uma caixa sendo aberta]. Ele fez isso criando um evento ainda maior em torno de sua próxima abertura de caixa da 1ª edição, incorporando um leilão público e NFTs.

Passados quatro meses, em fevereiro de 2021, Logan anunciou outro unboxing da 1ª edição da caixa Pokémon. Mas desta vez, outros podiam se envolver na experiência e potencialmente lucrar com os colecionáveis Pokémon com ele.

Logan leiloou os 36 pacotes individuais dentro da caixa. Os vencedores teriam direito não apenas ao conteúdo do pacote, mas também a um dos NFTs "1st Break" de Logan.

Este leilão saiu-se bem, vendendo pacotes por uma média de US$38 mil, com um total geral acima de US$1 milhão. Não é um retorno ruim sobre uma caixa de US$300 mil.

Para adicionar um nível capaz de fazer outros se envolverem, ele listou 3 mil edições de seu NFT "Box Breaker" ao preço de 1 ETH cada. Os compradores participariam de uma loteria, na qual três vencedores seriam escolhidos aleatoriamente para receber um dos 36 pacotes e um voo para seu estúdio na Califórnia para assistir ao unboxing ao vivo.

Estima-se que ele tenha vendido por volta de 2.500 desses NFTs adicionais de "bilhete de loteria", e, ao preço de 1 ETH, ele realmente arrasou. Apesar da dificuldade de confirmar o valor exato que ele arrecadou com os NFTs, a maioria o estima em cerca de US$5 milhões.

A questão permanece: as pessoas estavam comprando os NFTs de Logan devido a seu status como criador e com base em que seu valor na sociedade continuaria a crescer, levando junto com ele o valor de seus NFTs? Ou o preço de seus NFTs "Box Breaker" se justificava inteiramente em face de outro colecionável mais popular e existente, os cartões Pokémon?

Pode-se argumentar que essa não foi, de fato, uma venda de NFT, mas sim uma loteria Pokémon, com os bilhetes sendo emitidos e comprados na forma de NFTs. E esse argumento se torna ainda mais consistente ao se verificar que todos os NFTs de Logan diminuíram de valor após a oferta inicial. Muitos dos NFTs "Box Breaker" de 1 ETH estão sendo listados e vendidos a um décimo, alguns até a um centésimo, do preço original.

O que podemos aprender com isso?

- Muitos criadores estão se valendo de experiências físicas para aumentar o valor de seus NFTs. Conforme discutido no Capítulo 2, a maioria dos marketplaces de NFT permite conteúdo ou benefícios desbloqueáveis, do tipo bens físicos adicionais a serem incluídos na venda do NFT. A utilização desses recursos pode ajudar a transformar algo que outros já valorizam em valor NFT.

- O valor do NFT é volátil. A tecnologia por trás dos NFTs, conforme discutido neste capítulo, evita fraudes e falsificações, bem como a manipulação da oferta. Entretanto, a demanda de NFTs individuais está sempre sujeita a alterações. E, como foi no caso dos NFTs de Logan, a partir do momento em que a experiência física desbloqueável se esgota, o preço da porção digital do NFT cai, uma vez que o valor assumido está englobado no desbloqueável físico.

Contamos essa história para abordar a polinização cruzada entre o mercado de colecionáveis tradicionais e os colecionáveis digitais. Ainda não está claro se os valores NFT continuarão a se valorizar. E muitos dos criadores que entram nesse espaço estão se apoiando fortemente no que funcionou de forma histórica no espaço de colecionáveis físicos, transformando-o em um colecionável digital.

Em muitos casos, não há demanda suficiente para o NFT de uma pessoa, porque realmente não se sabe se essa demanda aumentará ou não ao longo do tempo. Portanto, não há garantia de que o valor do NFT aumentará. É por essa razão que o emparelhamento de Logan com Pokémon foi em parte genial e em parte antitético ao propósito dos NFTs, que deveriam ser ativos digitais.

Embora, intrinsecamente, a tecnologia por trás dos NFTs seja o que os torna escassos e, portanto, lhes dá a capacidade de ter valor, ainda não há razão aparente sobre quais NFTs ou quais criadores de NFT continuarão em uma trajetória de alta demanda. Conforme estabelecemos, o valor colecionável depende em grande parte das demandas do mercado. Quanto mais pessoas querem algo, maior o preço.

Idealmente, Logan continua quebrando barreiras e crescendo como criador (e boxeador). Teoricamente, seus cartões colecionáveis NFT devem refletir o crescimento de sua marca. Contudo, as incógnitas presentes no mercado de NFT impedem que se possa dizer com certeza se os valores de NFT crescerão paralelamente às pessoas que os criam e colecionam. O mercado decidirá.

CAPÍTULO

4

A História dos NFTs

Assim como acontece com a história de qualquer coisa, é um desafio definir um momento exato no tempo e dizer: "Foi aqui que tudo começou." Na verdade, há momentos que precipitam uma mudança, ocasiões que correm em paralelo até convergirem para criar algo especial.

Com relação aos tokens não fungíveis (NFTs), o horizonte histórico é um tanto indistinto. Não seria correto começar a falar sobre NFTs a partir de quando o primeiro blockchain foi construído, em 2008, pois isso ignoraria as décadas de arte digital anteriores que forneceram uma razão para a existência de NFTs. Nem seria justo considerar apenas a arte digital e deixar de lado outros movimentos artísticos que mudariam o perfil dos colecionadores de arte e, portanto, ampliariam o grupo de colecionadores de arte.

A história de Andy Warhol e a Pop Art, a lenda de Mike Winkelmann e suas criações Cyberpunk e, claro, a rica história envolvendo os inovadores da arte digital desempenharam um papel crucial na história dos NFTs.

Andy Warhol Apresenta a Pop Art

Ao longo da década de 1950, anos antes da criação da *Campbell's Soup Cans* ou de *Marilyn Diptych* [pinturas icônicas do artista], Andy Warhol podia ser encontrado em um café de Nova York chamado Serendipity. Ali ele trocava seus desenhos por doces e sorvetes, enquanto observava o ir e vir das celebridades da cidade.

Perto dali estava a Madison Avenue, com suas agências de publicidade, e Warhol estava de olho nessa indústria. Filho de imigrantes eslovacos, foi criado em meio à pobreza durante a Grande Depressão — uma época em que sua mãe poderia substituir uma lata de sopa de tomate por ketchup e água — e ficou encantado com o *boom* capitalista do pós-guerra. As fábricas lançaram produtos de qualidade que permitiam o acesso até mesmo para os menos afortunados.

Mais tarde, Warhol diria:

> "O que é ótimo neste país é que os Estados Unidos deram início à tradição de que os consumidores mais ricos compram essencialmente as mesmas coisas que os mais pobres. Você pode estar assistindo TV e ver Coca-Cola, e pode saber que o presidente bebe Coca, Liz Taylor bebe Coca e, apenas pense, você também pode beber Coca. Uma Coca-Cola é uma Coca-Cola, e nenhuma quantia de dinheiro pode lhe dar uma Coca-Cola melhor do que aquela que o vagabundo da esquina está bebendo. Todas as Cocas são iguais e todas as Cocas são boas."

O consumismo ganhava corpo. E Warhol queria entrar nessa.

Ele se deu muito bem na Madison Avenue produzindo ilustrações em revistas e anúncios para clientes como a revista *Glamour* e Tiffany & Co. Seu portfólio de arte comercial lhe rendeu muito respeito entre publicitários e consumidores e ficou grande o bastante para uma exposição póstuma inteira intitulada *Warhol Before Pop*.

Mas à proporção que sua conta bancária crescia, suas ambições também cresciam. Ele queria respeito no mundo das belas artes — e não somente como ilustrador comercial.

Apesar do nome com que passou a assinar suas obras [seu nome era Andrew Warhola], de início Warhol não se destacou como artista. Sua primeira exposição na Ferus Gallery, em West Hollywood, Califórnia, apresentou a agora icônica coleção de 32 peças de *Campbell's Soup Cans*. Ele conseguiu vender apenas uma peça e reservar outras quatro. Chame como quiser — premonição ou sorte —, um dos donos da galeria, Irving Blum, decidiu cancelar as quatro reservas e comprar de volta o quinto trabalho. Então, chegou a um acordo com Warhol para comprar o lote inteiro ali depositado ao preço de US$100 por mês durante 10 meses. (Cerca de 26 anos depois, o Museu de Arte Moderna comprou a coleção por US$15 milhões.)

Após essa exposição, Warhol continuou se aprimorando na arte da pintura, voltando-se para o movimento Pop Art, que estava despontando.

A *Pop Art* foi única, no sentido de ter sido a primeira estética que convidou todos a participar e apreciar. A Pop Art deu um "chega pra lá" na cultura elitista e adotou como musa a cultura popular. Personagens de quadrinhos, anúncios populares e produtos de fabricação em massa eram presença constante na Pop Art.

A Pop Art foi o primeiro movimento artístico acessível ao cidadão comum. E era algo que Warhol conhecia muito bem.

Em suas criações, Warhol continuou refletindo essa sociedade consumista emergente. Ele se valia de imagens da arte comercial e da cultura pop, extraindo delas alguns dos componentes mais familiares ou banais do cotidiano norte-americano, alterando-os ligeiramente para mostrá-los sob um ângulo diferente.

Campbell's Soup Cans, Marilyn Diptych, Coca-Cola 3, Triple Elvis, Brillo Box e muitos mais contribuíram para aquela arte "acessível". Ele engrandeceu sua arte construindo para si uma personalidade de celebridade envolta por uma aura de reserva e mistério. Cercou-se de artistas e celebridades. Tudo isso o ajudou a se tornar um ícone vivo e, portanto, uma peça de Pop Art.

Em que pese a Pop Art ter sido amplamente definida por sua abordagem irônica, Andy não transmite a sensação de que estava tentando ser irônico com sua arte. Em vez disso, pretendia expandir a apreciação da arte, colocando em destaque as imagens com que nos deparamos diariamente, mas na verdade não temos tempo de olhar. Rótulos de embalagens, celebridades, fotos de desastres — esses eram seus temas.

O estilo de Warhol sucedeu ao *readymade*, de Marcel Duchamp, um estilo de arte criado a partir de objetos ou produtos cotidianos não dissimulados, mas frequentemente modificados e que, em geral, não são considerados materiais com os quais a arte é feita. Da mesma forma, a Pop Art de Warhol nos lembrou da arte à nossa volta, não nos dando escolha senão olhar para os produtos da sociedade como arte. Warhol se tornou um remixador de arte, seja lá qual fosse o tema de sua arte — alguém conhecido, um produto doméstico ou uma imagem que todos viam nos noticiários. Ele utilizava imagens do que consumimos, duplicava-as, adicionava cores vibrantes e, por fim, criava algo familiar o suficiente para que sua temática pudesse ser imediatamente reconhecida, mas também nova o suficiente para fazer com que você a olhasse mais detidamente porque havia um algo mais ali. Ao destacar o consumismo, ele colocava todos nós, como engrenagens da máquina do capitalismo, na obra de arte, levantando assim o véu para que pudéssemos ver mais claramente o ambiente em que estávamos circunscritos.

Décadas depois, a estética de Warhol ainda permanece sendo um modo agradável de apreciar arte para muitos principiantes. Ele suprimiu os detalhes técnicos e a profundidade, substituindo-os pela simplicidade — quase uma homenagem a seus primeiros dias na indústria da publicidade.

O legado de Warhol se constitui de muitas e diferentes inovações:

- Ele ajudou a mudar a percepção do artista como idealizador e criador para simplesmente um designer da arte, quer o artista use uma caneta no papel ou o pincel na tela.

- Muitos o consideram o primeiro visionário do reality show e movimento de marca pessoal.

No entanto, para nós, o legado que mais devemos a Warhol, e pelo qual os NFTs devem ser gratos, é sua compreensão revigorante e renovada do que pode ser tido como arte.

Embora não seja o criador da Pop Art, Warhol rapidamente se tornou o mestre, a figura de proa desse movimento artístico.

A Pop Art é responsável por democratizar a apreciação da arte. Como o tema das peças de Pop Art incluía algum elemento da cultura popular, o consumidor médio podia reconhecer na hora quem ou o que estava na obra de arte. Não havia necessidade de conhecimento prévio, bastava ser alguém que consumia coisas. Simplesmente comprando sabonetes Brillo, lendo os quadrinhos diários ou indo ao cinema, você era capaz de apreciar a Pop Art.

Sem esse movimento, não haveria tantos colecionadores de arte em todos os níveis de renda quanto temos hoje. A noção do que é considerado uma obra de arte à qual se pode estipular um valor não seria tão inclusiva. Como resultado, podemos fazer a conexão de que não haveria uma comunidade emergente para NFTs e colecionáveis de arte digital, como NBA Top Shot, Logan Paul Box Breakers, CryptoKitties e até mesmo NFTs de Beeple — todos eles poderiam ser classificados como Pop Art.

Sem dúvida, temos uma dívida de gratidão para com Warhol por suas ideias e sua visão. Nunca confinado ao meio de expressão, Warhol fez arte com tudo, de serigrafias a gravuras, de fotografia a câmeras de vídeo e até máquinas copiadoras. Mas há uma técnica menos conhecida dele que não recebe a atenção merecida: sua incursão na tecnologia de arte digital em seus primórdios.

O ano era 1985. A empresa de computação Commodore estava anunciando o Amiga 1000, um novo computador pessoal, no Lincoln Center de Nova York. Para produzir um comercial que batesse o da Macintosh da Apple em 1984, a Commodore recrutou Warhol e Debbie Harry para mostrar o recurso ProPaint do PC em ação.

Com a demonstração já perto do estágio final, Andy sentou-se em um Amiga, bateu uma foto digital de Debbie, carregou-a no Amiga e passou a alterá-la digitalmente em um estilo semelhante ao *Marilyn Diptych*. Cerca de um minuto depois o retrato digital estava pronto.

Jack Hager, o artista residente[1] do Amiga, perguntou a Warhol: "Em quais computadores você já trabalhou antes?" Warhol respondeu: "Não trabalhei com nenhum. Eu esperei por este."

Não fosse o conhecimento do espectador, pareceria ser um endosso típico de uma celebridade. Mas não era o caso. Warhol não só foi contratado para comercializar essa nova tecnologia, como também a usou em seu tempo livre.

Warhol criou um curta-metragem com o Amiga 1000 intitulado *You Are The One*. No filme, havia vinte imagens digitalizadas de Marilyn Monroe extraídas de cinejornais da década de 1950; Warhol as manipulou e musicou com o Amiga.

Após a morte de Warhol, seu computador Amiga e os disquetes foram parar nos arquivos do Museu Warhol. Esquecidos, mas não desaparecidos. Quase três décadas depois, veio a inspiração para o Carnegie Museum of Art: recuperar a arte digital de Warhol. Com uma cuidadosa engenharia reversa, a equipe trouxe à luz cerca de vinte obras de arte digitais de Warhol nunca antes vistas.

Infelizmente, Warhol não viveu tempo suficiente para ver a arte digital no palco central do mundo da arte, e sua contribuição é apenas uma pequena parte do cânone da arte digital.

Tivesse Warhol nascido e vivido mais tarde, em uma época mais contemporânea à nossa, certamente poderíamos vê-lo trilhando um caminho na arte digital semelhante ao de Mike Winkelmann, também conhecido como Beeple ou Beeple_Crap, na última década e meia.

---

1 As residências artísticas são programas que envolvem uma colaboração entre artistas e organizações, instituições ou comunidades anfitriãs que proporcionam aos artistas espaço e recursos para apoiar sua prática. [N. do T.]

O Mundo Cyberpunk de Beeple Encontra os NFTs

É raro um grande artista receber merecidas e amplas homenagens antes de falecer. Raridade ainda maior é um nerd prototípico e despretensioso da ciência da computação, e com uma boca suja, se tornar o rosto de todo um movimento artístico conhecido como *arte digital*, quanto mais vender uma obra de arte por mais de US$69 milhões em um leilão da alta sociedade da Christie's.

"O que uma pessoa e um computador podem fazer? Esse sempre foi um conceito muito legal para mim, porque, de certa maneira, é um equalizador", disse Mike Winkelmann em entrevista a *The New Yorker*.

Winkelmann nasceu no Meio-oeste, em Wisconsin. De origem humilde, desde tenra idade estava na trilha da ciência da computação. Ele frequentou a Universidade de Purdue para aprender a programar videogames, mas logo se viu trabalhando em seus próprios empreendimentos, em vez de na escola. Deu duro na graduação, foi para o mundo levando consigo conhecimentos de informática e conseguiu um emprego como web designer.

O fascínio por computadores e arte disputaram seu tempo disponível. Uma de suas primeiras áreas de sucesso no espaço de gráficos em movimento foi a criação de loops de vídeo para bancadas de DJ. Pense nas formas abstratas e luzes que você encontra em um show de música eletrônica hoje. Como aspirante a DJ, ele os projetou para si mesmo, porém acabou permitindo que outros baixassem e experimentassem de graça.

Apenas um homem e seu computador, Winkelmann ficou hipnotizado com os mundos virtuais e criações digitais que poderiam ser criados no computador com softwares de modelagem e efeitos visuais como o Cinema 4D. Ele tinha a capacidade técnica para mergulhar de cabeça nessas ferramentas, mas lhe faltava a habilidade artística. Ele precisava aprender a desenhar.

Por volta de 2007, Winkelmann teve a ideia, proveniente de um desenhista chamado Tom Judd, de todos os dias criar alguma coisa: o conceito de melhorar incrementalmente, caminhando do zero à conclusão em um dia, era exatamente o que ele queria.

E assim nasceu o *Everydays*, de Beeple.

O primeiro ano de *Everydays* se resumiu principalmente a esboços, autorretratos e rabiscos. Então o Beeple_Crap começou a tomar forma. Ele começou a aprender Cinema 4D diante dos olhos de seu público, aprimorando-se a cada dia.

Cyberpunk tornou-se o principal tema de seu *Everydays* — construir imagens estáticas utópicas e distópicas com o melhor software gráfico de movimento do mercado.

A estética Cyberpunk tem uma próspera comunidade de apoiadores cujas origens datam dos anos 1960. Nítida antítese de muitos dos sonhos utópicos que os primeiros proponentes da tecnologia imaginaram, o Cyberpunk lançou os olhos para cenários futuristas distópicos, muitas vezes justapondo altas conquistas tecnológicas com uma disrupção da ordem social.

Firmemente vinculado ao ininterrupto progresso tecnológico, o Cyberpunk foi elaborado para a sociedade atual e continuará a parecer mais próximo da realidade conforme formos progredindo. Além disso, o Cyberpunk se beneficiou de suas muitas décadas de arte e, em consequência, formou um grande público para seus temas.

Desde os primórdios dos romances de Philip K. Dick e Isaac Asimov até *O Caçador de Androides*, de Ridley Scott, e do suprassumo dos mangás, *Akira*, até *Minority Report — A Nova Lei* e a franquia *Matrix*, e chegando aos episódios da série *Black Mirror* da Netflix, sem contar milhares de outros trabalhos, nossa sociedade não consegue ser Cyberpunk o suficiente. É como se preferíssemos consumir, contrariando as visões utópicas, os pesadelos distópicos que parecem tão próximos da nossa realidade.

Beeple não poderia ter escolhido uma estética melhor para construir seus *Everydays*.

Independentemente das circunstâncias, Winkelmann continuou criando uma peça todos os dias a partir do zero. Nada de planejar ou criar antecipadamente seu *Everydays*. Nada de consultar sua coleção de obras caso se sentisse preguiçoso. Apenas um homem e seu computador. Chris Do, da mídia de marcas The Futur, comparou o processo de Winkelmann ao de Michael Shattuck — o homem que corre 365 maratonas por ano.

Winkelmann, mais de 5 mil *Everydays* depois, criou um das mais prolíficas coleções de arte digital já conhecidos. No processo de compartilhar *Everydays*, ele formou um público incrível de amantes do Cyberpunk. Nunca se autoelogiando ou a seu trabalho (como é habitual para quem foi criado em Wisconsin), Beeple ainda afirma ser "uma porcaria" no design de movimento. Mas é só dar uma olhada em sua coleção de trabalhos para notar o crescimento de um artista.

Everydays tornou Winkelmann popular como designer para trabalhos comerciais — SpaceX, Apple, Nike, Louis Vuitton, Super Bowls, shows, você escolhe. Beeple criou uma carreira para si mesmo simplesmente fazendo o que amava.

Antes dos NFTs, o ganha-pão de um artista digital era este: fazer um trabalho incrível para ser reconhecido pelo mundo corporativo por campanhas.

Nos últimos cinco anos e pouco, os *Everydays* de Beeple começaram a ficar — por falta de um termo melhor — mais estranhos do que nunca, (veja a Figura 4.1). Seus trabalhos incluíam Donald Trump amamentando, Mickey Mouse sendo sugado de suas entranhas e um Elon Musk gigante nu montando um gigante Shiba Inu, o cachorro do logotipo Dogecoin. Ele não renegou a estética Cyberpunk, porém a misturou com personagens da cultura pop de modo a criar uma espécie de realidade de pesadelo para os espectadores.

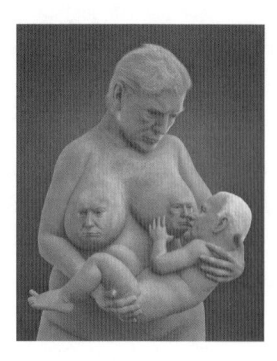

FIGURA 4.1 Três trabalhos de Beeple: *Birth of a Nation, Disneyworld 2020* e *Non-Fungible Elon*.

Em uma entrevista dada a Kara Swisher para o podcast Sway do *New York Times*, Beeple descreve assim sua arte:

> "O que estou tentando refletir é que há algumas coisas muito estranhas acontecendo com a tecnologia. Algumas consequências muito inesperadas. E acredito que isso só vai acelerar. Acho que Donald Trump foi uma consequência não planejada e muito estranha da tecnologia que não vimos."

As sutilezas do Cyberpunk que comandavam seu trabalho passaram agora a permear o mundo que todos habitamos. Assim como a Pop Art de Warhol examinou o consumismo conforme este se estabelecia, a arte Cyberpunk de Beeple acompanha de perto o tecnocentrismo, examinando-o à medida que ele se apresenta em todas as facetas da vida.

Beeple não estava à frente em criptomoedas, blockchain ou NFTs. Estava na hora certa.

Em outubro de 2020, Beeple lançou seu primeiro NFT, que foi vendido por US$66.666,66 (e revendido por cem vezes mais, US$6,6 milhões, alguns meses depois). Em dezembro de 2020, vendeu uma série de obras por US$3,5 milhões. Então, apenas alguns meses mais tarde, trabalhando com o MakersPlace (um marketplace de NFT), a casa de leilões Christie's procurou Mike para fazer um lançamento de NFT. A Christie's o convenceu a empacotar os primeiros 5 mil *Everydays* em um NFT, que foi vendido por mais de US$69 milhões.

Em nosso entendimento, o *Everydays* de Beeple foi a coleção perfeita para uma transação dessa magnitude. Por quê? Acontece que o fato de Beeple ser um artista digital nativo que se baseou na tecnologia para criar arte, depois a concentrou em examinar a tecnologia e, finalmente, valeu-se de uma tecnologia inovadora para vender seu trabalho é a história perfeita. Teria sido tão surpreendentemente didático se a maior transação de NFT fosse de um artista estabelecido como Jeff Koons? Certamente não.

O Cyberpunk é provavelmente o tema perfeito para ser o porta-bandeira de chegada da era dos NFTs, pois se trata de um estilo de arte que perscruta de maneira atenta muitas das tecnologias usadas para criar, comercializar e vender NFTs. A estética é mais relevante do que nunca; basta dizer que quase todos nossos comportamentos são influenciados por algoritmos e que não transcorre um minuto sequer sem que sejamos auxiliados (ou viciados) pela tecnologia.

A antevisão de Beeple de permanecer junto ao Cyberpunk revelou-se ideal. Em última análise, ele se beneficiou por permanecer motivado por mais de treze anos e criar uma enorme coleção de obras.

Quer ele goste ou não, Beeple é hoje o garoto-propaganda dos NFTs, tal como Warhol era o garoto-propaganda da Pop Art. Idealmente, para artistas nativos digitais, em todos os lugares, que assim como Winkelmann confiaram no trabalho do cliente ou na impressão de sua arte digital em mídia física para ganhar dinheiro, o trabalho contínuo de Beeple será emblemático.

Embora Beeple tenha a maior transação de arte digital até hoje, seria injusto se isso encobrisse a rica história da arte digital e o desrespeito que todos os artistas desse meio tiveram que suportar por décadas, obrigados a ouvir que aquilo que criavam não era "arte real". A história da arte digital remonta a muito antes de Winkelmann decidir fazer sua primeira *Everyday*.

A História da Arte Digital

O que é arte? Uma rápida pesquisa no Google trará um milhão de respostas diferentes; para ser exato, 13 bilhões. Entretanto, a questão fundamental é que nenhuma dessas 13 bilhões de respostas faz jus ao escopo da arte, uma vez que em cada definição há uma classificação da arte, o que deixa alguma coisa de lado. É como se, ao definir arte, deixássemos a porta aberta para alguém entrar e nos mostrar uma forma de arte que não havíamos cogitado.

Durante séculos, arte significou pinturas, afrescos, esculturas, música e poesia. Em termos mais amplos, poderíamos incluir edificações imaculadas, como o Parthenon ou as Pirâmides de Gizé.

Então coube a Marcel Duchamp colocar o mundo de ponta-cabeça ao afirmar que um artista é alguém que pode apontar o dedo e dizer "isso é arte". Algo que ele demonstrou ao colocar um mictório em uma galeria. Mais tarde, e de forma análoga, Warhol apontou o dedo para nós mesmos, mais ou menos alegando que o comportamento humano coletivo é uma forma de arte. Elaborando a respeito, ele disse que arte é aquilo que você pode fazer. E quando achávamos que tudo já tinha sido considerado, a comida virou arte. Restaurantes com estrelas Michelin passaram a mostrar como a comida pode ser um meio de expressão criativa.

Ao longo do tempo, artistas fizeram o possível para quebrar barreiras, trazendo a sociedade para espaços desconfortáveis — lugares não reconhecidos antes como arte. Embora culturas inteiras tenham aflorado a partir do grafite, como a do hip-hop e do skate, o grafite não foi respeitado de forma holística até que a Art Basel contratou grafiteiros para trabalhos por toda a cidade de Miami.

A história da arte e a de quebrar barreiras se confundem. Um visionário faz algo diferente ao qual chama de arte. O mundo da arte o respeita e copia, ou o deixa de lado. Mas, no final das contas, todas as formas de expressão artística, por mais estranhas que sejam, encontram seguidores.

Quanto à arte digital, não demorou muito para ela encontrar sua comunidade de apoiadores, embora ainda hoje ela lute para convencer muitos de seu valor para a sociedade. Contudo, a história da arte digital é uma pré-história para os NFTs, uma vez que, sem artistas digitais, não há razão para NFTs existirem.

O Despontar da Arte Digital

No início da década de 1950, em um armazém de excedentes do exército em Manchester, Inglaterra, um homem chamado Desmond Paul Henry encontrou um computador de mira de bomba Sperry em perfeitas condições. Um dos muitos computadores desenvolvidos durante a Segunda Guerra Mundial, o Sperry era acoplado em aviões bombardeiros e usado para determinar o momento exato de lançamento de uma bomba para atingir o alvo. Naquela época, era uma tecnologia militar ultrapassada, mas uma nova ferramenta para o mundo da arte. Ao menos era nisso que Henry acreditava.

Henry lidaria com o Sperry ao longo dos anos 1950, maravilhando-se com sua construção. No fundo, porém, ele queria encontrar alguma maneira de visualizar do que aquele objeto era capaz. Então ele prendeu um plotter (basicamente, uma caneta no final de um braço) na máquina e começou a fazer ajustes mecânicos para ver o que poderia desenhar.

Diferentemente da arte gerada por algoritmos que viria ao longo dos anos 1960 e 1970, a máquina de desenhar de Henry dependia inteiramente da "mecânica do acaso", em outras palavras, a relação entre o plotter e os componentes mecânicos da máquina. Por exemplo, um parafuso afrouxado podia modificar drasticamente o resultado final.

Como o computador não podia ser pré-programado nem armazenar informações, então cada desenho era completamente aleatório. Ele podia ajustar os componentes mecânicos do dispositivo, mas não tinha ideia de como isso afetaria o desenho. Esse modo impreciso de construir significava que as criações de Henry nunca poderiam ser replicadas ou produzidas em massa. Cada trabalho era absolutamente único. A primeira obra de arte da Henry Drawing Machine é mostrada na Figura 4.2.

FIGURA 4.2 Primeira obra de arte da Henry Drawing Machine

Não lhe dá a sensação de ser uma pintura abstrata que se pode encontrar em uma galeria qualquer, com dezenas de conhecedores à volta dela, analisando o significado por trás da visão do artista?

Infelizmente, não foi o caso. A *arte por computador*, assim chamada na época, não era particularmente respeitada pelo mundo da arte. Talvez porque computadores eram máquinas sem vida, que processavam números o dia todo, ou parecidas com aquelas que fabricavam Coca--Cola em uma linha de produção. Ou talvez porque seus criadores eram nerds obcecados com as minudências de algo que escapava ao entendimento das pessoas, não artistas excêntricos e entusiasmados com quem você adoraria bater um papo.

Quaisquer que tenham sido as razões, a arte por computador era apenas o primo distante do mundo da arte, e assim permaneceu por décadas. "Não é arte *real*" era a resposta popular e inteiramente descabida para esse estilo de criação.

A despeito do ódio, os adeptos da arte computacional seguiram adiante, formando suas próprias comunidades de apoio.

Em 1967, a organização sem fins lucrativos Experiments in Art and Technology foi constituída após uma série de apresentações no ano anterior chamada "9 Evenings: Theatre and Engineering", na qual dez artistas contemporâneos uniram-se a trinta engenheiros e cientistas do Bell Labs para mostrar o uso de novas tecnologias na arte.

Em 1968, o Institute of Contemporary Arts, em Londres, foi sede de uma das primeiras e mais influentes exposições de arte computacional, a "Cybernetic Serendipity". Também naquele ano foi fundada a Computer Arts Society, com a finalidade de promover o uso de computadores em obras de arte.

Ao longo das décadas de 1960 e 1970, a criação de grande parte da arte digital dependia do uso da matemática, usando algoritmos e matemática básicos para gerar arte abstrata. Mantida quase em total isolamento, a arte digital interessava a engenheiros dispostos a ultrapassar os limites da tecnologia ou aos poucos artistas que tiveram a visão de testar essa nova forma de criação.

A arte sempre exigiu uma compreensão técnica do meio utilizado, bem como do entendimento da composição artística. Qualquer que seja o meio — pastel sobre tela, grafite sobre papel ou cinzel contra mármore —, a compreensão técnica de como os materiais reagem com o substrato não era insuperável. Era preciso apenas prática.

Com a arte digital inicial não foi diferente, pois era preciso entender o meio, o que na época significava entender como os computadores operavam. É por isso que muitos dos primeiros artistas digitais eram programadores de computador.

Então, em 1984, aconteceu uma mudança tectônica que mudaria não apenas "como" a arte computacional era criada, mas, mais importante, "quem" poderia criá-la.

Na Apple, Steve Jobs entrava em cena, e seu primeiro grande lançamento foi o computador Macintosh, cuja principal vantagem era a *interface gráfica do usuário* [em inglês, *graphical user interface* — GUI]. As GUIs tinham importância primordial, pois apresentavam a computação por meio de ícones e janelas, permitindo que uma pessoa comum interagisse com computadores. Além disso, por apenas US$195, os usuários de Mac podiam comprar o MacPaint e ter a capacidade de criar sua própria arte digital. Os computadores pessoais deram essa condição a todos os artistas. Como discutimos anteriormente neste capítulo, no ano seguinte, a Commodore lançou seu computador Amiga 1000 e o software Deluxe Paint.

Na década seguinte, começaram a surgir softwares icônicos desenvolvidos especificamente para criar arte digital: Adobe Photoshop, em 1988, e Corel Painter, em 1990, por exemplo. E então, em 1992, a Wacom criou um dos primeiros tablets, com os quais os usuários interagiam usando uma caneta sem fio — o sonho de um artista digital.

Com a facilitação proporcionada pelos softwares na criação de arte digital, mais artistas começaram a usar as ferramentas e a formar comunidades para compartilhar suas experiências. Reconhecendo que a arte digital estava em ascensão, mas não tinha um lugar central onde ser exibida, o Museum of Digital Art de Austin foi lançado em 1997, inteiramente dedicado à exposição e promoção de criações digitais. Alguns anos depois, o Digital Art Museum lançou o primeiro museu online de arte digital. (E pouco mais de uma década depois, o Museum of Modern Art caiu em si e criou um Cofre de Arte Digital, contendo mais de 4 mil obras de arte digital.)

Essas comunidades emergentes de arte digital, aliadas ao uso crescente de efeitos visuais em filmes e mundos virtuais complexos em videogames, significavam que mais da sociedade estava sendo posta em contato com arte digital ao longo dos anos 1980 e 1990, reconhecendo-a ou não.

Quando Henry estava construindo sua Henry Drawing Machine, na década de 1950, ele não estava preocupado com o fato de o mundo da arte não respeitar suas criações. Para ele, era arte. Os primeiros artistas digitais estavam quebrando barreiras e pagando o preço do ódio por isso. Apenas algumas décadas depois, a arte digital ganharia o mundo. E as pessoas finalmente começavam a lhe dar valor.

A Arte Digital Começa a Ser Comercializada

Nada surpreendentemente, a internet foi providencial para o crescimento da arte digital. Lançado em 2005, o *Behance.net* tornou-se "o" lugar para compartilhar o portfólio de arte digital e projetos comerciais de terrenos. Emi Haze, por exemplo, amealhou muitos seguidores no Behance e conseguiu projetos com a Apple e a Wacom e até se transformou em um dos poucos artistas digitais homenageados durante o 25º aniversário da Adobe.

Vamos dar um salto no tempo até 2013, quando ocorreu um dos momentos mais monumentais da história da arte digital. A Phillips Auction House e o Tumblr se uniram para realizar o primeiro leilão de arte digital, no qual venderam dezesseis peças de arte digital por US$90,6 mil. Embora naquela ocasião existissem vários blockchains, eles não empregavam a tecnologia para garantir os direitos daquelas peças de arte digital. Em vez disso, simplesmente entregaram a cada comprador um disco rígido contendo um arquivo da obra.

No entanto, apenas um ano depois, blockchain e arte se combinariam para finalmente chegar ao primeiro NFT, ou, como eles se referiam na época, desenhos *monetizados*.

Em 2014, na cidade de Nova York, foi realizado um evento chamado Seven on Seven. Concebido como um hackathon, no qual artistas e tecnólogos se reúnem para colaborar e gerar ideias, um dos pareamentos aleatórios juntou Kevin McCoy e Anil Dash. Este trabalhava como consultor de casas de leilões; aquele, como artista digital e professor da Universidade de Nova York.

Isso tudo se passou durante o auge do Tumblr, quando ativos digitais de todos os tipos eram compartilhados em toda parte, muitas vezes sem qualquer atribuição. McCoy foi um dos muitos artistas digitais cujos trabalhos viralizaram no Tumblr; apesar disso, ele não recebeu muito crédito ou qualquer remuneração. Desnecessário dizer que ele já estudava como aplicar o blockchain à arte digital.

Em um artigo no *Atlantic*, Dash descreveu assim o evento:

> "Já era madrugada, e McCoy e eu havíamos elaborado uma primeira versão, baseada em blockchain, de uma maneira de declarar a propriedade de um trabalho digital original. Exaustos e meio bobamente, demos à nossa criação um nome irônico: desenhos monetizados. Nossa primeira demonstração ao vivo foi no New Museum of Contemporary Art, em Nova York, onde a mera frase *desenhos monetizados* levou ao riso um público desconfiado de intrusões corporativas nas artes criativas. McCoy usou um blockchain chamado Namecoin para registrar um videoclipe que sua esposa havia feito anteriormente, e que eu comprei com os US$4 que tinha na carteira... Mas o protótipo de NFT que criamos em um hackathon de uma noite tinha algumas falhas. Não dava para armazenar a arte digital real em um blockchain; em face dos limites técnicos, os registros na maioria dos blockchains são pequenos demais para conter uma imagem inteira... Sete anos depois, todas as plataformas NFT mais populares ainda usam o mesmo atalho."

Ainda que não tenham levado a ideia adiante, McCoy e Dash demonstraram as possibilidades. Na ocasião, era o suficiente.

Apenas um ano depois, QuHarrison Terry e Ryan Cowdrey cofundaram o 23VIVI, o primeiro marketplace de arte digital do mundo a usar o blockchain do Bitcoin para criar certificados de autenticidade.

Cowdrey relembra:

> "Vender arte digital em 2015 não era motivo para riso fácil. Para começar, estávamos usando o blockchain do Bitcoin para criar uma prova de propriedade. Isso foi algo extremamente lento. Especialmente quando comparado ao blockchain Ethereum, que é usado para a maioria dos NFTs hoje. Mas o outro obstáculo principal era o mercado. As pessoas não entendiam arte digital, muito menos pensavam em comprá-la. Então, recorremos às nossas conexões. Mais da metade de todas as nossas vendas começaram com nossos amigos e familiares. Mesmo assim, foi um desafio convencer um amigo a gastar US$20 em um arquivo digital."

Qualquer negociante de arte digital antigo contará uma história semelhante sobre vender suas primeiras peças para amigos e familiares.

Em uma entrevista com Gary Vaynerchuk, cofundador da CryptoKitties, Mik Naayem disse o seguinte:

> "Quando criamos o CryptoKitties, eu estava tentando fazer com que todos os meus amigos o comprassem. E não consegui. Parecia que eles olhavam para mim como olhavam para os gatos; e diziam 'isso é complicado'."

Mal sabiam eles que CryptoKitties daria certo e se tornaria uma das primeiras instâncias de sucesso NFT. Então, o que são CryptoKitties?

A internet tem uma relação muito especial com gatos, para dizer o mínimo. Gatos famosos como Grumpy Cat, Lil Bub, Nyan Cat e Coronel Meow. Em 2015, a CNN estimou que havia mais de 6,5 bilhões de fotos de gatos na internet. Uma das primeiras razões para as pessoas acessarem o YouTube era assistir a vídeos curiosos de gatos; estima-se hoje que os vídeos do YouTube com felinos como tema principal acumularam mais de 26 bilhões de visualizações. O site ThoughtCatalog até os cunhou como o mascote oficial da internet.

Portanto, não admira que os primeiros NFTs a atingir uma massa crítica tenham sido coleções de NFTs com obras de arte digitais sobre gatos. Lançado em novembro de 2017 pela Dapper Labs, o CryptoKitties é um jogo blockchain Ethereum no qual os usuários podem comprar, colecionar, criar e vender gatos virtuais. O jogo foi lançado com cem "Founder Kitties", com um gato "Gen 0" lançado a cada quinze minutos. O jogo foi um sucesso quase instantâneo.

O site TechCrunch informou, alguns dias após o lançamento, que mais de US$1,3 milhão já havia sido negociado para CryptoKitties.

FIGURA 4.3 Três CryptoKitties: #1, Genesis; #222, Koshkat; e #1992771, Holly

O jogo blockchain teve tanta procura que representou mais de 15% do tráfego de rede da Ethereum no final de 2017. Três CryptoKitties são mostrados na Figura 4.3.

Contudo, eles eram mais do que um colecionável do tipo Beanie Baby. O jogo oferecia um recurso exclusivo de criação (ou, como eles se referem, *siring*). Basicamente, o dono de um CryptoKitty o coloca para gerar uma quantidade especificada de Ethereum (ETH). Quando alguém concorda com esse preço, os dois CryptoKitties se reproduzem. A pessoa que colocou seu gatinho como o macho recebe o Ethereum, e o outro proprietário recebe o CryptoKitty resultante.

Cada gatinho tem em sua codificação um genoma de 256 bits com a sequência genética de todas as diferentes combinações que os gatinhos podem ter. Cor de fundo, tempo de espera, bigodes, barbas, listras, e assim por diante, são todos os "genes" que esses CryptoKitties podem ter.

A demanda por certos "gatributos" cresceu na comunidade de colecionadores. A Dapper Labs nunca estabeleceu uma raridade nos diferentes recursos. O que os colecionadores queriam cresceu de forma totalmente orgânica.

Menos de quatro meses depois, com um fenômeno comercial na internet em suas mãos, a equipe responsável pelo CryptoKitties levantou US$12 milhões de investidores respeitados, como Union Square Ventures e Andreessen Horowitz. Desde então, o Dapper Labs lançou o NBA Top Shots, tem seu próprio blockchain chamado Flow e possui colecionáveis digitais com tema do UFC em andamento.

Sem dúvida, o CryptoKitties teve um papel importante na conscientização sobre a propriedade de ativos digitais. Sem eles, quem sabe onde estaríamos hoje?

Não há como falar sobre sucessos de arte digital sem mencionar Curio Cards ou CryptoPunks, o primeiro e o segundo (respectivamente) projetos NFT a incluir prova de propriedade no blockchain Ethereum.

Curio Cards, lançado em 9 de maio de 2017, apresenta trinta séries exclusivas de cartões NFT de sete artistas diferentes. O projeto foi criado, em boa parte, para mostrar de várias maneiras um novo modelo de propriedade de arte digital, a título de exemplo para outros seguirem. Mais antigos, os cartões Curio foram desenvolvidos antes que o padrão ERC-721 NFT (o padrão usado em marketplaces como o OpenSea hoje) fosse proposto — o que os torna um pouco obsoletos. No entanto, eles desenvolveram um contrato de token que possibilita aos proprietários "embrulhar" seu Curio Card em outro token, tornando-os funcionais nos marketplaces de NFT modernos.

Sob o aspecto artístico, Curio Cards utilizou essa tecnologia revolucionária para projetar uma série de cartões de modo a contar a história da humanidade até a arte digital. Começando com o número 1, uma maçã que representa a história da criação, e terminando com o número 30, que apresenta o primeiro GIF já criado.

E, em seguida, os CryptoPunks. Lançados em junho de 2017 pela Larva Labs, os CryptoPunks são 10 mil personagens colecionáveis únicos criados no estilo Pixel Art, cuja rica história remonta a jogos como *Space Invaders* e *Pac-Man*. À época de seu lançamento, o Larva Labs literalmente deu CryptoPunks para qualquer um que os aceitasse. Em 2021, a OpenSea estima que o volume total de CryptoPunks transacionados superou 172 mil ETH, com nove CryptoPunks sendo vendidos por US$17 milhões em maio de 2021.

Muitos artistas e colecionadores digitais foram bem-sucedidos nos últimos anos com seus NFTs, e os volumes de transações alardeados pelas manchetes parecem estar ficando cada vez maiores e mais absurdos. Mas eles não estariam em tal condição sem a rica história de artistas digitais que os precederam.

Os pioneiros, que fizeram experimentos com a tecnologia para criar arte digital; os primeiros adeptos, que iniciaram eventos e galerias para promover a arte digital; e os primeiros inovadores na arte digital apoiada em blockchain, que colocaram sua propriedade como questão fundamental, lançaram as bases para os Beeple, os Gronkowski e os CryptoKitties prosperarem.

Cumpre lembrar as palavras de Isaac Newton: "Se eu enxerguei mais longe, foi por estar sobre os ombros de gigantes." Os gigantes do mundo da arte digital tiveram que aturar multidões dizendo que sua arte não era "arte real". E embora nunca tenham recebido o crédito (nem o dinheiro) que merecem, eles possibilitaram que artistas digitais de todos os tipos monetizassem suas criações no meio para o qual as destinavam.

CAPÍTULO

5

NFT: Marketplaces

Se for de seu interesse criar, vender ou comprar tokens não fungíveis (NFTs), o melhor seria fazê-lo em um dos muitos marketplaces NFT. Ao criar e cunhar um NFT em um desses marketplaces, você não precisará saber como codificar um contrato inteligente ou ter algum conhecimento técnico. Trata-se de um grande avanço, que permite a uma pessoa comum criar e cunhar NFTs.

Isso não o exime, claro, de ainda precisar entrar no blockchain, porque os NFTs são ativos de blockchain. Vamos guiá-lo através dessa questão, bem como pela criação, cunhagem, venda e compra de NFTs nos Capítulos de 6 a 8. Usaremos como plataforma o OpenSea, o maior e mais popular marketplace, orientando você pelo caminho. No entanto, recomendamos a você explorar todos os marketplaces detalhados neste capítulo. Cada um tem suas próprias características, foco e comunidade. Ao explorá-los, você terá uma noção mais ampla do mercado geral de NFTs.

Neste capítulo, você tem uma visão geral de vários dos marketplaces de NFT mais populares.

OpenSea

Site: `Opensea.io`

OpenSea é o maior e mais popular marketplace de NFT. Ele também afirma ser o primeiro. Até o momento em que escrevemos este livro, o OpenSea tem 15,5 milhões de NFTs e vendeu US$354 milhões em NFTs.

Para nós, o OpenSea é o mais fácil de navegar e mais amigável ao criar, vender e comprar NFTs. Para quem é novato, é excelente. Os colecionadores também podem encontrar uma grande variedade de NFTs no OpenSea, entre os quais:

- Arte Digital
- Colecionáveis
- Música
- Nomes de domínios
- Imóveis virtuais
- Cartões colecionáveis digitais
- Itens incluídos em games

Há várias maneiras de vender seus NFTs, incluindo leilões do tipo inglês ou holandês.

De maneira geral, recomendamos o OpenSea; é por isso que o usamos como o marketplace de referência nos capítulos subsequentes.

Prós

- Maior marketplace NFT.
- Facilidade para criar, vender e comprar NFTs.
- Liberdade para cunhar NFTs.
- Apenas uma única taxa de gás dupla para listar NFTs à venda.
- Taxa de apenas 2,5% das vendas.

Contras

- Poder comprar e vender NFTs apenas com criptomoeda.
- Opera com base no blockchain Ethereum, que pode ter altas taxas de gás nas transações.

Rarible

Site: `Rarible.com`

Tal como o OpenSea, *Rarible* é amigável e fácil de navegar, e você pode criar, vender e comprar vários tipos de NFTs.

O Rarible incorporou alguns elementos de mídia social em seu site, como um recurso "seguir", dando aos usuários a condição de acompanhar os criadores de NFT e de ser notificados quando o criador lançar algo novo.

O Rarible também criou o token RARI, que é o token de governança nativo do marketplace de NFT, projetado para recompensar os usuários ativos da plataforma com uma voz no futuro da plataforma.

O Rarible recebe uma comissão de 5% de cada venda, cobrando 2,5% do comprador e do vendedor.

Prós

- Facilidade para criar, vender e comprar NFTs.
- Comunidade vibrante.

Contras

- Compras e vendas de NFTs só podem ser feitas com criptomoeda.
- Com base no blockchain Ethereum, cujas taxas de gás podem ser altas nas transações.
- Cobra uma taxa de gás toda vez que você cunha um NFT.

Nifty Gateway

Site: `Niftygateway.com`

NFTs são chamados de *nifties* no *Nifty Gateway*. Esse marketplace vende apenas produções de artistas digitais, celebridades e marcas estabelecidas. Por exemplo, o Nifty Gateway apresentou lançamentos de Beeple, Deadmau5, Eminem e Paris Hilton.

O Nifty Gateway se posiciona como um marketplace sofisticado, como uma galeria de arte exclusiva. Os criadores precisam se inscrever e passar por um extenso processo de verificação para vender nele.

É um dos raros marketplaces em que se pode comprar NFTs com cartão de crédito ou débito; com isso, abre as portas para colecionadores não familiarizados com criptomoedas.

Prós

- Aceita cartões de crédito e débito para comprar nifties.
- Uso fácil e intuitivo.

Contras

- Comissão de 15% sobre as vendas.
- Os vendedores precisam criar uma conta Gemini para sacar.
- É preciso se inscrever para vender nifties.
- Baseia-se no blockchain Ethereum, que pode ter altas taxas de gás para transações.

SuperRare

Site: `Superrare.co`

Como o nome diz, *SuperRare* vende apenas NFTs de edição única (1 de 1). Além disso, ele vende apenas NFTs de arte digital que não estão disponíveis para compra em nenhum outro lugar.

O SuperRare se descreve como "uma mistura de Instagram e Christie's. Uma nova maneira de interagir com arte, cultura e colecionar na internet!"

O SuperRare formou uma comunidade forte e também monitora os principais colecionadores e artistas de tendências.

Assim como o Nifty Gateway, o SuperRare tem um design elegante. Há no site uma seção editorial que apresenta, todos os dias, alguns artigos relacionados à arte digital, à maneira de uma reluzente revista de arte.

Prós

- NFTs raros, de edição única.
- Uso fácil e intuitivo.
- Comunidade forte.

Contras

- Comissão de 15% nas vendas primárias.
- É preciso se inscrever para vender NFTs.
- Baseia-se no blockchain Ethereum, que pode ter altas taxas de gás para transações.

Wax (Atomic Hub)

Site: Wax.atomichub.io

Atomic Hub baseia-se no *WAX blockchain*, que nada tem a ver com o blockchain Ethereum (ETH). O WAX não é tão popular quanto o ETH, mas suas taxas de transação são mínimas, em comparação com as taxas de gás ETH. Além disso, o WAX usa a prova de participação como validação, o que significa que tem efeitos desprezíveis no meio ambiente.

O Atomic Hub é mais conhecido por vender pacotes de NFTs nos quais você não sabe o que encontrará lá dentro, assim como ocorre com um pacote de cartões de beisebol. Tal semelhança está também no fato de que NFTs encontrados em pacotes têm diferentes níveis de raridade. Por exemplo, a Topps vende pacotes de NFTs da Major League Baseball, que são negociados em um mercado secundário ativo.

Prós

- Sem taxas de gás ETH.
- Ambientalmente amigável.
- Somente 2% de comissão sobre vendas de NFTs.

Contras

- Criar NFTs é complicado.
- O blockchain WAX é muito menos popular que o blockchain ETH.
- NFTs não são transferíveis para o blockchain ETH.

Foundation

Site: `Foundation.app`

Foundation se diz um "playground" para artistas, curadores e colecionadores. O design desse marketplace parece fortemente influenciado por mídias sociais, em especial o Instagram. O site incentiva os usuários a vincular suas mídias sociais à sua conta no Foundation.

Qualquer pessoa pode se inscrever, mas se você quiser vender seus NFTs, precisará de autorização dos outros membros da comunidade. Essa curadoria dificulta a venda de NFTs, mas mantém um certo nível de qualidade da arte.

Prós

- Boa variedade de NFTs de arte de qualidade.
- Comunidade ativa de artistas e colecionadores.

Contras

- Comissão de 15% sobre as vendas primárias.
- Não há como filtrar pesquisas.
- Baseia-se no blockchain Ethereum, que pode ter altas taxas de gás para transações.

NBA Top Shot

Site: NBAtopshot.com

Criado pela Dapper Labs, que lançou o CryptoKitties, o *NBA Top Shot* é um marketplace no qual se pode comprar NFTs de vídeo de momentos históricos da NBA. É muito popular, com centenas de milhões de dólares em vendas.

Assim como o Atomic Hub, os colecionadores compram pacotes de NFTs desconhecidos de raridade variada, que podem vender no mercado secundário. Os colecionadores também podem competir em desafios para obter NFTs de graça.

O marketplace está no blockchain FLOW, cuja validação é feita por prova de participação, como o WAX.

Prós

- NFTs de vídeo da NBA incríveis.
- Ambientalmente amigável.
- Aceita cartões de crédito e débito para comprar NFTs.

Contras

- Os NFTs não são transferíveis para o blockchain ETH.
- Pode levar semanas para sacar fundos.
- O mercado é inundado de NFTs em face do lançamento regular de novos pacotes.

VeVe

Site: `Veve.me`

Veve é um aplicativo móvel, disponível na App Store e no Google Play. O Veve vende apenas NFTs de imagem 3D de grandes marcas. Por exemplo, NFTs de *Os Caça-Fantasmas, Batman, De Volta para o Futuro, Jurassic Park, o Parque dos Dinossauros* e *Jornada nas Estrelas: A Nova Geração*.

Pode-se manipular o tamanho e o ângulo das imagens 3D dos NFTs e colocá-los em outros aplicativos, adicioná-los às fotos e compartilhar nas mídias sociais.

Prós

- Arquivos 3D de alta qualidade.
- NFTs de algumas marcas populares.
- Não há necessidade de criptomoeda para comprar NFTs.

Contras

- Não é possível transferir NFTs para fora do aplicativo Veve.
- Não se pode vender NFTs Veve; só é permitido trocá-los por outros NFTs.
- A interface do usuário é um pouco confusa.

Known Origin

Site: `Knownorigin.io`

Known Origin se orgulha de ser um marketplace orientado por artistas e é limitado a NFTs de arte digital. Ele inclui um marketplace primário para NFT de arte que acaba de sair e um marketplace secundário onde os colecionadores podem comercializar seus próprios NFTs.

Os artistas precisam se inscrever para criar e vender NFTs no marketplace. A Know Origin tenta "garantir um nível muito alto de cuidado ao selecionar artistas para a plataforma".

Prós

- NFTs de arte de alta qualidade.
- Interface elegante e amigável.

Contras

- Comissão de 15% sobre vendas primárias.
- Atualmente não aceita inscrições de novos artistas.
- Baseia-se no blockchain Ethereum, que pode ter altas taxas de gás para transações.

Myth Market

Site: `Myth.market`

Myth Market se concentra em NFTs de cartões colecionáveis e, na verdade, é apenas um centro de operações para cinco mercados distintos:

- GPK.Market (cartões colecionáveis Garbage Pail Kids)
- GoPepe.Market (cartões colecionáveis com o meme Pepe)
- Heroes.Market (cartões colecionáveis Blockchain Heroes)

- KOGS.Market (cartões colecionáveis KOGS)
- Shatner.Market (cartões colecionáveis com William Shatner)

Como o Atomic Hub, o Myth Market (e seus submercados) utiliza o blockchain WAX.

Prós

- Sem taxas de gás ETH.
- Ambientalmente amigável.

Contras

- Só permite comprar e vender NFTs oferecidos em cada submercado.
- O blockchain WAX é muito menos popular que o blockchain ETH.
- NFTs não são transferíveis para o blockchain ETH.

RESUMINDO

Tenha em mente que há dezenas de marketplaces de NFT. O espaço NFT está evoluindo rapidamente, e novos marketplace surgirão, enquanto outros cairão no esquecimento ou simplesmente deixarão de existir.

Você pode encontrar links para os marketplace que citamos, e vários outros, na página Resources ["Recursos"] para este livro em TheNFThandbook.com/Resources, a qual manteremos atualizada. Agora que você já tem uma noção do mercado NFT, vamos começar a criar seu primeiro NFT.

CAPÍTULO 6

Criando e Emitindo NFTs

Neste capítulo, veremos passo a passo a criação de um NFT e a emissão (colocá-lo no blockchain) a partir do zero. Mesmo se você for um completo iniciante, pode fazer isso. Nenhuma experiência anterior em NFT, blockchain ou técnica é necessária. Então prepare-se para se juntar à mania NFT.

Eis os principais passos para isso:

- Criar o conteúdo principal e outros aspectos de seu NFT.
- Criar uma carteira de criptomoedas (especificamente, uma carteira MetaMask).
- Criar uma conta no OpenSea (o maior marketplace de NFT).
- Criar uma coleção no OpenSea.
- Emitir seu NFT no OpenSea.

Para que o processo se mantenha o mais simples possível, nos concentraremos na criação de uma arte digital NFT, o tipo mais popular de NFT.

Criando os Aspectos de seu NFT

A primeira coisa a fazer é criar todos os aspectos do NFT. Eles podem ter todos os seguintes aspectos, conforme abordado no Capítulo 2, "O que são NFTs?":

- Conteúdo principal
- Nome
- Conteúdo para visualização
- Descrição
- Características
- Conteúdo desbloqueável
- Benefícios
- Royalties recorrentes
- Oferta
- Link externo

Veremos um por um, mas não nessa ordem.

Conteúdo Principal

Este é o primeiro e mais importante passo para criar seu NFT, uma vez que se trata da essência de seu NFT.

Projetos como o Meebits usam imagens de personagens 3D como seu conteúdo principal; os compradores são capazes de desbloquear os arquivos 3D reais assim que têm o Meebit (mais sobre conteúdo desbloqueável a seguir). Criado pelo Larva Labs, e conhecidos por CryptoPunks, os Meebits são 20 mil personagens gerados por inteligência artificial (IA) com raridades variadas. A ideia subjacente aí é as pessoas usarem esses personagens como avatares em mundos virtuais, videogames e realidade virtual (RV). Assim, os proprietários desbloqueiam um arquivo OBJ e importam o personagem para o software de animação e modelagem. Mas o conteúdo principal é uma imagem simples, para ser usada para mostrar sua coleção.

Olhar para projetos de tamanha atratividade como o Meebits pode ser assustador e fazer pensar: "Não posso criar algo tão visualmente arrebatador quanto isso." Mas não se preocupe: você pode simplificar e apenas tirar uma foto ou gravar um vídeo com seu celular ou usar uma imagem ou vídeo de sua galeria de fotos.

Caso esteja se sentindo criativo, você pode fazer uma peça de arte digital. Ou, se gosta de desenhar ou usar materiais tradicionais, fique à vontade; depois, digitalize (ou tire uma foto) de sua criação artística para fazer um arquivo digital.

Se você quiser criar uma obra de arte digital em um meio digital, pode usar estes programas de software gratuitos, sites e aplicativos:

- Krita (`Krita.org`), software disponível para download para Mac, PC e Linux.
- Infinite Painter, um aplicativo para iOS e Android.
- `Bomomo.com`, um site para criação de arte abstrata.
- `Pixelart.com`, um site para criação de "pixel art".

Não temos quaisquer recomendações específicas. Experimente-os. Veja o que Matt fez (Figura 6.1). Outras opções estão no site *The NFT Handbook*: `TheNFThandbook.com/Resources` [conteúdo em inglês].

Quanto às dimensões de sua foto ou obra de arte, qualquer tamanho deve ser bom. Entretanto, saiba que maior seria melhor do que menor, pois a imagem pode ser exibida em telas grandes. Não se trata, contudo, de um requisito absoluto. A imagem deve ter a maior resolução possível, mas lembre-se de que os marketplaces têm um limite de tamanho de arquivo. Vamos emitir seu NFT no OpenSea, cujo tamanho máximo permitido de arquivo é de 40 MB.

FIGURA 6.1 Imagem de arte abstrata criada por Matt com o Bomomo

Para vídeos, a qualidade deve ser ao menos HD, mas é preciso obedecer o limite máximo de tamanho de arquivo.

Se você tem uma determinada ideia para uma imagem, mas lhe falta talento artístico, pode contratar alguém para dar vida a ela. Alguns bons sites para verificar isso são `Fiverr.com` e `Upwork.com`.

Às vezes o conteúdo principal está no conteúdo desbloqueável, então você ainda precisará de uma imagem para o NFT. Por exemplo, Matt criou um NFT de um conto que havia escrito para uma tarefa na 8ª série. A história está no conteúdo desbloqueável, e a imagem principal é a capa que ele desenhou para a história.

Note que usar a imagem ou semelhança de famosos pode causar problemas legais. Além disso, não pegue qualquer imagem da internet para seu conteúdo principal, porque isso pode ser uma violação de direitos autorais. Para uma discussão completa dessas e de outras questões potenciais, consulte o Capítulo 9, "Aspectos Legais dos NFTs".

Nome

Isso é bem simples e direto. Depois de ter seu conteúdo principal, como você gostaria de chamar seu NFT?

O nome de seu NFT não deve ser negligenciado, pois é a primeira maneira de se destacar em um marketplace abarrotado. Quando a artista conceitual Sarah Meyohas entrou nos NFTs, em 2015, fez uma associação instantânea com o nome de seu trabalho: *Bitchcoin*. Em uma entrevista ao Yahoo Finance, Sarah descreve o Bitchcoin como "uma obra de arte, um modelo de financiamento sincero que apresenta o blockchain, tokenização e uma previsão satírica de memeificação no reino das belas artes". Seis anos depois, essas tendências se tornaram impossíveis de serem ignoradas.

O Bitchcoin foi criado como uma moeda que os colecionadores poderiam usar para resgatar as obras de arte físicas de Sarah de sua coleção "Cloud of Petals" ou para servir de investimento. Hoje, os colecionadores de criptomoedas e NFT provaram que Sarah está certa, gravitando rumo a qualquer coisa irônica ou "memeificada" no meio. O jogo de palavras do Bitchcoin,[1] por ser chamativo, teve grande influência entre os colecionadores, com a arte e a história adicionando substância.

Para os fins deste capítulo, criaremos um único NFT 1 de 1. Se quiser, pode colocar "(1 de 1)" no nome, apesar de não ser necessário. Normalmente, isso seria feito em uma coleção para distingui-lo de outros NFTs que fazem parte de uma série (têm várias edições), por exemplo, *(1-of-1) GRONK Career Highlight Card*.

Se você tenciona fazer mais de uma edição de seu NFT, pode colocar "(x de x)" no nome, por exemplo, *Julian Edelman INCREDELMAN XLIX (14/30)*. Geralmente se vê o "(x de x)" ou "(x/x)" no final do nome,

---

1 Traduzida literalmente por "cadela" (fêmea de "cachorro") e figurativamente por "vadia" ou "prostituta", trata-se de uma das palavras mais versáteis da língua inglesa; é usada para expressar uma infinidade de emoções: raiva, desespero, carinho, inveja, excitação, medo, horror, alegria, surpresa; tudo conseguido pela própria enunciação e entonação. [N. do T.]

principalmente se for um NFT com diversas edições, mas para começar também está bom.

Conteúdo para Visualização

Se você estiver usando uma imagem ou GIF como conteúdo principal, não haverá conteúdo de visualização prévia. Mas se quiser usar um arquivo de áudio ou vídeo como conteúdo principal, terá de criar uma imagem (ou GIF) como conteúdo de visualização. Basta seguir os passos que listamos anteriormente. O ideal é que a imagem de visualização se relacione de alguma forma com o arquivo de áudio ou vídeo. Em geral, usa-se um quadro do vídeo para isso.

Benefícios

Já dissemos anteriormente que os benefícios não são, tecnicamente, um aspecto do NFT; eles são projetados para incentivar alguém a comprá-lo e aumentar o valor do NFT.

Gary Vaynerchuk, por exemplo, formou sua coleção inteira de VeeFriends conjugando benefícios. Com um total de 10.255 NFTs, ele distribuiu a raridade de seus NFTs com base nos benefícios de sua posse. Por exemplo, 9.400 dos "tokens de admissão" VeeFriends dão aos proprietários o direito de participar de sua conferência VeeCon pelos próximos três anos, e 555 dos "tokens de presente" VeeFriends concedem aos proprietários um mínimo de 6 presentes físicos enviados a eles todo ano pelos próximos 3 anos. E no nível mais raro, 300 "tokens de acesso" VeeFriends concedem vários níveis de acesso pessoal a Gary V, incluindo uma sessão de boliche, sessões de brainstorming em grupo e aconselhamento individual.

Os benefícios podem ser os mais variados. Apenas tenha a certeza de que é algo que você tem o direito de entregar (não pertence a outra pessoa) e que você já o tem em mãos. Não fique em uma situação em que você promete entregar algo que não tem. Uma observação importante sobre benefícios: em geral não se dá um benefício a todos os futuros proprietários do NFT; nem é possível fazê-lo se for um item exclusivo. É em razão disso que os benefícios geralmente são limitados ao primeiro comprador, como o maior lance do leilão inicial. Ou dizer que o benefício irá para quem possui o NFT em uma data específica. Por exemplo, os benefícios do VeeFriends são resgatáveis todos os anos por três anos e estabelecem claramente o ano inciando em 6 de maio, data do lançamento do projeto. Os proprietários de VeeFriends devem dar um passo adicional na checagem de sua propriedade do NFT, quando o número de benefícios resgatados é claramente monitorado, para que o benefício não possa ser usado mais do que for especificado.

Claro, você pode dar o benefício a todos os futuros proprietários do NFT, se desejar. Nós apenas não recomendamos isso, porque, se o NFT for negociado com frequência, pode-se perder o controle rapidamente.

Conteúdo Desbloqueável

Existe algum conteúdo que você gostaria de oferecer apenas ao proprietário do NFT? Conforme discutido no Capítulo 2, pode ser qualquer tipo de conteúdo — imagem, vídeo, arquivo PDF, credenciais de login para um site, seu endereço de e-mail ou apenas algumas palavras de sabedoria.

Como já mencionamos, cada Meebit vem com um arquivo OBJ como conteúdo desbloqueável. Porém, lembrando do que foi dito no Capítulo 2, o conteúdo desbloqueável no NFT pode ser apenas texto. Portanto, se você estiver fornecendo um arquivo real (imagem, vídeo, e assim por diante), precisará armazenar esse arquivo com segurança em algum lugar da internet e disponibilizar um link para acesso. O ideal é proteger o arquivo com uma senha, para impedir que terceiros o abram. Afinal, como conteúdo desbloqueável, deve estar disponível apenas para o proprietário do NFT.

Se houver oferecimento de benefícios, será preciso incluir no conteúdo desbloqueável informações sobre como o comprador pode acessá-los. No caso de o benefício ser um item físico, inclua seu endereço de e-mail com uma nota para o proprietário com instruções para o envio e recebimento por meio do correio tradicional. Esse mesmo procedimento pode ser aplicado quanto ao conteúdo desbloqueável: você enviará por e-mail o arquivo ou um link para o arquivo. Recomendamos não usar seu endereço de e-mail principal; tenha um endereço de e-mail específico para esse fim. Convém evitar que seu endereço de e-mail principal fique circulando por aí para sempre e que o comprador ou qualquer futuro comprador lhe enviem e-mails a todo momento.

Observe que você fica responsável por fornecer o conteúdo desbloqueável e os benefícios e garantir que o conteúdo desbloqueável permaneça disponível para o proprietário e futuros proprietários do NFT. Se não estiver disposto a assumir essa responsabilidade, não inclua nenhum benefício ou conteúdo desbloqueável.

Descrição

Isso é algo bastante simples. Você precisa descrever seu NFT. Algumas pessoas mantêm a descrição curta e amigável; outras gostam de dar muitos detalhes. Mas, na verdade, você nem precisa fornecer uma descrição. Eis algumas dicas para descrever seu NFT:

- Caso seu NFT seja 1 de 1, mencione isso. Use palavras como "único" ou "exclusivo". Embora implícito, você também pode enfatizar que o NFT nunca será emitido novamente. Se o NFT fizer parte de uma edição, cite o número da edição e o número total de NFTs dela. Por exemplo, "Este NFT é o nº 5 em uma edição de 30". Ou "Este NFT tem 30 edições, e cada uma é numerada sequencialmente". E também pode adicionar: "Nenhuma outra edição será emitida."

- Se você oferecer benefícios, eles devem ser nominados na descrição. Seja o mais claro e preciso possível, previna-se de quaisquer mal-entendidos. Além disso, conforme já discutimos, se os benefícios forem limitados ao primeiro comprador, é necessário deixar isso claro. Por exemplo, o cartão GRONK Career Highlight

NFT (1 de 1) afirma: "Além de ganhar o cartão Career Highlight NFT, o maior lance deste leilão será premiado com [...]." Talvez seja melhor ser ainda mais preciso. Em vez de "este leilão", pode ser preferível dizer "o leilão inicial". Observe que isso não pretende ser um aconselhamento jurídico. Você só quer ser o mais preciso possível para que nenhum problema possa surgir mais tarde.

- Além disso, uma alternativa, conforme discutido, é adicionar uma data de resgate de forma que apenas o proprietário do NFT possa obter o benefício. Como o NFT poderia ser transferido nessa data, tecnicamente poderia haver dois (ou mais) proprietários nessa ocasião. Portanto, seja mais preciso e inclua um horário com a data, incluindo o fuso. Por exemplo: "Deve estar de posse deste NFT às 12h de 8 de maio de 2021 para resgatar esta oferta."

- Se houver conteúdo desbloqueável, você poderá mencionar o que é na descrição ou mantê-lo como surpresa. Sugerimos mencionar qual é o conteúdo, ainda mais se agregar valor ao NFT e despertar a curiosidade de potenciais compradores.

Pode ser que o conteúdo desbloqueável seja o conteúdo principal do NFT; por exemplo, um poema ou conto que você escreveu para seu NFT. Nesse caso, certamente convém mencioná-lo na descrição.

Royalties Recorrentes

Esse recurso permite que você, criador do NFT, lucre com as vendas futuras de sua criação. Cada vez que seu NFT for vendido (ao menos no marketplace em que foi criado), você receberá uma certa porcentagem da venda. E pode escolher o percentual desses royalties.

Tenha em mente que uma porcentagem muito alta desestimulará os futuros proprietários de seu NFT a vendê-lo. Digamos, por exemplo, que você defina essa taxa em 50%. Se alguém comprar seu NFT por 1 ETH, teria que vendê-lo por pelo menos 2 ETH para obter algum lucro. E o marketplace cobrará um percentual também. Recomendamos uma taxa de 10%, mas fica a seu critério.

Oferta

Tal como a grande maioria dos NFTs, a oferta de seu NFT deve ser limitada a 1. Isso simplificará o processo de criação do NFT, não diluirá o valor dele e agilizará o processo de venda.

Link Externo

No OpenSea, você pode fornecer um link que constará na página de detalhes de seu NFT. O link deve levar a uma página da Web com mais detalhes sobre o NFT. Por exemplo, caso haja uma ótima história por trás do NFT e ela for longa demais para caber na descrição, você poderá colocá-la integralmente em uma página da Web separada. Pode ser qualquer página, mas deve estar relacionada ao NFT. O link externo é opcional. Não havendo página relevante à qual vincular, não há necessidade de incluir uma.

Criar uma Carteira de Criptomoeda

Se você ainda não está no blockchain, esta é a parte emocionante de entrar no blockchain e no mundo das criptomoedas. Criar seu NFT requer uma carteira de criptomoedas. Mais especificamente, uma carteira Ethereum, na qual poderá armazenar tokens ETH, ERC20 e NFTs. Há outros blockchains que suportam NFTs, mas nos concentraremos no Ethereum, o blockchain NFT mais popular.

Criar uma Carteira MetaMask

Existem várias carteiras Ethereum para escolher, mas vamos usar a MetaMask, a mais popular e mais fácil de usar. Funciona como uma extensão de seu navegador: Chrome, Firefox ou Brave. Então você precisará usar um desses navegadores para continuar. Se não tiver, faça o download e instale um deles. Os links estão disponíveis na página do livro, em TheNFThandbook.com/Resources. Aliás, todos os links mencionados ao longo do livro estão disponíveis nessa página.

Pode-se usar um celular, iOS ou Android, mas como vamos emitir um NFT, recomendamos fazê-lo em um PC. Então, se o conteúdo principal estiver no celular, transfira-o para o computador.

1. O primeiro passo é acessar `MetaMask.io` usando um dos navegadores mencionados (veja a Figura 6.2).

2. Depois, clique no botão Download ou Download Now. Você deve chegar a uma página semelhante à mostrada na Figura 6.3.

3. Clique no botão **Instalar MetaMask**. O nome do navegador também aparecerá no botão. Se você estiver usando o navegador Brave, o botão pode dizer Instale MetaMask para Chrome. Não há problema em clicar e continuar com o Brave.

4. Na próxima página, clique no botão + **Add to Firefox**, **Add to Chrome**, ou **Add to Brave**. Seu navegador perguntará se você deseja adicionar a extensão MetaMask. Clique em **Add** ou **Add extension**.

5. Na página seguinte, clique no botão **Get Started**. Você deve chegar a uma página semelhante à mostrada na Figura 6.4.

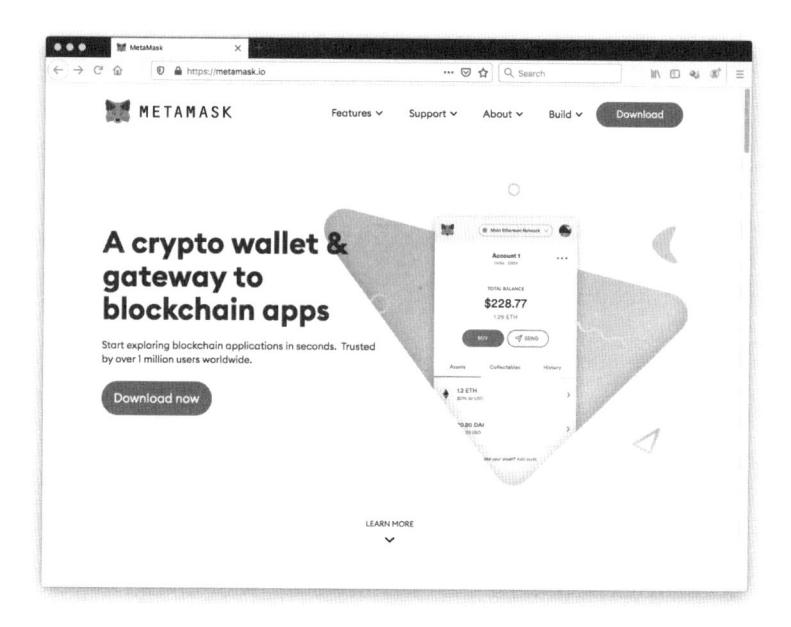

FIGURA 6.2 Home Page da MetaMask

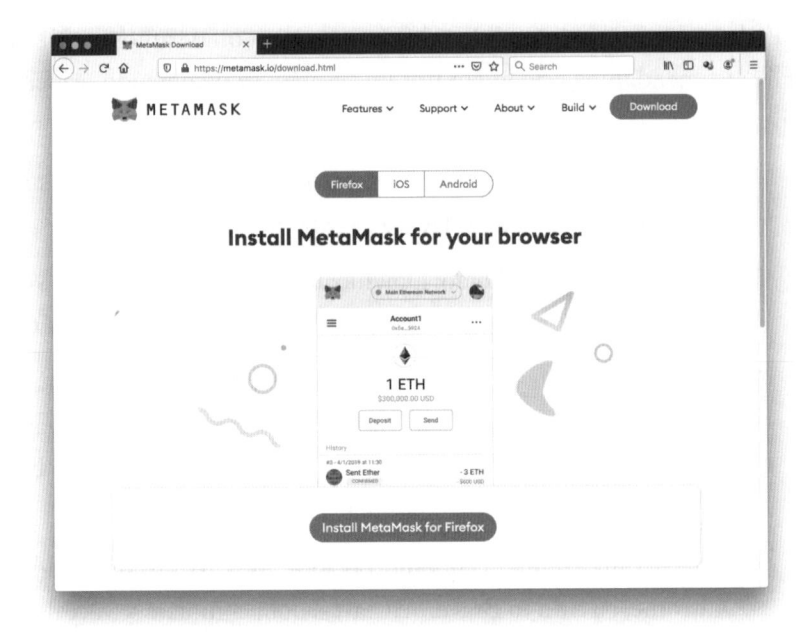

FIGURA 6.3 Página de download da MetaMask

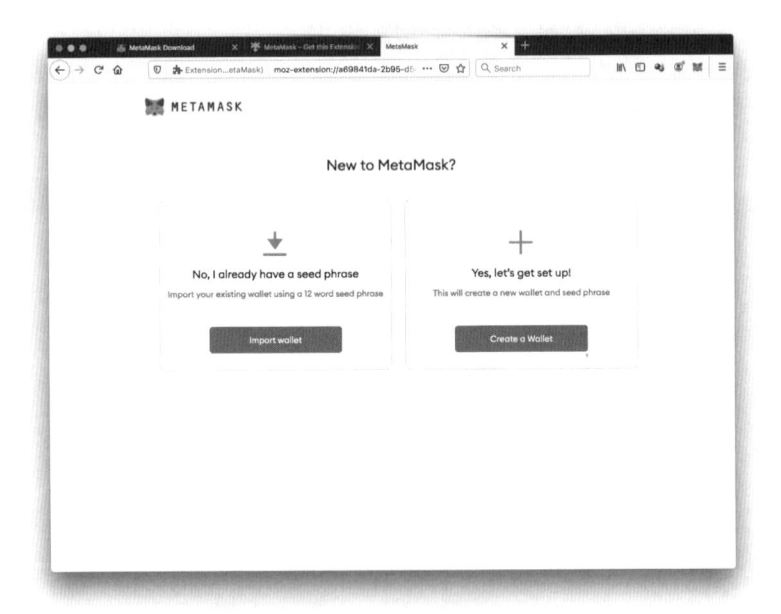

FIGURA 6.4 Página "Já Conhece o MetaMask?"

Nessa página, você pode importar uma carteira MetaMask já existente. Portanto, após criar sua carteira MetaMask, se quiser usá-la em um navegador ou dispositivo diferente, clique no botão **Import wallet** [Importar a Carteira]. Claro, você também pode criar uma nova carteira MetaMask em um navegador ou dispositivo diferente. Nesse caso, você teria mais de uma carteira MetaMask, o que está bem.

Por ora, como esta será sua primeira carteira MetaMask, clique no botão **Create a Wallet** [Criar uma Carteira].

6. Na página seguinte, você pode escolher se quer compartilhar dados anônimos com o MetaMask a título de colaboração para melhorar a usabilidade da carteira e a experiência do usuário. Qualquer seleção é aceitável.

7. Na página seguinte, será necessário criar uma senha. Obviamente, deve ser uma que ninguém será capaz de descobrir. Memorize ou anote a senha e guarde-a em um cofre. Não armazene sua senha no computador.

   Cumpre frisar que essa senha será específica para o navegador e o dispositivo em uso no momento. Se você importar sua carteira MetaMask para um navegador ou dispositivo diferente, precisará criar uma nova senha, específica para esse navegador/dispositivo. Portanto, embora seja a mesma carteira MetaMask (com o mesmo conteúdo) no outro navegador/dispositivo, ela terá uma senha diferente.

8. Clique e analise os termos de uso. Depois, marque a caixa indicando que você leu e concorda com eles.

9. Clique no botão **Create** [Criar]. Você deve ser levado a uma página semelhante à mostrada na Figura 6.5.

A frase secreta de recuperação é a chave para abrir sua carteira. Qualquer um que tenha conhecimento dela pode importar sua carteira para o navegador (consulte a etapa 5) e transferir (roubar) todas as suas criptomoedas e NFTs. No Capítulo 3, "Por que NFTs Têm Valor", discutimos alguns golpes comuns que devem ser motivo de cautela — não é uma lista exaustiva. Os golpistas farão de tudo para que você revele sua frase de recuperação. Não permita. *Não* revele sua frase de recuperação em nenhuma hipótese.

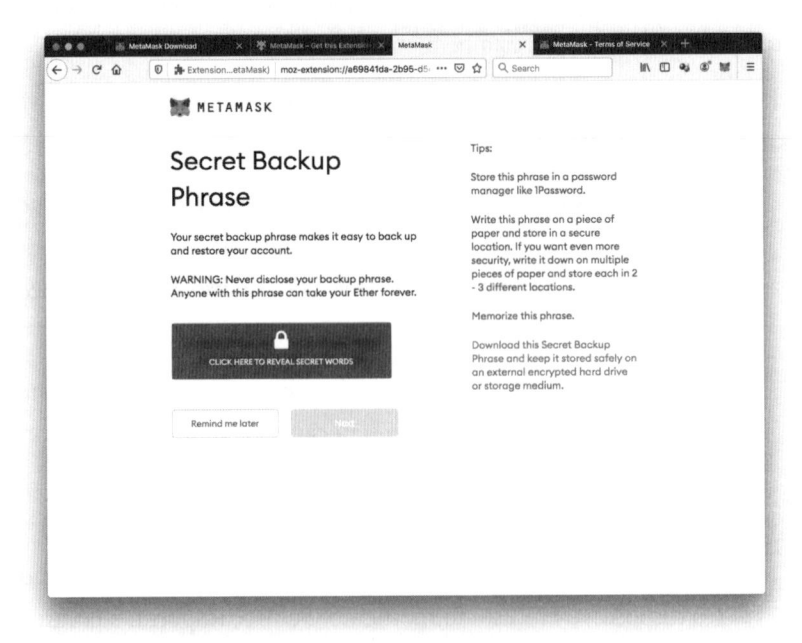

FIGURA 6.5 Página da Frase de Recuperação no MetaMask

A Importância de sua Frase de Recuperação

Nunca revele sua frase de recuperação.

É também de vital importância que você *não a perca*. Se você perder seu computador, ele travar ou você não mais conseguir acesso por qualquer motivo, o único modo de acessar sua carteira é importar sua frase de recuperação (consulte a etapa 5) em um dispositivo diferente. Se você perder ou não conseguir acessar sua frase de recuperação, não poderá acessar sua carteira, e todas as suas criptomoedas e NFTs desaparecerão. Bem, na verdade, não sumirão; você simplesmente não poderá transferi-los ou vendê-los.

Há também algumas dicas nesta página. Vamos a elas:

- Recomendamos *não* armazenar essa frase em um gerenciador de senhas como o 1Password. Se alguém puder acessar seu gerenciador de senhas, sua carteira já era.

- *Recomendamos* escrever a frase de backup em uma folha de papel e armazenar em um local seguro. A gaveta de uma escrivaninha não é um lugar seguro. Local seguro deve ser um cofre ou caixa-forte — um lugar que requer uma chave, combinação, senha ou leitura biométrica. Além disso, a página sugere que, desejando ainda mais segurança, você anote a frase de recuperação em várias folhas de papel e armazene cada uma em dois ou três locais diferentes.

  De novo: esses locais devem ser seguros. Note que vários locais tornam sua frase de recuperação mais segura quanto a perdê-la, mas menos segura contra roubo — em quanto mais lugares a frase estiver localizada, mais lugares podem ser comprometidos.

(continua...)

(continuação...)

- Memorize a frase de recuperação. Essa é uma opção. Alguns podem achar difícil memorizar doze palavras aleatórias, embora criar um mnemônico possa ajudar. Por exemplo, "Minha vó tem muitas joias, só usa no pescoço" é um mnemônico para os planetas do sistema solar (assumindo que Plutão ainda é um planeta). Não confie apenas em memorizar a frase de recuperação: não corra o risco de, por algum motivo, não conseguir se lembrar 100% dela.

- Não recomendamos fazer o download da frase de recuperação, mas você pode mantê-la armazenada com segurança em um disco rígido externo criptografado ou mídia de armazenamento. Vamos detalhar. Discos rígidos, pen drives e outras mídias de armazenamento criptografadas são adequados para armazenar sua frase de recuperação, mas só se estiverem criptografadas. Pode-se manter a frase de recuperação em seu PC em uma pasta com senha, que é tecnicamente uma unidade montável. Para obter instruções detalhadas sobre como fazer isso, consulte a página de recursos do livro em `TheNFThandbook.com/Resources` [conteúdo em inglês]. Em vez de baixar a frase diretamente em seu computador, recomendamos montar uma unidade criptografada ou pasta protegida por senha, abrir o editor de texto ou o Bloco de Notas, recortar e colar ou digitar sua frase de recuperação e salvar o arquivo de texto na unidade criptografada ou pasta protegida por senha.

Agora que você está ciente de quão grave é a questão da frase de recuperação, pressione **CLICK HERE TO REVEAL SECRET WORDS** ["clique aqui para revelar as palavras secretas"] no site MetaMask. Anote as palavras (seguindo as recomendações anteriores). A ordem das palavras é importante, então certifique-se de escrevê-las em ordem. Clique em **Next** [Avançar].

10. Nessa página, clique em cada palavra de sua frase de recuperação, na ordem. Caso cometa um erro, você pode reorganizar as palavras na caixa clicando e arrastando. Pressione **Confirm** [Confirmar] e pronto.

11. Na página seguinte, observe novamente os avisos. Por fim, quando terminar de ler, clique em **All Done** [Feito].

Você pode ver um pop-up sobre troca. Não comece a trocar agora — deixe para fazer isso mais tarde. Abordaremos a troca no Capítulo 8. Por enquanto, feche o pop-up.

É isso. Parabéns. Você acabou de criar uma carteira MetaMask.

Sobre sua Carteira MetaMask

Agora você deve estar em uma página semelhante à Figura 6.6.

Seu Endereço. Se você clicar em **Account 1** [Conta 1], na parte superior da página, seu endereço será copiado para a área de transferência. Esse é seu endereço público. Pense nisso como um endereço regular (correio tradicional). Para alguém lhe enviar um cheque, você lhe daria um endereço. Da mesma forma, para alguém lhe enviar ETH, um token ERC20 ou um NFT, você primeiro informaria seu endereço da carteira MetaMask, o local para onde eles devem remeter o ETH, tokens ou NFTs.

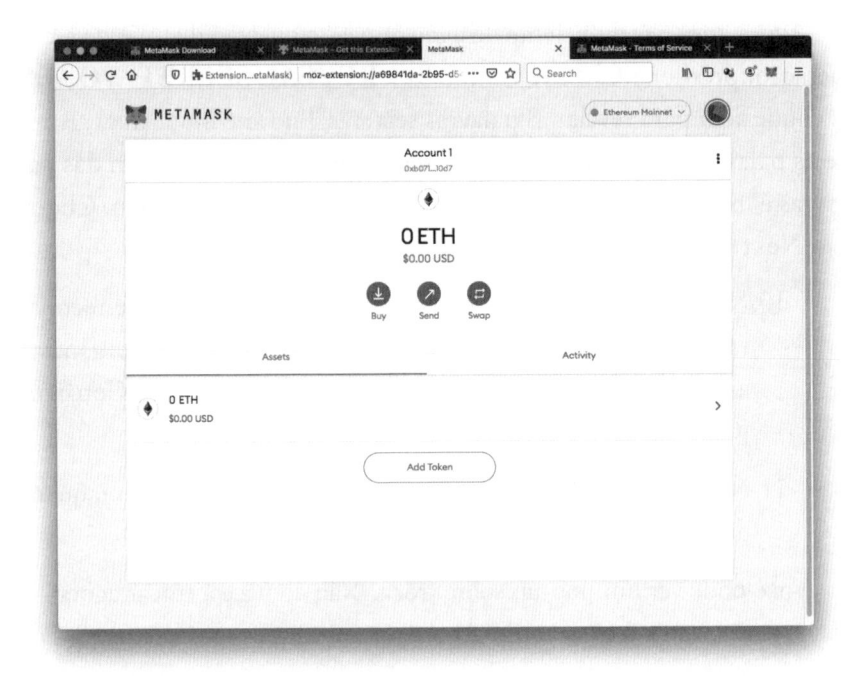

FIGURA 6.6 Carteira MetaMask

Conforme discutido no Capítulo 3, você pode inserir seu endereço em um explorador de blocos como Etherscan.io ou Ethplorer.io para ver todo o conteúdo do endereço e todas as transações de entradas e saídas do endereço. Qualquer pessoa com seu endereço pode ver essas informações, o que é bom; é apenas parte da transparência do blockchain. Clique nos três pontos à direita da **Account 1** [Conta 1] e selecione **Account Details** [Detalhes da Conta]. Um pop-up mostrará seu endereço completo de 42 caracteres e o código QR de seu endereço. A maioria das carteiras móveis pode digitalizar um endereço de código QR, em vez de ter que recortar e colar o endereço e enviá-lo a alguém.

Pode-se alterar o nome da conta no pop-up clicando no ícone de lápis. Clique na marca de seleção para salvar suas alterações. Não é necessário nomear sua conta, mas isso pode ser útil caso você esteja usando várias contas na carteira. Mas por que precisaria de várias contas? Por exemplo, se quiser ter mais de uma conta em um marketplace de NFT específico, precisará de um endereço para cada uma. Ou você pode querer um endereço para NFTs e outro endereço para negociação de criptomoedas. Não há certo ou errado aqui, e você pode criar vários endereços.

Para criar um endereço adicional, clique no círculo no canto superior direito da página e pressione **Create Account** [Criar Conta]. Digite um nome para a conta, se desejar, e clique em **Create** [Criar]. É isso. Você pode alternar entre contas clicando novamente no círculo no canto superior direito.

Quanto ao uso de seu endereço, uma observação importante: sempre recorte e cole (ou use o código QR). Nunca digite seu endereço, especialmente para alguém que enviará uma criptomoeda ou um NFT. Equivocar-se em apenas um dos números ou letras significa não receber o que lhe estão enviando.

O restante da carteira mostra seus ativos (quanto ETH e outros tokens há em sua carteira), seu valor atual e suas atividades (transações dentro e fora da carteira). Veja que cada conta em sua carteira tem ativos e atividades diferentes. Observe que, tecnicamente, NFTs e criptomoedas não são armazenados "na" sua carteira MetaMask. Em vez disso, eles são armazenados no blockchain Ethereum. Cada ativo blockchain (NFT, token de criptomoeda) tem um endereço associado. Os ativos de blockchain que você possui estão associados a um endereço que está em sua carteira.

Acessando sua Carteira MetaMask. Para acessar sua carteira MetaMask, clique no ícone da raposa no canto superior direito de seu navegador. Se você não o vir, clique no ícone da peça do quebra-cabeça no canto superior direito e clique em **MetaMask** na lista de extensões. Recomendamos fixar o ícone MetaMask no navegador para facilitar o acesso. Primeiro, clique no ícone da peça do quebra-cabeça para ver a lista de extensões. Depois, clique no ícone do alfinete à direita de MetaMask na lista de extensões. Se você estiver usando o Firefox, o ícone da raposa deve ser fixado automaticamente em seu navegador.

Se você usar sua carteira com frequência, ela permanecerá ativa. Passado um certo período de tempo, será preciso digitar sua senha para recuperar o acesso à carteira. Para sair da carteira, clique no círculo no canto superior direito da carteira e clique no botão **Lock** [Bloquear] logo abaixo do círculo. É altamente recomendável bloquear sua carteira no caso de você compartilhar seu computador com outras pessoas ou se houver alguém por perto que possa acessar seu PC. Caso sua carteira não esteja bloqueada, qualquer um usando seu computador pode transferir todas as suas criptomoedas e NFTs.

Criando uma Conta no OpenSea

OpenSea é o maior marketplace de NFT. Em nossa opinião, também o mais fácil de usar. Além disso, não há taxas de gás necessárias para emitir NFTs, embora você precise pagar algumas taxas de gás na primeira vez que listar NFTs para venda. Abordaremos a listagem de NFTs para venda no próximo capítulo.

1. Usando o navegador com o qual você criou sua carteira MetaMask, acesse `OpenSea.io`. Na home page, clique no botão **Create** [Criar] ou clique no ícone de perfil no canto superior direito e clique em **My Profile** [Meu Perfil].

2. Na página seguinte, você será solicitado a fazer login na sua carteira. Clique no botão **Sign In** [Entrar]. Sua carteira MetaMask deve abrir (veja a Figura 6.7).

3. Sua conta já deve estar verificada. Clique no botão **Next** [Avançar]. A carteira irá notificá-lo de que você permitirá que o OpenSea visualize os endereços de suas contas habilitadas, o que é obrigatório. Clique no botão **Connect** [Conectar]. Você deve estar agora em uma página semelhante à Figura 6.8

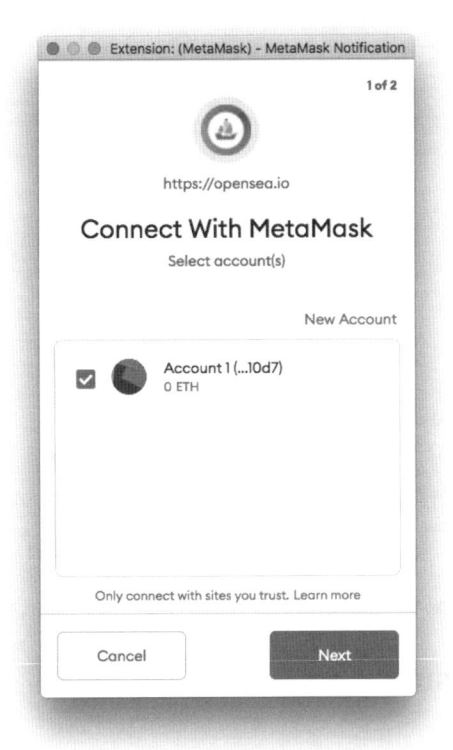

FIGURA 6.7 Conectar MetaMask para OpenSea

Parabéns! Agora você tem uma conta OpenSea. Se você irá vender NFTs, deve adicionar uma foto de perfil e uma imagem de banner. Clique no círculo para fazer o upload de uma foto de perfil; 350 × 350 pixels são as dimensões preferenciais.

Clique no ícone do lápis no canto superior direito para carregar uma imagem de banner. Dimensione em cerca de 1400 × 400. Observe que o banner terá uma aparência diferente dependendo de seu dispositivo e da largura da janela de seu navegador. O OpenSea sugere que você evite texto no banner. Além disso, deixe no centro vertical a parte importante da imagem, aquela que sempre será exibida.

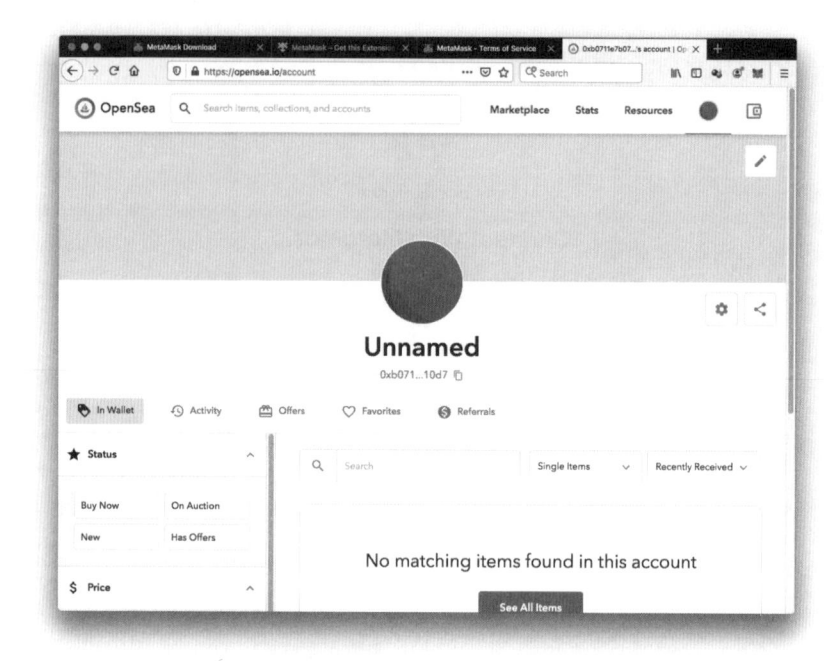

FIGURA 6.8 Página da conta no OpenSea

Para dar um nome à sua conta, clique no ícone da engrenagem à direita. Isso abrirá sua carteira MetaMask, solicitando que você clique no botão **Sign** [Assinar]. Ao fazer isso, você concorda com os termos de serviço do OpenSea. Esse é também um mecanismo de segurança. Somente a pessoa que tem acesso à sua carteira MetaMask (você) pode acessar as configurações de sua conta OpenSea. No caso de sua carteira MetaMask estar bloqueada, digite sua senha para desbloqueá-la. Observe que você não criará uma senha do OpenSea ou outras credenciais de login, pois sua carteira MetaMask serve para proteger sua conta.

Na página Configurações Gerais, insira um nome de usuário a ser associado à sua conta. Você também pode adicionar uma biografia, algo que recomendamos. Conte ao mundo sua história notável. Por fim, insira seu endereço de e-mail e clique no botão **Save [Salvar]** ao terminar.

Você deve então receber um e-mail da OpenSea. Clique em **VERIFY MY EMAIL** [Verificar meu e-mail] no e-mail recebido, e pronto.

Para ter acesso às informações de sua conta, clique na foto de seu perfil no canto superior direito de qualquer página do OpenSea.

Criando uma Coleção

Todos os NFTs no OpenSea são mantidos em *coleções* — grupos de NFTs com temas semelhantes. São inúmeras as coleções no OpenSea, como CryptoPunks, F1 Delta Time, Rob Gronkowski Championship Series NFTs, Decentraland Wearables, Official Three Stooges NFTs, Ksoids e milhares de outras. Uma coleção é como uma vitrine. Assim, antes de criar um NFT no OpenSea, você deve primeiro criar uma coleção. Mesmo se estiver fazendo apenas um NFT, ainda assim ele estará em uma coleção.

Esta seção mostrará como criar uma coleção no OpenSea. Mas antes disso, você deve primeiro completar os elementos de sua coleção.

Elementos de uma Coleção

Há um determinado conteúdo e outras informações de que você precisará para sua coleção:

- Tema ou assunto
- Nome
- Logotipo
- Imagem do banner
- Imagem em destaque
- Descrição
- Links
- Royalties recorrentes

- Endereço para os royalties recorrentes

Vamos discutir cada um deles.

Tema ou Assunto. Na maioria das coleções, há um tema ou assunto específico com o qual todos os NFTs da coleção se relacionam. Por exemplo, a coleção "Rob Gronkowski Championship Series NFTs" contém, é claro, NFTs representando um ou todos os quatro campeonatos da NFL de Rob Gronkowski. Além disso, na coleção "CryptoPunks", você adivinhou, só há NFTs CryptoPunk.

Você quer fazer NFTs sobre o quê? Por quais assuntos se interessa? Não é necessário ser muito sofisticado ou que seu tema ou assunto seja profundamente significativo; é apenas algo que une todos os NFTs. Você também pode se restringir a apenas uma variedade de NFTs. Não há regras em relação a um tema ou assunto.

Digamos, por exemplo, que você gosta de dois assuntos distintos, como carros clássicos e golfinhos. Provavelmente não faria sentido colocar NFTs de ambos em uma coleção. A resposta seria simples: criar duas coleções separadas, uma para NFTs de carros clássicos e outra para NFTs de golfinhos. Na verdade, você pode ter várias coleções em sua conta OpenSea. Portanto, sempre que criar um novo tema ou assunto, basta criar uma nova coleção repetindo as etapas desta seção.

Nome. Idealmente, o nome da coleção deve identificar o tema ou assunto da coleção, como nos exemplos anteriores de Gronk e CryptoPunks. Fique à vontade para ser mais criativo, mas tente evitar confusão ou desconexão entre nome e assunto. Caso sua coleção não tenha um tema ou assunto específico, você sempre poderá chamá-la de "Coleção NFT do Matt" ou "NFTs Incríveis do QuHarrison".

Logotipo. Será preciso criar um logotipo para sua coleção; 350 × 350 são as dimensões recomendadas. Qual visual representa sua coleção ou tema? Você pode utilizar parte de uma imagem de um de seus NFTs, sua foto de perfil, o logotipo de sua empresa ou qualquer outro visual interessante. Sugerimos olhar no OpenSea para ver o que outras coleções estão fazendo. Preste atenção também às imagens e descrições dos banners de outras coleções.

Imagem do Banner. Apesar de opcional, recomendamos criar uma imagem de banner para sua coleção. Uma área de banner em branco (cinza) expressa uma atitude não profissional. Especialmente se você quiser vender NFTs, precisa ter uma imagem de banner atraente.

Mantenha as mesmas dimensões (1400 × 400) da imagem do banner de seu perfil. A aparência dessa imagem também mudará dependendo do dispositivo e da largura do navegador. Tal como no logotipo, escolha um visual que complemente o tema ou assunto da coleção. Pode ser semelhante (ou uma versão estendida) à imagem do logotipo da coleção. Como exemplo, veja a Figura 6.9.

Imagem em Destaque. A imagem em destaque pode ser usada pelo OpenSea para apresentar sua coleção na página inicial, páginas de categorias ou outras áreas promocionais do OpenSea. É altamente recomendável criar uma: nunca se sabe — o OpenSea pode destacar você, o que geraria tráfego significativo para sua coleção.

As dimensões recomendadas para a imagem em destaque são 600 × 400. Sugerimos apenas reposicionar sua imagem de banner para essas dimensões. Esse provavelmente será o caminho mais fácil, porém, o mais importante é que ele proporcionará uma marca consistente. Quando alguém clicar na imagem em destaque para chegar à sua coleção, saberá que chegou ao lugar certo.

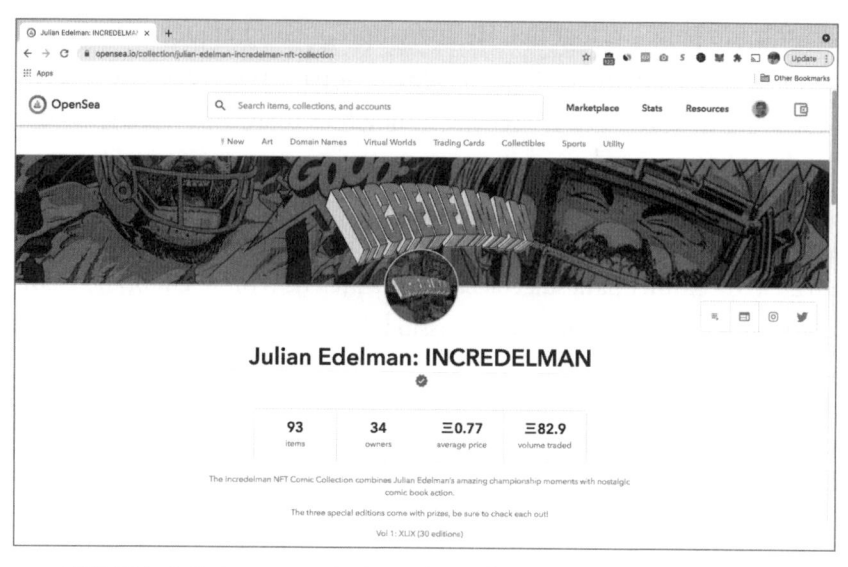

FIGURA 6.9 Imagens do logotipo e banner da coleção "Julian Edelman: INCREDELMAN"

Descrição. Uma descrição de sua coleção é opcional, mas recomendamos fazê-la. O ideal é informar sobre os NFTs da coleção e atrair potenciais compradores. Não há regras estritas, mas aqui vão algumas dicas:

- Conte uma história. O que o inspirou a criar os NFTs?
- Descreva os NFTs na coleção.
- Dê informações sobre o artista: antecedentes, influências ou algo que desperte interesse.
- Se você tiver diferentes edições de NFTs na coleção, liste-as e escreva quantos NFTs há em cada edição.
- Descreva os benefícios ou o conteúdo desbloqueável.
- Se os ganhos forem para uma instituição beneficente específica, mencione-a.
- Você pode indicar quando o leilão terminará.
- Adicione qualquer outra informação interessante e relevante.

Essa não é uma lista exaustiva. Por certo não é necessário incluir todas essas sugestões. Seja tão criativo e detalhado quanto quiser. Apenas lembre-se de que há um limite de mil caracteres.

Você pode usar a sintaxe Markdown em sua descrição. É uma forma de ter texto em negrito ou itálico e títulos com texto maior, entre outros recursos. Por exemplo, para deixar o texto em negrito, escreva-o assim: `**bold text**`. Para itálicos, use `*italicized text*`. Para mais sobre a sintaxe do Markdown, visite a página `TheNFThandbook.com/ Resources` [conteúdo em inglês].

Não há necessidade de perfeição em seus elementos de coleção agora; todos podem ser alterados mais tarde. Além disso, no Capítulo 7 lhe daremos dicas sobre como tornar sua coleção mais comercializável.

Links. Em sua página de coleções, você pode vincular seu site e suas contas de mídia social. Especificamente, pode fornecer links para suas contas nas seguintes plataformas:

- Discord
- Twitter
- Instagram
- Medium
- Telegram
- Seu próprio site

Você pode fornecer qualquer um, todos ou nenhum desses links citados. Se você tiver links para qualquer uma dessas plataformas, sugerimos que os forneça. Eles permitem que potenciais compradores saibam mais sobre você. Quanto mais souberem, maiores as chances de comprar. Esses links também ajudarão a aumentar seus seguidores nas mídias sociais. Além disso, esses links podem auxiliar o OpenSea a verificar sua coleção, o que discutiremos mais adiante neste capítulo.

Royalties Recorrentes. Já discutimos isso neste capítulo como um aspecto de um NFT, contudo, tecnicamente, a porcentagem de royalties no OpenSea é definida nas configurações da coleção e será aplicada a todos os NFTs da coleção. Desse modo, se quiser definir royalties diferentes para NFTs diferentes, eles terão que participar de coleções diferentes.

Endereço para os Royalties Recorrentes. Quando você vende um NFT, os fundos (geralmente ETH) são colocados em sua carteira MetaMask no endereço associado à sua conta. Entretanto, para os royalties recorrentes, você define um endereço para o qual tais pagamentos serão enviados. Esse endereço pode ser o de sua carteira MetaMask ou outro endereço Ethereum que suporte tokens ERC20.

Bem, agora que você criou e reuniu todo o conteúdo e informações necessárias, está pronto para criar uma coleção.

Criar uma Coleção

Para criar uma coleção, faça o seguinte:

1. Passe o cursor sobre sua foto do perfil em qualquer página do OpenSea e clique em **My Collections** [Minhas Coleções]. Em seguida, na página Minhas Coleções, na caixa "Criar nova coleção", clique no botão **Create** [Criar].

2. No pop-up "**Create your collection**" [Crie sua coleção] (ilustrado na Figura 6.10), arraste seu logotipo para a caixa **Logo** [Logotipo] para carregá-lo. Depois, digite o nome da coleção. Em seguida, insira (ou recorte e cole) sua descrição. Ao terminar, clique no botão **Create** [Criar].

Agora você tem uma coleção!

Mas ainda não acabou. Você precisa incluir os elementos restantes em sua coleção. Vá para a página **My Collections** [Minhas Coleções] passando o cursor sobre sua foto de perfil e selecionando **My Collections**

[Minhas coleções]. Na página **My Collections** [Minhas Coleções], clique no logotipo da coleção que você criou.

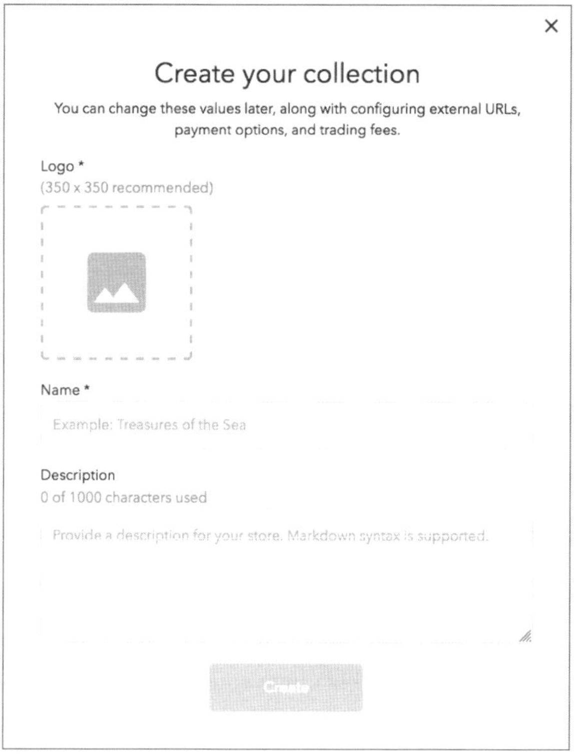

FIGURA 6.10 Pop-up "Crie sua coleção"

Na página de sua coleção, a primeira coisa a fazer é adicionar a imagem do banner. Clique no ícone do lápis no canto superior direito da página e localize o arquivo de imagem do banner no computador.

Em seguida, clique no botão **Edit** [Editar] abaixo de sua descrição. Você abrirá a página "Editar sua coleção", na qual poderá adicionar ou alterar qualquer elemento de sua coleção a qualquer tempo.

A maioria das informações solicitadas nessa página é relativamente direta, em especial porque você já tem o conteúdo e outras informações preparados.

Logo Image [Imagem do Logotipo]: Você já deve ver a imagem do logotipo na caixa de imagem do logotipo. Fique à vontade para alterá-lo arrastando uma nova imagem de logotipo para a caixa.

Featured Image [Imagem em Destaque]: Arraste sua imagem em destaque para a caixa Imagem em Destaque.

Banner Image [Imagem de Banner]: Se você ainda não adicionou sua imagem de banner, arraste-a para a caixa Imagem de Banner.

Name [Nome]: Digite o nome de sua coleção.

URL: Você pode personalizar o URL (endereço web) de sua coleção. Ele deve, mas não necessariamente, estar relacionado ao nome da coleção.

Description [Descrição]: Recorte e cole sua descrição.

Category [Categoria]: Adicionar uma categoria ajudará a tornar seus NFTs encontráveis no OpenSea. Clique no botão **Add Category** [Adicionar Categoria]. Há cinco categorias para escolher:

- Arte
- Cartões colecionáveis
- Colecionáveis
- Esportes
- Utilitários

Selecione o que for mais relevante para seus NFTs.

Links: Insira o endereço de seu site e os links de mídia social para cada plataforma específica nas quais participa.

Royalties: Digite a porcentagem de royalties. Para um royalty de 10%, insira 10, não 0,1. Depois disso, uma caixa de entrada aparecerá para seu endereço de pagamento. Recorte e cole no endereço de pagamento que escolheu.

Payment tokens [Tokens de pagamento]: Criptomoedas com as quais alguém pode comprar seus NFTs. Você pode incluir criptomoedas adicionais (tokens ERC20) clicando no botão **Add token** [Adicionar token] e selecionando-as na lista. Não há necessidade real de adicionar outros tokens, a menos que haja um token específico que gostaria de receber ou está tentando promover.

Display theme [Tema de exibição]: Ele afeta como o conteúdo principal de seus NFTs é exibido. Se você usar imagens PNG com fundos transparentes, o tema Padded provavelmente seria o melhor. Caso contrário, recomendamos o tema Contained.

Explicit & sensitive content [Conteúdo explícito e sensível]: Caso seu conteúdo não seja seguro para o trabalho ou contiver pornografia ou linguagem explícita, ative a opção. Se você não tiver certeza, melhor errar sendo prudente.

Collaborators [Colaboradores]: Se você criar seus NFTs com outra pessoa, poderá adicioná-la como colaborador. Clique em **Add collaborators** [Adicionar colaboradores] e insira seu endereço Ethereum no pop-up. Observe que os colaboradores terão privilégios de administrador. Eles poderão modificar as configurações da coleção, receber pagamentos por NFTs que criaram, alterar o endereço de pagamento de royalties da coleção e criar novos itens, portanto, veja bem quem você adiciona. Até aqui, para manter o processo simples (e mais seguro), recomendamos não adicionar ninguém.

Ao terminar de inserir tudo, clique no botão **Submit Changes** [Enviar Alterações]. Se o botão estiver esmaecido, você esqueceu de fornecer alguma informação ou conteúdo necessário, ou precisa desbloquear sua carteira MetaMask.

Sua coleção está completa (exceto pela adição de NFTs, que abordaremos na próxima seção).

É importante revisar sua coleção antes de passar para a próxima seção. Se ainda estiver na página "**Edit your collection**" [Editar sua coleção], clique no link "**< back to** (your collection name)" [< Voltar para (nome da sua coleção)] no canto superior esquerdo; ou passe o cursor sobre sua foto de perfil, selecione **My Collections** [Minhas Coleções] e clique no logotipo da sua coleção. Você está agora em sua página de coleção. Para ver como os outros verão sua página de coleção, clique no botão **Visit** [Visitar] abaixo da descrição. Ou pode inserir o URL de sua coleção no navegador.

Assegure-se de que tudo pareça estar bem. O mais relevante da imagem do banner aparece? A descrição está correta? Se você usou a sintaxe Markdown, essas partes saíram certas? Você também deve notar seus links no canto superior direito. E, se estiver apenas começando, suas estatísticas serão todas zero. Haverá atualização automática à medida que você acumular atividade.

Se precisar fazer alterações, clique no ícone do lápis no canto superior direito. Caso contrário, você está pronto para emitir um NFT.

Verificação

Antes de começar a emitir, uma palavra a respeito de *verificação*. Você deve ter percebido que em algumas coleções há uma marca de seleção azul. Por exemplo, veja a Figura 6.11.

Assim como em outras plataformas, a marca de seleção azul indica que a coleção foi verificada. Foi revisada pela equipe do OpenSea, que checou se o proprietário da coleção é de fato quem diz ser. Obviamente, isso dá aos compradores mais conforto ao dar lances e comprar NFTs da coleção.

FIGURA 6.11 A coleção verificada The Rabbit Theory de Akwasi Frimpong

Atualmente, não se pode solicitar verificação para sua coleção no OpenSea. Isso é adicionado às páginas da conta somente no caso de a figura ou empresa que controla a carteira estar sob risco de falsificação de identidade, algo geralmente reservado para coleções criadas por figuras públicas ou organizações muito conhecidas.

A maioria das coleções no OpenSea não é verificada, então não precisa se preocupar que sua coleção também não seja.

Emitir um NFT

Nos primórdios dos NFTs, só se podia emitir um NFT escrevendo um *contrato inteligente*, que é basicamente um código de programação executado na rede Ethereum. Tecnicamente, a rede Ethereum é a Ethereum Virtual Machine (EVM), um computador gigante espalhado por vários milhares de nós em todo o mundo. Um contrato inteligente é, em essência, um programa de computador escrito em Solidity, a linguagem nativa da Ethereum baseada em JavaScript.

Após escrito, o contrato inteligente precisa ser testado e implantado no EVM. Essa é uma etapa crucial: quando implantado no blockchain, não há como corrigi-lo. Cada NFT é um contrato diferente, e há taxas de gás sempre que um contrato é implantado no blockchain.

Hoje, com o surgimento do OpenSea e outros marketplaces de NFT, não é necessário escrever um contrato inteligente, nem saber codificar, testar ou como implantá-lo. Matt fez alguma codificação em seu tempo e até aprendeu um pouco de Solidity. Assim, podemos atestar como é muito mais simples emitir um NFT no OpenSea.

Como você já criou todos os aspectos de seu NFT, o processo de emissão real é bastante simples. Vamos começar.

No OpenSea, passe o mouse sobre a foto de seu perfil, selecione **My Collections** [Minhas Coleções] e clique no logotipo de sua coleção. Em seguida, na página de coleções, clique no botão **Add New Item** [Adicionar um Novo Item]. Agora você está na página "Create new item" [Criar um novo item], como mostra a Figura 6.12.

Imagem, Vídeo, Áudio ou Modelo em 3D: É aqui que você carrega o conteúdo principal de seu NFT. Basta arrastá-lo para a caixa. Se fizer upload de um arquivo de áudio ou vídeo, aparecerá uma caixa de imagem de visualização separada. Nesse caso, solte sua imagem de visualização (ou GIF) nessa caixa.

Nome: Digite o nome de seu NFT.

Link Externo: Digite seu link externo para seu NFT, se tiver um.

Descrição: Recorte e cole na descrição do seu NFT. Pode-se usar o Markdown aqui.

Propriedades, Níveis, Estatísticas: Conforme vimos no Capítulo 2, esses campos são mais úteis para NFTs de cartões colecionáveis de games e NFTs de itens de game. Não havendo relevância ou um bom motivo para seu NFT, sugerimos deixá-los em branco.

Se estiver criando várias edições de um NFT, por exemplo, uma com 10 edições, em que cada NFT é numerado sequencialmente de 1 a 10, alguns criadores colocarão o número da edição nas estatísticas. Não é obrigatório, mas caso queira, clique no botão + à direita de Estatísticas. No pop-up, insira Edição como o nome; depois, o número da edição do NFT e o número total de NFTs na edição. Ao terminar, salve.

Conteúdo Desbloqueável: Caso tenha conteúdo desbloqueável, ative o botão. Em seguida, recorte e cole seu conteúdo desbloqueável. Conforme discutido anteriormente, deve ser apenas texto, sem arquivos. Você pode usar a sintaxe Markdown aqui também.

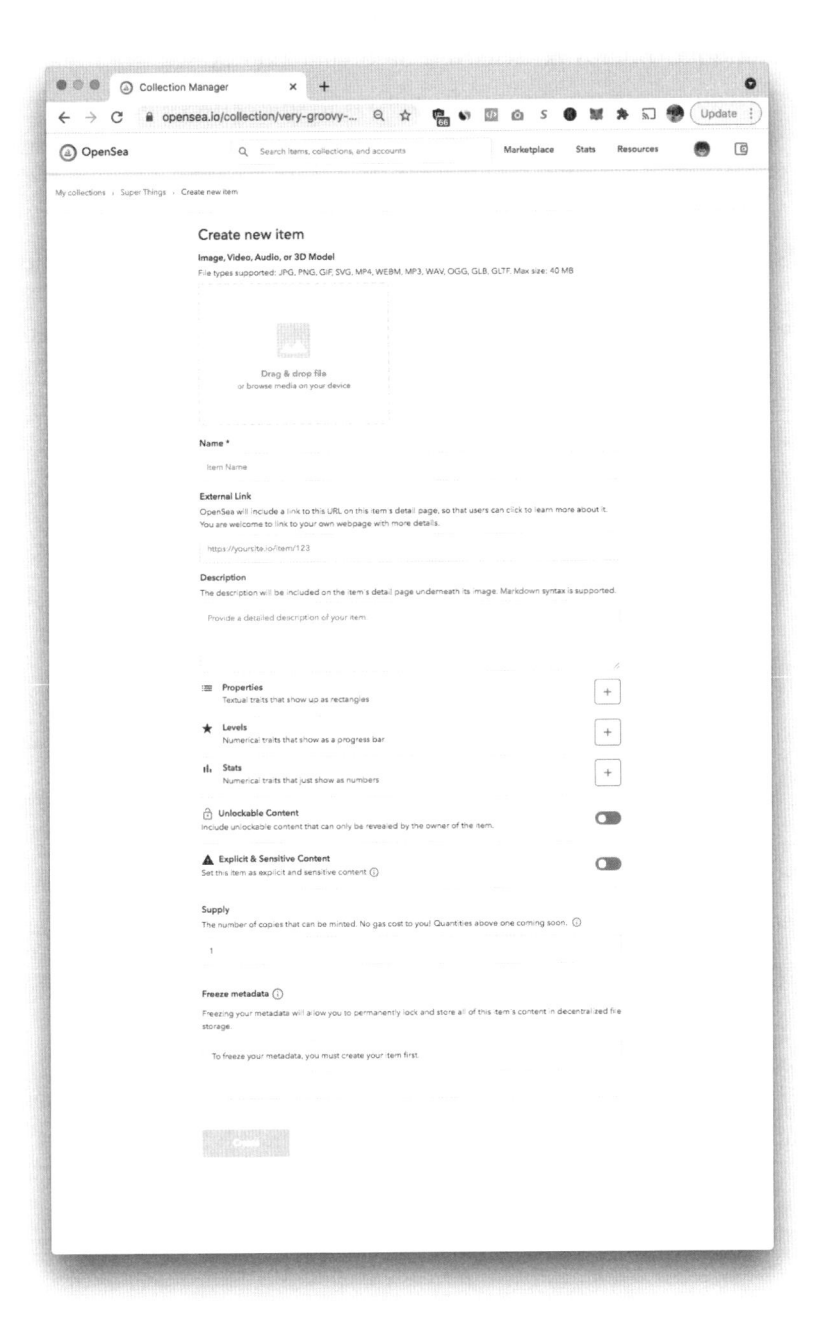

FIGURA 6.12 Página "Criar novo item"

Conteúdo Explícito & Sensível: Se o conteúdo de seu NFT não for seguro para o trabalho ou contiver pornografia ou linguagem explícita, ative a opção. Se você não tiver certeza, melhor errar sendo prudente.

Oferta: Como discutimos antes, recomendamos deixar uma oferta de 1.

Fixar Metadados: Fixar seus metadados irá bloqueá-los permanentemente e os armazenará no IPFS. Feito isso, você não poderá editar seu NFT. Você deve primeiro criar seu item antes de fixar seus metadados. Também será necessário pagar uma taxa de gás. Vale a pena? Isso aumentará a probabilidade de permanência de seu NFT, mas se vale a pena ou não arcar com a taxa de gás, depende de você. Suspeitamos de que a maioria dos criadores não optará por fixar seus metadados.

O OpenSea está em constante evolução, e algumas opções para criar novos NFTs podem mudar. Então, visite o site do livro em TheNFThandbook.com para atualizações [conteúdo em inglês].

Ao terminar de inserir tudo, pressione o botão **Create** [Criar]. Se ele estiver acinzentado, você esqueceu de fornecer algumas informações ou conteúdos necessários, ou precisa desbloquear sua carteira MetaMask.

Parabéns, você acabou de criar e emitir um NFT!

Clique no botão **Visit** [Visitar] para ir para seu NFT.

Você criou um NFT. Agora, no próximo capítulo, mostraremos como vendê-lo.

CAPÍTULO

7

Vendendo NFTs

Neste capítulo, trataremos, passo a passo, de como vender os tokens não fungíveis (NFTs) que você criou. Como você fez seus NFTs no OpenSea, os venderá nessa plataforma. Para listar seus NFTs à venda no OpenSea, você precisará de alguns Ethereum para cobrir as taxas de gás. Então, também vamos orientá-lo sobre como abrir uma conta em uma "exchange" [lembrando: uma espécie de Bolsa] de criptomoedas, como financiar essa conta, e como comprar ETH e transferi-lo para sua carteira MetaMask. Você nunca lidou com criptomoedas antes? Não se preocupe, em breve será algo automático.

Sua Conta em uma Exchange

Listar seus NFTs à venda no OpenSea requer algumas taxas de gás, o que significa que você precisará de algum Ethereum em sua carteira MetaMask para cobri-las. Algumas exchanges exigem que você pague taxas de gás ao emitir seus NFTs. Ainda que não pretenda criar NFTs, geralmente precisará de Ethereum (ou alguma outra criptomoeda) se planeja comprá-los.

Como NFTs são ativos de blockchain, são comprados e vendidos principalmente com criptomoeda. Então, como obter Ethereum e outras criptomoedas? Em uma exchange de criptomoedas. Há várias exchanges respeitáveis que você pode usar: Coinbase, Binance, Crypto.com e Voyager,[1] entre outras. Destas, recomendamos a Coinbase, especialmente se você estiver nos Estados Unidos. Assim, a usaremos como o exemplo de exchange neste capítulo. Mas fique à vontade para usar outra, se quiser. Os links para todas as exchanges recomendadas são encontrados na página de recursos do livro: TheNFThandbook.com/Resources.

Vamos começar. O primeiro passo é criar uma conta Coinbase.

Criando uma Conta Coinbase

Coinbase é uma exchange na qual se pode comprar algumas das criptomoedas mais conhecidas com dólares. Você também pode vender essas criptomoedas por dólares e enviar para seu banco.

Nesta seção, nós o orientaremos a criar uma conta Coinbase. Caso já tenha uma, ou em outra exchange, pode pular esta seção. Observe que você deve ter pelo menos 18 anos de idade para abrir uma conta Coinbase.

Antes de criar uma conta, certifique-se de dispor do seguinte:

- Um documento oficial de identidade com foto.
- Um celular (você receberá mensagens de texto SMS).
- A versão mais recente do seu navegador (o Chrome é recomendado).

Vamos começar.

1. Acesse Coinbase.com e clique no botão **Get Started** [Começar]. No pop-up, mostrado na Figura 7.1, insira suas informações, entre elas uma senha. Conforme discutido no capítulo anterior, não mantenha a senha em um arquivo de texto em seu computador (a menos que esteja em uma unidade criptografada). Anote-a e guarde em local seguro.

---

[1] No Brasil, exchanges confiáveis incluem o Mercado Bitcoin e a Foxbit. O processo de cadastro em qualquer uma delas é intuitivo e não muito diferente do exemplificado no livro com a Coinbase. [N. do T.]

Leia o contrato do usuário e a política de privacidade e marque a caixa que certifica seu contrato e que você tem no mínimo 18 anos de idade. Em seguida, clique no botão **Create account** [Criar conta]. A Coinbase lhe enviará um e-mail de verificação.

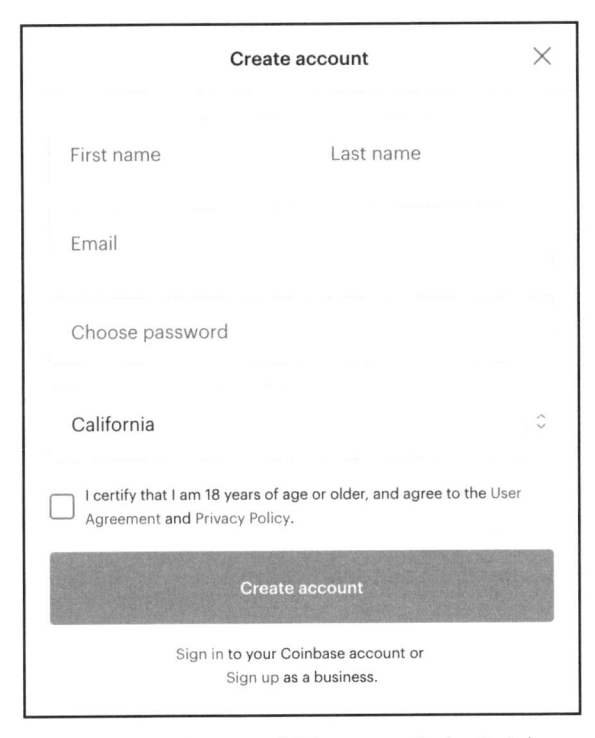

FIGURA 7.1 Pop-up "Criar conta" da Coinbase

2. No e-mail que receberá da Coinbase, clique em **Verify Email Address** [Verificar Endereço de E-mail]. Você será direcionado de volta à Coinbase, e será solicitado que você faça login.

3. A Coinbase solicitará que adicione um número de telefone. Selecione seu país e digite o número do celular. Em seguida, clique em **Send Code** [Enviar Código]. A Coinbase enviará uma mensagem de texto com um código de sete dígitos. Digite esse código e clique no botão **Submit** [Enviar].

4. Na página seguinte, será necessário inserir sua data de nascimento e seu endereço. Você também terá que responder a algumas perguntas. Clique no botão **Continue** [Continuar].

5. Para comprar, vender, enviar e receber criptomoedas, você precisará verificar sua conta. Primeiro, selecione o tipo de documento de identificação que gostaria de usar. Depois, selecione um método de upload e siga as instruções.

A verificação, em geral, é feita em poucos minutos, mas a Coinbase pode levar algum tempo para realizar uma verificação adicional. A Coinbase lhe enviará um e-mail quando a verificação for concluída.

Protegendo Sua Conta Coinbase

Recomendamos enfaticamente configurar um método forte de *autenticação de dois fatores (2FA)* para proteger sua conta. Ao se inscrever na Coinbase, você adicionou mensagens de texto como um método 2FA. Infelizmente, esse método é apenas moderadamente seguro, em razão de um golpe chamado "troca de SIM".

No *Troca de SIM*, um golpista liga para sua operadora de telefonia, se passa por você, informa-os de que adquiriu um novo celular e solicita que a operadora transfira seu número para o celular deles. Com isso, o fraudador receberá suas mensagens de texto, entre outras coisas. Se ele tiver sua senha da Coinbase, agora pode entrar em sua conta e transferir (roubar) todas as suas criptomoedas.

A troca de SIM pode causar graves danos. Basta perguntar a Michael Terpin, um conhecido entusiasta de criptomoedas que processou a AT&T por uma troca de SIM que lhe causou um prejuízo de quase US$24 milhões em criptomoeda.

Se tiver uma chave de segurança, use-a para 2FA. Caso contrário, recomendamos o app Google Authenticator, que é fácil, conveniente e proporciona boa segurança. Alguém precisaria ter seu celular em mãos (e sua senha, é claro) para obter acesso à sua conta Coinbase.

1. Se ainda não tiver o Google Authenticator, faça o download e instale-o em seu smartphone na App Store ou Google Play Store.

2. Na Coinbase, clique em seu nome no canto superior direito da página e pressione **Settings** [Configurações] no menu suspenso. Na página Configurações, clique em **Security** [Segurança]. Clique no botão **Select** [Selecionar] na área **Autenticator** [Autenticador] da página.

    No pop-up "**Confirm settings change**" ["Confirmar alteração de configurações"], digite o código enviado por mensagem de texto e clique no botão **Confirm** [Confirmar]. Haverá um código QR no pop-up **Enable Authenticator Support**. ["Ativar Suporte ao Autenticador"].

3. Acesse o aplicativo Google Authenticator em seu celular. Toque no sinal + e selecione **Scan a QR code** [Digitalizar um código QR]. Enquadre o celular na tela do PC para que o código QR da Coinbase caiba no quadrado verde. Agora você deve ver a Coinbase listado no aplicativo Google Authenticator, com seis dígitos embaixo — seu código 2FA.

Observe que os dígitos mudam a cada trinta segundos, o que aumenta a segurança. Insira os seis dígitos no pop-up "Ativar Suporte ao Autenticador" antes que o tempo se esgote. Se isso acontecer, basta digitar os novos dígitos. Em seguida, clique no botão **Enable** [Ativar].

A partir de agora, ao fazer login na Coinbase, você usará o aplicativo Google Authenticator para 2FA.

Conectando Seu Banco

Para comprar Ethereum e outras criptomoedas, será preciso um método de pagamento. Recomendamos adicionar uma conta bancária, para que você possa usá-la para depositar os fundos sacados da Coinbase após vender criptomoeda. Se não se sentir à vontade com isso, poderá comprar Ethereum com um cartão de crédito.

1. Na Coinbase, acesse a página Configurações. A partir daí, clique em **Add a payment method** [Adicione um método de pagamento]. No pop-up que virá, clique em **Bank Account** [Conta Bancária] — ou um dos outros métodos: PayPal, cartão de débito ou transferência bancária.

2. No pop-up a seguir, diga que a Coinbase usa o Plaid (um serviço de terceiros) para vincular seu banco. Clique no botão **Continue** [Continuar].

    Selecione seu banco na lista ou pesquise para encontrá-lo.

3. Digite seu ID de usuário e senha para o login de seu banco. Não se preocupe. É seguro. Clique no botão **Submit** [Enviar].

    Você será questionado sobre como deseja verificar sua identidade. Faça a seleção e clique em **Continue** [Continuar].

4. Digite o código recebido e clique em **Submit** [Enviar].

Selecione a conta bancária que gostaria de conectar à Coinbase e clique no botão **Continue** [Continuar]. Deve levar cerca de trinta segundos para a Coinbase verificar e adicionar sua conta bancária.

Parabéns! Você já pode comprar criptomoedas.

Comprando Criptomoedas

Agora que você conectou seu banco, pode comprar criptomoedas. A primeira criptomoeda que você deve comprar é algum Ethereum (ETH), para pagar as taxas de gás necessárias para listar seus NFTs no OpenSea.

O primeiro passo é descobrir quanto ETH comprar. Na Coinbase, as compras são feitas em dólares. Em outras palavras, você escolhe quantos dólares de ETH quer adquirir. A quantia que deve gastar em ETH depende de quatro fatores:

- De quantos ETH você precisa.
- Os preços atuais do gás.
- O preço atual do ETH.
- Um buffer [reserva] confortável.

Vamos considerar um fator por vez. A listagem no OpenSea exige duas taxas únicas de gás, ou seja, uma para cada transação a seguir:

- Para habilitar sua conta para fazer pedidos de venda, que precisa ser feito apenas uma vez para sua conta.
- Para permitir ao OpenSea acessar seu item (ou todos os itens da coleção, se a coleção o suportar) quando houver uma venda.

Também há uma taxa de gás ao transferir ETH da Coinbase para a carteira MetaMask. Essas taxas são três, mas não têm o mesmo valor. Diferentes tipos de transações exigem diferentes quantidades de gás.

O valor das taxas de gás para iniciar no OpenSea depende do congestionamento da rede. Já verificamos que variam bastante: são tão baixas quanto US$35 e tão altas quanto US$812. Observe que esse é o total das duas taxas de gás exigidas pelo OpenSea. A taxa de gás para uma transação simples de ETH, como da Coinbase para sua carteira MetaMask, normalmente corresponde a 1/20 desse total, mas pode ser um pouco maior.

Para uma estimativa das taxas atuais de gás, acesse `etherscan.io/gastracker` [conteúdo em inglês]. Lá estão os preços atuais das taxas de gás e os tempos médios de transação para cada preço. Os preços do gás estão listados em *gwei*, que vale 0,000000001 ETH (veja a Figura 7.2).

O valor em dólar do preço do gás mostrado é igual à quantidade de gwei multiplicada pelo valor atual do Ethereum (que é o terceiro fator listado anteriormente). O preço médio real do gás na Figura 7.2 para uma transferência de token ERC 20 ficará entre US$2,98 (o valor mostrado na caixa Média) e US$9,21 (o valor listado no gráfico Custo Estimado de Transferências & Interações).

Em regra, para estimar de quanto gás você precisará, pegue o valor anterior (US$2,98, neste exemplo) e multiplique por 20 para calcular de quantos ETH você precisará para o gás OpenSea. Adicione o último valor (US$9,21, neste exemplo) para o gás necessário para transferir o ETH da Coinbase para sua carteira MetaMask. Portanto, neste exemplo, você precisaria de aproximadamente US$2,98 × 20 + US$9,21 = US$68,81 em ETH para arcar com as taxas de gás.

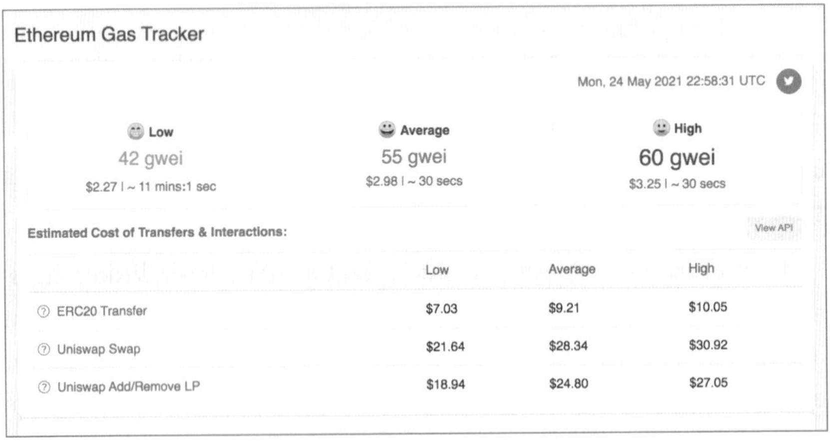

Ethereum Gas Tracker

Mon, 24 May 2021 22:58:31 UTC

Low	Average	High
42 gwei	55 gwei	60 gwei
$2.27 | ~ 11 mins:1 sec	$2.98 | ~ 30 secs	$3.25 | ~ 30 secs

Estimated Cost of Transfers & Interactions:

	Low	Average	High
ERC20 Transfer	$7.03	$9.21	$10.05
Uniswap Swap	$21.64	$28.34	$30.92
Uniswap Add/Remove LP	$18.94	$24.80	$27.05

FIGURA 7.2 Preços do gás no Ethereum Gas Tracker da Etherscan

Para obter uma quantidade mais precisa de quanto gás você necessitará para listar no OpenSea, sugerimos passar pelo processo de listagem, descrito em detalhes mais à frente neste capítulo. Ao fazê-lo, você terá exatamente quanto gás é requerido. Em seguida, retorne a esta seção sobre como comprar Ethereum.

Por fim, os preços do gás flutuam e podem subir repentinamente. E pode demorar um pouco para ter o ETH em sua carteira MetaMask, pois a transferência de fundos de seu banco pode levar uns dias. Além disso, é provável que sua primeira transferência da Coinbase demore alguns dias, porque a Coinbase geralmente suspende as transferências iniciais por motivos de segurança para garantir que é você que está fazendo a transação. Sim, esses atrasos são incômodos, mas nós os toleramos porque a Coinbase é a exchange mais confiável e segura. A conclusão é a de que as taxas de gás podem ser bem diferentes de quando você passou pelo processo de listagem e do momento em que recebeu os fundos em sua carteira MetaMask. Assim, recomendamos adquirir ao menos o dobro do valor estimado, com um mínimo de US$250 de ETH. Até mesmo esse valor pode ficar muito aquém. Ou você pode comprar US$100 (ou menos) de ETH e apenas esperar que os preços do gás diminuam antes de listar seus NFTs.

Se você também comprar NFTs, sugerimos adquirir uma quantidade decente de ETH. Isso não apenas cobrirá as taxas de gás necessárias, mas também lhe permitirá comprar alguns NFTs.

Na Coinbase, clique no botão **Buy/Sell** [Comprar/Vender] na parte superior. No pop-up (veja a Figura 7.3), primeiro selecione a criptomoeda que deseja adquirir. Selecione Ethereum.

Depois, selecione um valor em dólares ou clique na caixa **Custom** [Personalizar] para inserir um valor específico. Se inseriu um valor personalizado, clique no botão **Preview Buy** [Visualizar Compra]

Revise os valores e certifique-se de estar comprando ETH. A Coinbase cobra uma pequena taxa, e com isso a quantidade de ETH a ser recebida será um pouco menor. As taxas não aumentam proporcionalmente: o porcentual é maior para compras menores e bem menor para compras maiores. Portanto, lembre-se de que, em termos de taxas, é sempre melhor fazer uma compra maior. Seja como for, não recomendamos comprar menos de US$50.

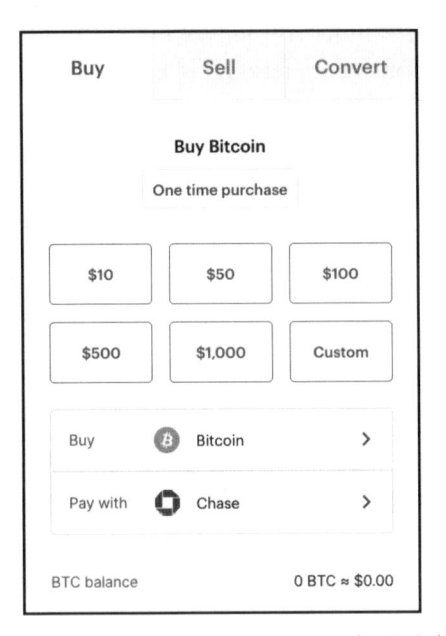

FIGURA 7.3 Pop-up "Comprar" da Coinbase

Estando tudo correto, clique no botão **Buy Now** [Comprar Agora]. Pode levar alguns minutos para que a transação seja concluída.

Parabéns! Você agora está oficialmente no espaço criptográfico.

Financiando Sua Carteira MetaMask

Você comprou Ethereum, agora é hora de transferi-lo para sua carteira MetaMask. Por favor, preste muita atenção nesta seção. Cometer um erro ao movimentar criptomoedas pode custar caro: você pode perder o valor que enviou. Mas não se preocupe. Desde que preste muita atenção, você ficará bem. E em breve a transferência de criptomoedas será algo natural.

1. Faça login na Coinbase.

2. Abra sua carteira MetaMask e clique no endereço da carteira na parte superior, logo abaixo do nome da conta da carteira. (Por favor, consulte a Figura 6.6 no Capítulo 6, "Criando e Emitindo NFTs".) Seu endereço ETH deve agora ser copiado para a área de transferência de seu computador.

   Abra o TextEdit, o Bloco de Notas ou qualquer outro editor de texto e cole seu endereço lá. Assegure-se de que o início e o fim de seu endereço correspondam exatamente ao mostrado em sua carteira MetaMask.

3. Volte para a Coinbase. Lá, clique o botão **Send/Receive** [Enviar/Receber] no canto superior direito. O pop-up **Send** [Enviar] aparecerá (veja a Figura 7.4).

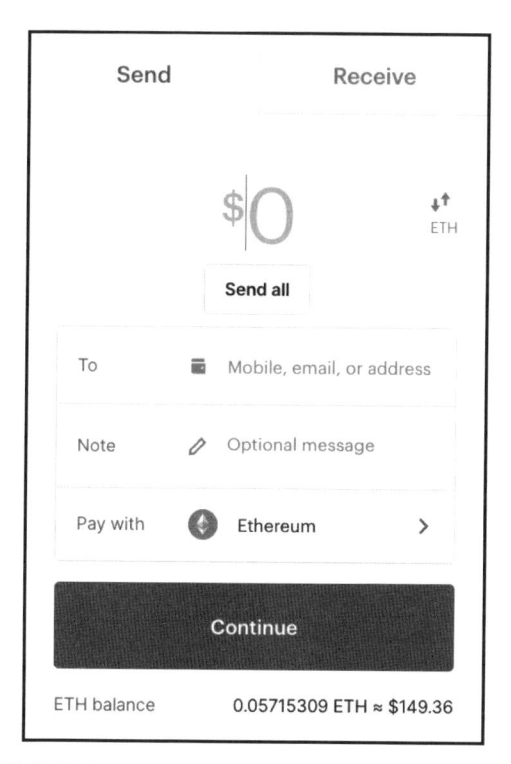

FIGURA 7.4 Pop-up "Enviar" da Coinbase

Primeiro, observe o passo **Pay with** [Pagar com] do pop-up. Se o Ethereum não estiver indicado lá, clique na seção **Pay with** [Pagar com] e selecione Ethereum.

4. Cole seu endereço na seção **To** [Para] do pop-up **Send** [Enviar]. Tenha absoluta certeza de que corresponde exatamente ao endereço que você colou em seu editor de texto.

Em seguida, digite o valor em dólares de ETH que deseja enviar. O saldo ETH de sua conta é mostrado na parte inferior do pop-up. Quando estiver pronto, clique no botão **Continue** [Continuar].

5. Revise cuidadosamente todas as informações a seguir:

- O valor que está enviando.
- O endereço para o qual o está enviando.
- A moeda em que está enviando.

Observe que o valor informado aqui pode não ser exatamente o que você inseriu. Isso acontece porque o preço do ETH mudou desde o momento em que você digitou o valor.

Se, e somente se, estiver tudo certo, clique no botão **Send now** [Enviar agora].

6. Insira o código 2FA e clique no botão **Confirm** [Confirmar].

Na primeira vez que você envia criptomoedas da Coinbase, ela pode atrasar a transação inicial. Caso contrário, o ETH normalmente aparecerá em sua carteira MetaMask em dez minutos.

Vendendo Seus NFTs

Você configurou tudo e financiou sua carteira MetaMask. Agora é hora de testar o mercado e vender seus NFTs.

Maneiras de Vender Seus NFTs

No OpenSea, há três modos pelos quais você pode vender seus NFTs.

- Abrir para ofertas.
- Estabelecer um preço.
- Iniciar um leilão.

Pode-se também agrupar NFTs para venda como um pacote. Não há uma maneira melhor de vender NFTs; realmente fica a seu critério.

Abrir um NFT para Ofertas. É uma opção de muitos criadores de NFT. Não sabendo ao certo como precificar seus NFTs, e não estando prontos para fazer um leilão, eles simplesmente deixam seus NFTs abertos para ofertas. Isso significa que qualquer pessoa pode fazer uma oferta por qualquer um de seus NFTs. O criador do NFT (ou o proprietário atual) pode aceitar ou rejeitar a oferta.

Trata-se de uma excelente maneira de testar como o mercado avalia os NFTs. Mas não fique apenas sentado e esperando que as ofertas apareçam. Nada acontecerá se ninguém souber sobre seus NFTs. Você ainda precisa ter um mercado para seus NFTs se quiser fazer algumas vendas. (Consulte a seção "O Marketing dos seus NFTs", mais adiante neste capítulo.)

Normalmente, as ofertas no OpenSea expiram após dez dias e podem ser canceladas a qualquer momento por quem a fez. Então, se você gostou, não perca tempo. Você deve receber um e-mail da OpenSea sempre que alguém fizer uma oferta em um NFT seu.

Após minerar um NFT, ele está diretamente no mercado, pois, afinal, o OpenSea é um marketplace. Portanto, você não precisa fazer nada para permitir que outras pessoas façam ofertas por seus NFTs.

Estabelecer um Preço. Em vez de ficar esperando por ofertas, se você tiver em mente um preço para seu NFT, poderá listá-lo por esse preço.

Qualquer um pode comprar o NFT pagando o preço que você definiu. E as pessoas podem fazer ofertas por menos do que o preço estipulado, e você é livre para aceitar ou não.

O que seria um preço razoável? Difícil dizer; os NFTs são únicos, um dos motivos de sua crescente popularidade. Por exemplo, o preço de venda de uma casa é, em geral, determinado pelas vendas recentes de casas comparáveis (tamanho semelhante, mesmo bairro, e assim por diante). Caso seu NFT faça parte de uma série, como um CryptoKitty, você poderá usar as vendas recentes de outros CryptoKitties semelhantes para ajudar a determinar um preço razoável para seu NFT.

Porém, se você tem uma obra de arte única, encontrar algo comparável é mais abstrato. Em um caso assim, o preço, tal como na maioria dos mercados, baseia-se na oferta e demanda. O NFT é um "1 de 1" ou existem várias edições? O "1 de 1" seria mais valioso. Em seguida, será preciso avaliar a demanda potencial por seu NFT. São muitas as pessoas que o seguem? Quão entusiasmadas você pode deixá-las com seus NFTs? Que tipo de marketing e promoção você fará? (Consulte a seção "O Marketing dos seus NFTs", mais adiante neste capítulo.)

Considere também o valor de quaisquer benefícios ou conteúdo desbloqueável que você incluiu no NFT.

Sim, o preço está mais para arte do que ciência, principalmente quando se está começando. Basta fazer sua melhor estimativa com base nos fatores previamente mencionados. Recomendamos que você comece pelo lado mais alto, em vez do mais baixo. Primeiro, nunca se sabe; alguém pode topar um preço mais elevado. Em segundo lugar, assim como uma garrafa de vinho, preço baixo transmite menor valor. Terceiro, você sempre pode reduzir o preço a qualquer momento (e isso não custará nenhum gás no OpenSea).

Iniciar um Leilão. Há dois tipos de leilão que você pode realizar no OpenSea: um leilão inglês regular e um leilão holandês.

Leilão Inglês

Um *leilão inglês* é um leilão típico, no qual os lances começam baixos e depois aumentam, com o NFT sendo obtido pela pessoa que fez a oferta mais alta. Você precisará definir um lance mínimo inicial e também um preço de reserva para o leilão, que é o menor preço que está disposto a aceitar pelo NFT. Se ninguém fizer um lance ao menos tão alto quanto o preço de reserva quando o leilão terminar, o NFT não será vendido.

No OpenSea, se um lance for feito nos últimos dez minutos do pregão, o tempo restante será aumentado em dez minutos. Isso é para evitar que alguém leve um NFT no último segundo, dando oportunidade de todos os potenciais compradores darem um lance.

De modo geral, os lances não esquentam até perto do final do leilão, pois os compradores em potencial não querem mostrar sua mão muito cedo. Portanto, se o leilão começar devagar, não desanime. E se não houver um comprador quando o leilão terminar, não se preocupe. Você pode iniciar outro leilão para o NFT a qualquer momento, listar o NFT por um preço definido ou apenas deixá-lo aberto para ofertas.

Leilão Holandês

Em um *leilão holandês,* o preço do NFT começa alto e depois diminui lentamente durante o pregão. A primeira pessoa a aceitar o preço vence, então não há uma série de lances, como em um leilão inglês. A vantagem de um leilão holandês é o medo de perder (FOMO). Os licitantes temem que, se esperarem muito tempo, outra pessoa leve o item. Não há uma segunda chance para os licitantes. Assim que alguém pegar o NFT, o leilão acaba.

Recomendamos definir um preço inicial significativamente mais alto do que você acha que o NFT pode valer. Nunca se sabe; alguém pode pegá-lo mais cedo.

No OpenSea, pode-se escolher o preço inicial, o preço final e a duração. O OpenSea reduzirá automaticamente o preço em incrementos proporcionais até a data final.

Criar um Pacote. Outro jeito de vender seus NFTs é por pacote. Um *pacote* é um conjunto de NFTs vendidos de uma vez só. Você pode agrupar quaisquer NFTs que tiver. A vantagem de um pacote é que você reúne um conjunto completo de determinados NFTs. Por exemplo, as pessoas estão vendendo pacotes de quatro NFTs Rob Gronkowski, um de cada NFT de campeonato.

Observe que no OpenSea você só pode vender um pacote com um preço estabelecido.

Listando Seu NFT para Venda

Nesta seção, o orientaremos, passo a passo, a listar seu NFT para venda. Antes, porém, recomendamos revisar suas configurações de coleção. A aparência e descrição de sua coleção fazem parte da maneira como é feita a apresentação do NFT. E o mais importante: verifique se a porcentagem de royalties recorrentes está definida como deseja e se o endereço de pagamento está correto. Consulte o Capítulo 6, "Criando e Emitindo NFTs".

No OpenSea, acesse a página do NFT que deseja vender. Clique no botão **Sell** [Vender] no canto superior direito da página e você abrirá a página de listagem (veja a Figura 7.5).

A primeira coisa que você deve fazer é checar se sua taxa de royalties recorrentes está correta. Ela deve aparecer na parte inferior da coluna da direita, na área **Fees** [Taxas] abaixo da porcentagem para o OpenSea. Se não constar o nome de sua coleção e a taxa estabelecida, ou se esta estiver incorreta, volte e edite as configurações de sua coleção antes de continuar.

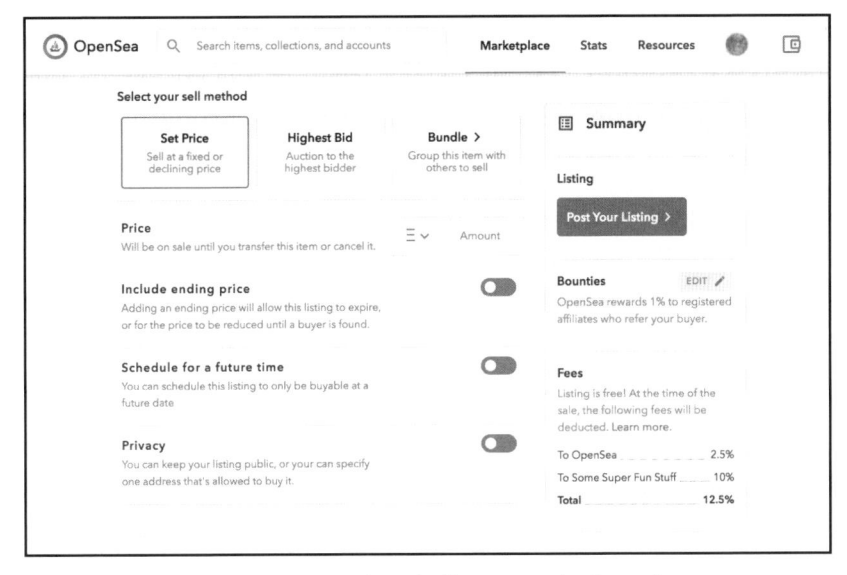

FIGURA 7.5 Página de listagem do OpenSea

Tipo de Listagem. Se seus royalties recorrentes estiverem certos, o próximo passo é o tipo de listagem. Selecione **Set Price** [Definir Preço], **Highest Bid** [Maior Lance] (leilão inglês) ou **Bundle** [Pacote]. Para iniciar um leilão holandês, selecione **Set Price** [Definir Preço].

Definir Preço

Use a Figura 7.5 como guia. A moeda padrão para definir o preço é o ETH, indicado pelo ícone de três linhas horizontais mostrado na Figura 7.6.

FIGURA 7.6 Ícone Ethereum

No OpenSea, esse ícone é usado para indicar ETH. Para selecionar uma moeda diferente para definir seu preço, clique no ícone. Atualmente, as únicas outras moedas disponíveis são DAI e USDC. Ambas são *stablecoins*, o que significa que foram projetadas para serem atreladas ao dólar [US$]. Assim, 1 DAI ou 1 USDC equivale a US$1 (ou um valor extremamente próximo de US$1). Recomendamos definir o preço em ETH, pois essa é a moeda comumente usada no OpenSea.

Se você quiser fazer um leilão holandês, pressione **Include Ending Price** [Incluir Preço Final]. A seguir, defina **Ending Price** [Preço Final] e **Expiration Date** [Data de Vencimento], incluindo a hora na data de encerramento do leilão holandês. Se não quiser fazer um leilão holandês, basta não ativar **Include Ending Price** [Incluir Preço Final]

Se desejar que sua listagem comece no futuro, ative a opção **Schedule for a Future Time** [Agendar]. Selecione a data e a hora para a listagem começar.

Caso queira vender o NFT de forma privada (para uma pessoa específica), clique em **Privacy** [Privacidade]. A seguir, insira o endereço ETH do comprador. A listagem não será pública, e somente a pessoa conectada ao endereço que você digitou poderá comprar o NFT.

Maior Lance

Para iniciar um leilão inglês regular, selecione **Highest Bid** [Maior Lance]. Use a Figura 7.7 como guia.

O primeiro passo é definir o Lance Mínimo [**Minimum Bid**]. Tal como em **Set Price** [Definir Preço], você pode selecionar a moeda. Recomendamos definir um lance mínimo baixo, como 0,01 ETH. Você pode até deixá-lo em zero também. Se deseja transmitir um valor alto, pode estabelecer um lance mínimo mais alto, mas tenha em mente que isso pode dificultar a obtenção desse lance inicial.

Em seguida, é preciso definir um Preço de Reserva [**Reserve Price**]. O OpenSea exige um preço de reserva, que deve ser de no mínimo 1 ETH. Conforme dissemos, se o lance mais alto no final do leilão não for ao menos igual ao preço de reserva, o leilão terminará sem venda. Portanto, não fixe um preço de reserva muito alto.

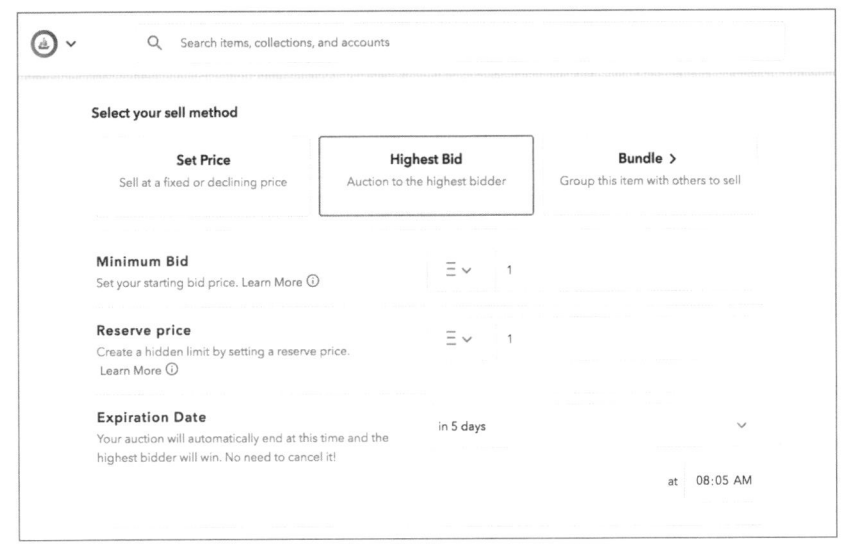

FIGURA 7.7 Configuração do lance mais alto do OpenSea

No OpenSea, pode-se aceitar um lance antes ou após o fim do leilão.

Por fim, será necessário definir a **Expiration Date** [Data de Vencimento] do leilão, incluindo a hora em que o leilão será encerrado. Convém ter tempo suficiente para divulgar o leilão. Mas, por outro lado, é vantajoso criar um senso de urgência, algo que favoreceria uma duração menor do leilão. Sugerimos cinco dias, mas três e sete também são adequados. Observe que no OpenSea não é possível definir uma data futura para iniciar o leilão.

Pacote

Selecione **Bundle** [Pacote] para vender dois ou mais NFTs como um conjunto. Você entrará na página de sua conta para selecionar quais NFTs incluir no pacote. Basta clicar em um NFT para selecioná-lo. Quando terminar, clique no botão **Sell Bundle Of** [Vender Pacote De] na parte inferior da página (o número de NFTs que selecionou estará indicado no botão). Você será levado de volta à página de listagem, conforme mostrado na Figura 7.8.

Comece dando um nome ao pacote. Sugerimos que seja descritivo, para evitar adivinhação ou confusão dos potenciais compradores sobre o que está no pacote. Por exemplo, *GRONK Super Bowl Championship Bundle*. Mas fique à vontade para ser criativo também.

As opções restantes são idênticas às opções **Set Price** [Definir Preço] que já discutimos. Consulte a referida seção.

Publicando Sua Listagem. Definidos todos os parâmetros para a listagem, cumpre agora verificar se tudo está bem na área de resumo, no lado direito da página da listagem. Para isso, volte à Figura 7.5, mostrada anteriormente neste capítulo.

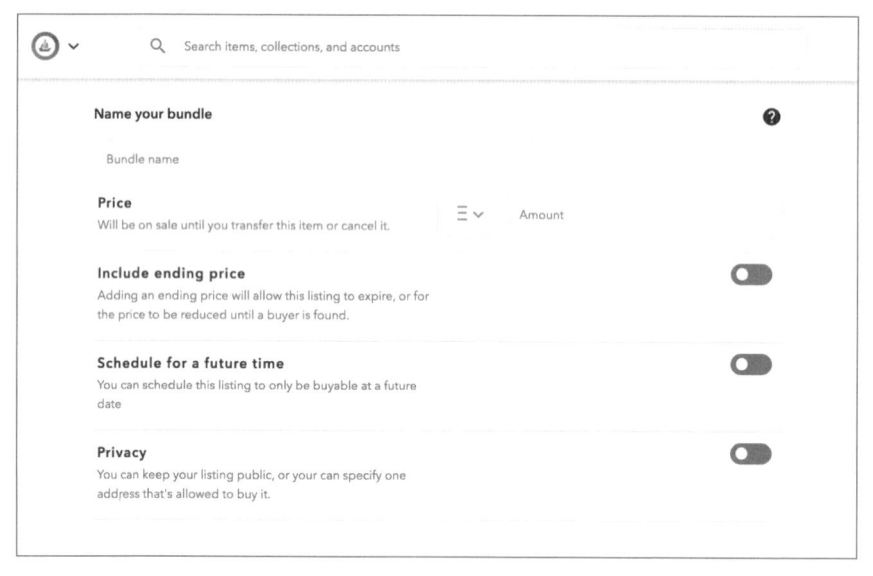

FIGURA 7.8 Configuração do Pacote OpenSea

Se tudo estiver correto, clique no botão **Post Your Listing** [Publique Sua Listagem]. Se for a primeira vez que você lista um NFT para sua conta, sua carteira MetaMask deve abrir, mostrando a taxa de gás necessária que você precisa pagar. No caso de sua carteira MetaMask não ter aberto automaticamente, faça-o de forma manual. Observe que a taxa total é igual à taxa de gás.

Se as taxas de gás em vigor forem altas ou seu saldo for insuficiente para cobri-las, você pode rejeitar a transação e tentar listar o NFT mais tarde. Precisando adicionar ETH à sua carteira MetaMask, siga os procedimentos descritos anteriormente neste capítulo.

Caso tudo esteja bem, clique no botão **Confirm** [Confirmar] em sua carteira MetaMask. A transação pode levar alguns minutos para ser confirmada pela rede Ethereum. Pode demorar um pouco mais se houver congestionamento da rede, portanto, seja paciente. Após a transação ser confirmada, talvez você também precise confirmar uma pequena transação para aprovar os gastos do WETH. Consulte o Capítulo 8 sobre WETH. Depois disso, seu NFT deve estar listado. Parabéns! Você colocou um NFT à venda

Na próxima vez que você listar um NFT (e em todas as subsequentes também) em sua conta, não será necessário pagar nenhuma taxa. Quando você clicar em **Post Your Listing** [Publique Sua Listagem], sua carteira MetaMask será aberta. Desta vez, tudo o que precisa fazer é clicar no botão **Sign** [Assinar]. Porém, se criar uma nova conta OpenSea, precisará pagar taxas de gás na primeira listagem na nova conta.

Agora que você tem um NFT à venda, é hora de fazer com que alguns compradores em potencial se interessem por ele e se animem em adquiri-lo. Para isso, nos voltamos para o marketing de seu NFT.

O Marketing de Seus NFTs

Uma das maiores falácias de empresas, artistas e celebridades bem-sucedidas é a do "sucesso da noite para o dia". Temos uma forte queda por essas histórias porque isso torna qualquer coisa alcançável por um mero golpe de sorte. O espaço NFT está repleto de sonhos de sucesso imediato. Para muitos espectadores, e talvez seja seu caso, esse espaço é algo novo e pode com facilidade levar as pessoas a ver as vendas de NFT bem-sucedidas como sucessos alcançados de um dia para o outro. Se os artistas tinham ou não um público estabelecido antes de sua incursão em NFTs, assumimos que eles casualmente soltaram um NFT, as pessoas magicamente o encontraram e depois decidiram gastar dinheiro com isso. Rotineiramente, ignoramos por completo o trabalho pesado que é feito para encontrar compradores e comercializar o NFT, e vamos direto para o resultado final.

Se você criar e emitir um NFT hoje, comentar a respeito nas mídias sociais amanhã e soltá-lo em um mercado no dia seguinte, provavelmente não terá retorno nenhum. Por quê?

Para começar, há a competição. Há NFTs mais do que suficientes por aí. E se você não comunicar a razão pela qual seu NFT é valioso, simplesmente ninguém se importará, pois existem alternativas. Se você não estabelecer um relacionamento com os colecionadores, fazer sentido apenas em sua mente não basta: eles nunca verão esse mesmo valor.

Depois, a reputação existente não se converte automaticamente em uma reputação NFT. Inúmeras celebridades, com 10 milhões ou mais de seguidores, não conseguem um único lance por seus NFTs. Vimos artistas com forte histórico de vendas de arte física fracassarem ao tentar o cenário digital. Não divulgaremos esses exemplos, pois não há nada a ganhar desprestigiando-os. Em termos realistas, tudo o que podemos levar como lição é que vender NFTs é algo complexo e não deve ser encarado de modo leviano, independentemente de quem se trata.

Por último, não há algoritmo de NFT capaz de promover e aumentar sua base de colecionadores de NFT. Não é um Twitter ou Instagram, nos quais se está sempre a algumas hashtags e uma página Explorar ou de Tendências longe de se tornar viral. Nós nos acostumamos a crescer algoritmicamente e criar conteúdo adequado ao que o algoritmo entregará às pessoas. Mas não há algoritmo em nenhum marketplace de NFT. Cabe a você conseguir compradores para seu NFT. Ninguém mais fará isso em seu lugar. Mesmo convencendo os curadores do OpenSea a colocá-lo na página inicial, não há garantias de vendas. Navegamos pelas seleções lá colocadas o tempo todo e, geralmente, vemos os mesmos NFTs sem vendas por uma semana.

Mas não se assuste com isso. "É preciso saber que por trás das vendas de US$69 milhões… há preços modestos apoiando muitos artistas legítimos", disse Matt Kane, artista de NFT, à CNBC.

Nem todo NFT vai zerar vendas ou alcançar seis dígitos. E seu objetivo não deve ser transformar alguns NFTs em dinheiro instantâneo suficiente para viver em um mar de rosas. É provável que isso não aconteça. Mas com a estratégia de marketing certa, você pode criar uma base de colecionadores que deseja apoiar seu trabalho no longo prazo. Você pode conquistar uma parcela desse mercado em crescimento e criar um fluxo significativo de receita suplementar.

Como? Bem, as vendas de NFT têm tudo a ver com comunidade.

Construindo uma Comunidade

O marketing atual de um NFT assemelha-se mais ao marketing de um podcast do que qualquer outra coisa. Você pode gravar um podcast e colocá-lo no Spotify e no Apple Music, mas ninguém o encontrará se não houver uma maneira criativa de promovê-lo. Não há algoritmo. É preciso conseguir seus seguidores. Você tem que decidir qual será o público-alvo e o ponto de vista de seu podcast. Como alcançar esse público? O que fazer para seduzi-lo a ouvir pela primeira vez? Que valor há no conteúdo do podcast que fará os ouvintes voltarem? Por fim, você está criando algo que seus principais ouvintes desejam compartilhar com os amigos, lhe oferecendo, assim, uma oportunidade a mais de crescimento?

Quanto aos NFTs, é preciso pensar nas mesmas questões ao construir uma comunidade de colecionadores. Seus fãs existentes seguiram você por uma infinidade de outras razões ao longo dos anos, e você está apresentando a eles algo totalmente novo em NFTs, no qual eles podem ou não se interessar. O público que você já tem pode nem ser o que pode vir a colecionar seus NFTs. Isso é algo para se pensar também.

Muitas vezes vemos os podcasts caírem na armadilha da filosofia da imitação. Um podcast se dá tão bem em aumentar sua comunidade de ouvintes que outros o copiam quase de forma idêntica. Veja o que isso fez pelo gênero de podcasts True Crime. Tornou-se o estilo mais proeminente de produção de podcast, criando, com ligeiras modificações, inúmeros derivados.

Isso se aplica aos NFTs também. Especificamente, uma cópia completa da estética da arte. Para enquadrar sua arte, existem milhares de NFTs cujo formato de cartão é idêntico ao do Pokémon. O sucesso do projeto CryptoPunks de 8 bits deu ensejo a toda uma revolução de projetos NFT de 8 bits gerados por computador.

Funciona para alguns, mas, no final das contas, ao copiar outros, você cria um teto para o tamanho de sua comunidade de colecionadores simplesmente porque nunca superará o criador original.

Nesse sentido, não há um jeito rápido ou modelo a seguir para construir sua comunidade de colecionadores. Cada caso é um caso. O que funcionou para o NFT de Qu não funcionará para o NFT de Matt, e assim por diante.

A conclusão que se tira é a de que a estratégia de marketing NFT de todos deve girar em torno da construção de uma comunidade de colecionadores, sejam 3 pessoas ou 3 mil. No entanto, o objetivo final aqui é obter superfãs de seus ativos digitalizados, aqueles indivíduos especiais que se dirão orgulhosos por estar entre os primeiros colecionadores de seu trabalho. Seus colecionadores de NFT podem vir dos fãs que você já tem. Eles podem representar um público totalmente novo. Concentrar-se na construção de uma comunidade de colecionadores significa seguir uma estratégia de crescimento de longo prazo que o apoiará durante anos, não em apenas um lançamento de NFT.

As táticas e os artifícios que deram certo uma vez não necessariamente funcionarão de novo, mas os princípios que norteiam o que você deve fazer são consistentes.

Conheça Seu Público. Quando, em 2016, Blake Jamieson começou a fazer seus trabalhos artísticos de forma profissional, apoiou-se nas conexões que tinha de sua carreira anterior em marketing para determinar a direção de sua arte. Ao ser entrevistado pela CNBC, ele comunicou inteligentemente o que todos os grandes profissionais de marketing sabem: "A quem você está servindo e qual problema está resolvendo?" Ao rememorar seu histórico como profissional de marketing que trabalhou com numerosas startups tecnológicas de elevado crescimento, um detalhe importante saltou à vista: seus escritórios não tinham cor. Então, cunhou seu slogan: "Eu faço arte para escritórios." Sua carreira decolou, criando todo tipo de arte para escritórios.

A dada altura, com o aumento em escala de seguidores, ele oportunamente decidiu falar com seu público. Um deles foi Jarred Fayson, ex-jogador da NFL. Fayson adorava o trabalho de Blake e sabia que seu estilo poderia agradar outros atletas. Então Fayson pediu a Jamieson para criar três obras gratuitamente para alguns de seus amigos atletas; elas serviriam como promoção de seu trabalho, e, naturalmente, outros atletas seriam atraídos. Jamieson confiou em Fayson e concordou com o plano, que funcionou maravilhosamente bem. Ele começou a receber mensagens de texto de atletas que viram seu trabalho nos armários dos companheiros de equipe. Jamieson mudou seu slogan para "Eu faço arte para atletas" quase imediatamente depois. Para resumir, seu trabalho dentro do espaço do esporte o faria reconhecido pela Topps, criadora de cartões esportivos, e Jamieson foi contratado para o terrivelmente bem-sucedido Topps Project 2020, um projeto que trouxe artistas de todas as áreas para reimaginar vinte cartões icônicos de beisebol em seu próprio estilo.

Nesse mesmo ano, Jamieson entrou na seara dos NFTs. Conhecendo a fundo seu público, Jamieson se inclinou para a pop-art e retratos de atletas, tendo grande sucesso até agora vendendo seus NFTs. Mas isso aconteceu somente por ele ter passado um tempo aprendendo sobre seu público e rearticulando sua veia criativa de maneira a satisfazer a si mesmo e ao desejo de seu público.

O que fazer para conhecer seu público?

Converse com seus fãs. Simples assim. Parece simples porque é simples. Mas muitos não fazem isso. Muitos de nós nos esquecemos de que as pessoas que nos seguem virtualmente são de carne e osso. E estão lá por uma razão. Descubra o porquê e elabore a partir daí.

O que seu público espera de você? Por que o segue? Quem agita seus corações: sua arte ou *você*? Há uma diferença.

Após conhecer seu público, você pode iniciar o processo de informação — sobre colecionar NFTs e também por que se propôs a entrar nessa área.

Marketing de Conteúdo e Informação. Como você promove sua conta do Instagram? Por meio do conteúdo, é claro. O mesmo se aplica aos NFTs. Se o conteúdo não repercutir nas pessoas, você nunca venderá um NFT. Para que as vendas comecem, é preciso primeiro compartilhar seu trabalho.

Há um ótimo livro de Austin Kleon chamado *Mostre seu Trabalho!*, que descreve a importância de, você adivinhou, mostrar seu trabalho enquanto o cria. Ele descreve dez princípios para fazer seu trabalho ser notado:

1. Você não precisa ser um gênio.
2. Pensar no processo, não no produto.
3. Compartilhar algo pequeno todos os dias.
4. Abrir seu baú de curiosidades.
5. Contar boas histórias.
6. Ensinar o que você sabe.
7. Não se transformar em um "spam" humano.
8. Aprender a engolir sapos.
9. Vender tudo.
10. Ficar por perto.

Os princípios se aplicam a artistas, designers, desenvolvedores web e comediantes. E se aplicam aos criadores de NFT.

Esta é sua primeira vez estudando NFTs? Não receie mostrar o processo de aprendizado. Faça um vídeo de você pesquisando, aprendendo e fazendo perguntas a especialistas em NFTs. Entre no FaceTime com um artista de NFT e grave um vídeo dessa discussão. Mostre o processo de criação de seus NFTs e as ponderações que o levaram a produzir este ou aquele NFT.

Você tem que preparar as pessoas para seu eventual lançamento de NFT porque os NFTs são novos para 99% das pessoas. Muitos criadores cometem o erro de esperar até o dia anterior, o dia do lançamento do NFT, ou até mesmo o dia seguinte, para contar aos fãs sobre o NFT. Por fim, descobrem que muitos deles não estão equipados para comprar um NFT: não têm uma carteira digital, não têm nenhuma criptomoeda, não entendem por que há valor em comprar e colecionar ativos digitais.

Você precisa criar um forte estímulo e demanda para seu NFT, e isso significa mostrar seu trabalho às pessoas em etapas. Onde quer que seu público esteja (Facebook, Instagram, Twitter, TikTok, uma lista de e-mail, e assim por diante), continue se comunicando com ele lá. Não precisa criar um canal totalmente novo para sua jornada NFT.

Nesse processo de comentar sobre sua entrada em NFTs, você pode descobrir que há em seu público pessoas que conhecem NFTs. Eles podem lhe dar alguma orientação. Podem até dizer o que querem colecionar de você e se tornarem um de seus primeiros compradores.

Pplpleasr (em inglês, pronunciado como "people pleaser") é um excelente exemplo de artista de NFT que mostra seu trabalho. Mesmo que tenha "chegado lá" como artista de NFT pelos padrões de muitas pessoas, ela continua deixando seus seguidores a par do que está pensando a seguir. Recentemente, ela ganhou destaque publicando críticas à natureza centralizada dos mercados NFT. É um movimento corajoso se expor assim, porém, ela está compartilhando seu processo de aprendizado. E ela não tem medo de fazer perguntas, ter teorias e fomentar discussões.

Um dos artistas de NFT que QuHarrison está colecionando avidamente é o mangá Kingdom of Assassin's, criado por Elmer Damaso e Erik Mackenzie. Esses NFTs que estão lançando nada mais são do que fotos dos esboços que eles fizeram para a série de mangá. Ainda que os quadrinhos de mangá tenham sido lançados há anos, a motivação de Qu é ter em mãos o trabalho que antecedeu o produto final: está coletando o processo de mostrar o trabalho deles.

O marketing de conteúdo de seu NFT serve a muitos propósitos, desde informar seu público sobre NFTs até avaliar o interesse dele em adquiri-los e criar um novo público que chegue a você por meio desse conteúdo. Quanto mais tempo você compartilhar e gerar conteúdo sobre NFTs, mais tempo terá para encontrar colecionadores.

Converse com Colecionadores. Não é difícil encontrar colecionadores de NFT. Você pode acessar Foundation ou OpenSea e localizar o dono de qualquer NFT. Algumas dessas contas têm o identificador do Twitter em seu perfil. Não custa chegar até eles.

Existem pessoas por trás dessas carteiras e transações NFT. Muitas delas gostam de conversar com novatos no espaço NFT e compartilhar seus insights.

Pergunte a eles por que compraram certas peças para integrar sua coleção. Por investimento, especulação, estética da peça, apoiar o artista, criar um fluxo de receita por possuir aquela obra de arte ou algum outro motivo que lhe escape? Pergunte a eles quais artistas de NFT estão projetando bem seus lançamentos. Seja curioso, pergunte o que deseja saber.

Os grandes profissionais de marketing conversam com seus clientes. Aprendem com eles, passam a conhecê-los de trás para a frente. Com isso, projetam coisas que os atraem e lhes fornecem valor.

Não se trata de aumentar suas esperanças, mas até ouvimos histórias de "baleias NFT" — contas conhecidas por comprar inúmeros NFTs — recebendo uma mensagem de texto de um artista de NFT pedindo, educadamente, para dar uma olhada em seus NFTs, o que eles fazem e vão lá comprar.

Não dá para adivinhar o rumo que essas conversas com os colecionadores de NFT existentes tomarão. Seja como for, eles estão no espaço NFT há mais tempo que você e têm muito conhecimento para compartilhar. Sem mencionar que eles foram convencidos, de uma forma ou de outra, a colocar seu dinheiro em ativos digitais. Só isso já é interesse suficiente para iniciar uma conversa.

Criando um Mercado

O marketing pesado é todo o trabalho a ser feito para encontrar colecionadores até lançar seus NFTs. Contudo, uma vez sabendo quem são seus colecionadores e tendo-os preparado para seus NFTs, agora você precisa criar o mercado para seus NFTs. É preciso deixar seus colecionadores alinhados e prontos para seu lançamento.

No mercado acionário, as empresas que pretendem fazer uma IPO [sigla em inglês para Oferta Pública Inicial de ações] fazem o chamado *roadshow*. Antes de sua IPO, uma empresa visita os bancos de investimento e os convence da razão pela qual são dela as novas ações mais atraentes do jogo. Os banqueiros revisam as finanças, definem o preço, fecham seus acordos e depois oferecem a IPO ao público. Graças a esse trabalho de formação de mercado, as empresas agora têm vários banqueiros que aceitaram a visão da empresa, atuando também como forças de marketing em seu nome. Eles, então, escrevem comunicados de imprensa, comparecem a prestigiados programas de televisão sobre finanças e geralmente espalham a boa-nova das ações.

A criação de mercado para NFTs é algo semelhante. Você precisa colocar em marcha seu próprio "roadshow de IPO", preparando as pessoas para seu lançamento. Isso significa conversar com seus colecionadores interessados sobre preços, número de edições, benefícios que eles podem achar atraentes, e assim por diante. O ideal, nesse processo, é obter alguns compromissos de seus potenciais colecionadores para dar início aos lances no dia do lançamento.

Edições, Benefícios e Preço. O propósito da criação de mercado é gerar demanda entre muitos colecionadores. Um cliente para um produto não constitui um mercado. Um mercado consiste em muitos compradores. Portanto, o número de edições que você lança, o preço de cada edição e os benefícios do NFT devem estar alinhados a fim de maximizar o número de colecionadores em seu mercado.

O número de edições que você lança é sua oferta. Em termos econômicos simples, quando se estabelece o preço ideal, oferta e demanda coincidem. Muita oferta faz as pessoas pensarem que seu preço está supervalorizado, e, portanto, a demanda diminui. Pouca oferta as faz manter seu dinheiro no bolso por não ter mais o que adquirir. Recomendamos errar do lado da oferta menor, pois você ainda pode coletar royalties nas revendas. No entanto, é aqui que seu trabalho pesado de encontrar colecionadores será útil. Você quer que todos que desejam seus NFTs tenham um? Então lance muitas edições da mesma peça. Você prefere que seus NFTs sejam mais exclusivos e algo a ser procurado? Então diminua o número de edições.

Um excelente exemplo disso é o acordo do DJ Skee com a Topps nos cartões esportivos Project70. Ele jogou com a dinâmica de criação de mercado, deixando a oferta de cada cartão por conta da demanda do mercado. Ele vende cada cartão em somente três dias. O número de pessoas que compram é o de quantas edições são criadas. Será interessante ver como seus colecionáveis se saem no mercado de revenda, uma vez que se poderia argumentar que os cartões de menor demanda inicialmente se tornam mais exclusivos no longo prazo.

Não tenha receio de experimentar maneiras diferentes de determinar a oferta de seu NFT.

Outro aspecto a ser considerado na criação de mercado são os benefícios que você oferece aos compradores de NFT. Benefícios físicos abrem a demanda por seus NFTs para mais pessoas, já que você pode vincular seu NFT a uma experiência física cujo valor pode ser maior aos olhos dos colecionadores.

O famoso artista de hip-hop A$AP Rocky lançou sete NFTs diferentes em abril de 2021. A principal atração foi um NFT "1 de 1" contendo um trecho de música inédito de A$AP Rocky intitulado *$ANDMAN*. Apesar da atratividade do ineditismo da música, ele aumentou o apelo incluindo uma sessão de estúdio de gravação pessoal com ele. Com isso, a base da demanda cresceu, de apenas fãs de A$AP para outros músicos que podem querer entrar no estúdio com ele, bem como outros apenas curiosos em ver como A$AP faz a mágica acontecer. Resumindo, a peça foi vendida por mais de US$50 mil.

O que você pode oferecer como benefícios para aumentar a demanda inicial por seus NFTs? Quando conversou com colecionadores, o que lhe disseram que adorariam ter ou fazer?

Em termos de longevidade, pode ser contraproducente apostar demais em benefícios para alavancar o preço de seu NFT. Tudo o que puder fazer para cultivar sua comunidade de colecionadores é recomendável. Entretanto, não fique preso à ideia de que essas experiências físicas são o NFT. Elas não são. Tratam-se de táticas de marketing fechadas em si mesmas: os benefícios, uma vez resgatados, não agregam mais valor à posse desse NFT.

E então chegamos ao preço. O principal conselho que podemos dar é alinhar o preço com seu objetivo. Isso depende inteiramente de seus colecionadores e do que se dispõem a gastar. Não pense demais, defina o que você considera justo para eles. Na verdade, ninguém sabe quanto vale um NFT. Isso fica inteiramente por conta de quanto alguém está disposto a pagar. Repetindo, geralmente é melhor começar de baixo e construir uma coleção com entusiasmo do que sair em disparada atrás do melhor preço.

Isso nos leva a uma das melhores táticas de criação de mercado que temos hoje em dia: NFTs grátis.

NFTs Grátis. Para deixar as pessoas empolgadas com seu trabalho, uma maneira excelente é simplesmente não cobrar nada por ele. Parece contraintuitivo que algo dado de graça tenha algum valor no futuro. No entanto, muitos projetos NFT de sucesso hoje começaram gratuitos. Um exemplo é o CryptoPunks, que doou todos os 10 mil punks desde o início; e outro, o Beeple, que abriu todo seu trabalho no Creative Commons por mais de uma década. Ambos primeiro forneceram valor às pessoas, para depois beneficiarem-se monetariamente.

Sua meta na criação de mercado é gerar impulso e interesse em seus NFTs. Quanto mais pessoas você conseguir para colecionar suas peças, maior será o apelo delas, pois agora se tornam itens desejáveis.

Jessica Ragzy é finalista da *LEGO Masters*. Ela é uma grande personalidade no mundo dos LEGOs. E ela vende seus NFTs inspirados em LEGO a um preço baixo para cativar os colecionadores. Diariamente, lança uma nova peça, colocada à venda por volta de apenas US$50. Ela poderia cobrar um preço mais alto? Provavelmente. Contudo, está construindo uma base de colecionadores.

Se custasse às pessoas mais de US$500 para adquirir um pacote de cartões de beisebol da Topps, o número de colecionadores seria uma fração do que é hoje. Mas por alguns dólares fica viável entrar no universo deles e começar a colecionar.

Há algo mais a dizer sobre renunciar, inicialmente, ao ganho monetário oferecendo NFTs gratuitamente ou por um preço baixo, para que as pessoas possam se envolver. Essa estratégia não apenas aumenta a base de colecionadores, mas também permite aos primeiros colecionadores se beneficiarem mais tarde das revendas. E se você puder criar um NFT que ajude outras pessoas a ganhar algum dinheiro no futuro, elas continuarão voltando para mais e ficarão felizes em dizer a todos o quão bons são seus NFTs.

Trabalhe Duro

Começamos esta seção sobre marketing NFT de uma forma e vamos encerrá-la do mesmo jeito. Não há sucessos da noite para o dia em NFTs. Mostre-nos uma venda de NFT bem-sucedida e lhe contaremos sobre o trabalho duro de marketing que a antecedeu.

Algumas pessoas têm mais facilidade do que outras em realizar o marketing de seus NFTs e vendê-los. E algumas pessoas podem ter usado um processo de marketing que parece uma fórmula. Não há, porém, fórmulas prontas de marketing para seu NFT — apenas trabalho pesado, muito compartilhamento, conversar com as pessoas e encontrar uma maneira de se comunicar com elas.

CAPÍTULO 8

Comprando NFTs

Existem milhões de tokens não fungíveis (NFTs) nos vários marketplaces de NFT. Digamos que um ou dois chamam sua atenção. Se o preço for bom, por que não fazer um lance ou comprá-lo imediatamente? Neste capítulo, veremos, passo a passo, como comprar NFTs. Também ofereceremos estratégias para formar uma coleção. Mas primeiro discutiremos várias razões para adquirir NFTs.

Por que Comprar NFTs?

Há uma pergunta que sempre ouvimos, que é mais ou menos assim: "Por que comprar NFTs quando se pode acessar e exibir uma imagem ou vídeo de NFT sem ter que comprá-lo?" No centro dessa questão está um argumento de senso comum: "Por que pagar por algo que você pode obter de graça?" Entretanto, na verdade, isso é uma questão relativa à tecnologia que torna os NFTs únicos e escassos, como vimos no Capítulo 1, "Introdução aos NFTs".

Esta seção não trata das razões tecnológicas para comprar um NFT, mas sim das razões pessoais subjacentes. Pode haver bem poucas razões, algumas das quais também se aplicam à arte física. Algumas delas são:

- Significado
- Utilidade

- Investimento
- Prestígio
- Colecionar

Esses motivos não são segregados e distintos, e alguns podem se aplicar a qualquer compra específica de NFT.

Significado

Tal como uma pintura ou qualquer outra obra de arte, um NFT pode afetá-lo emocionalmente, agindo como uma lente e pondo a descoberto um significado mais profundo ou uma compreensão mais ampla. É o caso dos NFTs inspirados no Cyberpunk de Beeple, que refletiram a forma como as pessoas veem e sentem o estado atual do mundo e o rumo que podemos estar tomando.

Talvez você se identifique com o artista, com o que ele representa ou pelo que passou. A história dele o toca por meio dos NFTs que ele criou. Ou você pode ser um grande fã de *De Volta para o Futuro*, e o NFT 3D DeLorean com o capacitor de fluxo tem que ser seu.

O significado que um NFT tem para você, seja ele qual for, é motivo suficiente para comprá-lo.

Utilidade

Há vários tipos de NFTs que fornecem utilidade, como itens do jogo, nomes de domínio e imóveis virtuais. Digamos que você queira incrementar seu carro no F1 Delta Time. Experimente atualizar a transmissão dele, por exemplo, com uma transmissão NFT. A transmissão NFT em si pode não ter muito significado, mas pode oferecer uma utilidade relevante.

Os nomes de domínio `.eth` e `.crypto`, por exemplo, têm como propósito fornecer utilidade. Podem ser usados no lugar de longos endereços de criptomoeda. Mas um nome de domínio blockchain também pode fornecer significado, pois é uma maneira de representar a si mesmo, como um alter ego.

Imóveis digitais, como os imóveis reais, também têm utilidade e significado. É um lugar onde você pode construir e viver, enquanto está em um local específico do qual gosta.

Investimento

Outra pergunta frequente: "Os NFTs são um bom investimento?" Não estamos oferecendo nenhum conselho financeiro, apenas dando nossa opinião. Se para você os NFTs ainda estão em um estágio inicial e serão a próxima grande novidade, os NFTs parecem ser um bom investimento em geral. Mas não se pode investir em NFTs "em geral", apenas em NFTs específicos. Então, se a compra de NFTs for para investimento, quais seriam alguns bons NFTs para investir?

A resposta depende de seus objetivos de investimento. Assim como no mundo da arte, as obras de artistas consagrados têm demanda e tendem a aumentar mais de (ou ao menos reter) valor do que as de um artista desconhecido. Mas se um destes explodir, o acréscimo de valor pode ser considerável. É uma questão de risco *versus* recompensa.

Tenha em mente que, em geral, investir em arte e NFTs é arriscado. Para artistas estabelecidos, o dispêndio é alto, e o risco é fator importante. Com o tempo, a obra de arte ou NFT pode valer muitas vezes o investimento. Por exemplo, o NFT *Crossroads*, de Beeple, comprado em dezembro de 2020 por US$66.666, foi revendido dois meses depois por US$6,6 milhões.

Obviamente, nada garante que o trabalho de um artista estabelecido obterá um alto retorno. O valor pode, de fato, cair. Mas para um artista estabelecido, a queda não seria significativa. Note que, como abordamos no Capítulo 3, "Por que NFTs Têm Valor", há o risco adicional de descobrir que a arte física é uma falsificação.

A especulação é outro elemento a ser considerado na questão do investimento. Compra-se obras de artistas desconhecidos ou menos conhecidos, ou criadores de NFT, esperando que o artista decole, levando a reboque os preços de suas obras. Como os NFTs desses artistas normalmente são mais baratos, pode-se diversificar o risco entre vários artistas. Caso um deles acerte, o retorno pode ser substancial, levando em conta todos os investimentos em NFT. Consulte a seção "Construindo uma Coleção de NFTs", mais adiante neste capítulo.

Há os que gostam de investir em NFTs colecionáveis. Eles, por exemplo, compram vários pacotes NBA Top Shot na esperança de conseguir LeBron James ou outra estrela e depois vender o NFT de alta demanda no marketplace secundário com lucro. Por exemplo, em abril de 2021, um NFT de LeBron James NBA Top Shot dando uma "enterrada" em homenagem a Kobe Bryant foi vendido por US$387.600.

Uma vantagem de investir em NFTs e arte em geral é poder curtir as NFTs adquiridas, em especial se tiverem significado para você.

Prestígio

Não há como negar, muitas pessoas gostam de se exibir, e não há nada de errado com isso. Comprar e mostrar arte e NFTs é uma ótima maneira de fazer isso. Lazy.com é um site criado para esse fim. Lá, você pode exibir sua coleção de NFT. As pessoas também podem procurar seu nome ou endereço Ethereum em um dos marketplaces e apreciar sua coleção lá também.

Os NFTs são baseados em blockchain, e os blockchains foram projetados para serem transparentes. Então pode-se dizer que os NFTs foram feitos para serem exibidos.

Colecionar

Falamos anteriormente sobre colecionar NFTs de arte. Mas os colecionáveis de NFT também estão crescendo com vigor. Falamos a respeito no Capítulo 2, "O que São NFTs?" As pessoas gostam de colecionar. E NFTs são interessantes e fáceis (uma vez estando no blockchain) de colecionar. De CryptoKitties a NBA Top Shot, a Garbage Pail Kids, há uma infinidade de ótimos NFTs colecionáveis. O que você gosta de colecionar?

Para ir mais fundo em colecionar NFTs, consulte a seção "Construindo uma Coleção de NFTs", mais à frente neste capítulo.

Comprando NFTs

Esta seção apresenta um guia passo a passo para comprar NFTs. Da mesma forma que nos capítulos anteriores, continuaremos usando o OpenSea, principalmente porque você já configurou uma conta e tem sua carteira MetaMask conectada.

Para comprar um NFT, você deve antes encontrar um de que goste.

Procurando um NFT para Comprar

O primeiro passo para encontrar um NFT para comprar é considerar a razão pela qual está comprando um NFT. Consulte a seção anterior, "Por que Comprar NFTs?" Pode não haver nenhum motivo específico além da experimentação, e tudo bem. Mas é provável que haja algum tipo de NFT que lhe interesse. Se não for o caso, há muito a navegar até que algo atraia sua atenção (ou mexa com seu coração).

A página inicial do OpenSea é um bom lugar para começar. Lá você encontrará seções voltadas para lançamentos exclusivos e coleções de tendências. Você pode, também, pesquisar por categoria. As categorias atualmente listadas no OpenSea são as seguintes:

- Arte

- Música
- Nomes de Domínio
- Mundos Virtuais
- Cartões Colecionáveis
- Colecionáveis
- Esportes
- Utilidade
- Todos os NFTs

O último item, Todos os NFTs, não é de fato nenhuma categoria se você quiser apenas navegar por tudo. Caso tenha algo em mente, há também uma barra de pesquisa na página inicial do OpenSea.

Vale ressaltar a recomendação cautelar que fizemos no Capítulo 2, "O que São NFTs?": qualquer um pode criar um NFT com qualquer nome, incluindo versões falsas de itens existentes. Faça sua própria pesquisa, principalmente ao procurar um artista específico, criador de NFT, coleção ou NFT, para garantir que o NFT seja o que afirma ser. Assegure-se de que o NFT está em uma coleção verificada — há uma marca de seleção azul nela. Consulte a seção "Verificação", do Capítulo 6, "Criando e Emitindo NFTs". Mesmo não havendo uma marca de seleção azul para a coleção, ela ainda pode ser verídica; apenas certifique-se de fazer sua pesquisa.

Após encontrar um NFT que gostaria de comprar, você precisa saber como ele está listado para venda.

Maneiras de Comprar NFTs

Conforme vimos no Capítulo 7, "Vendendo NFTs", existem três maneiras pelas quais os NFTs podem ser vendidos:

- Abrir para ofertas.

- Estabelecer um preço.
- Iniciar um leilão.

Veremos como comprar NFTs para cada método de listagem.

NFTs Deixados em Aberto para Ofertas. Se houver algum NFT de seu interesse nessa condição, você pode simplesmente fazer uma oferta. Mas há alguns passos a tomar antes disso.

1. Na página do NFT no OpenSea, clique em **Make Offer** [Faça uma Oferta] na seção **Offers** [Ofertas]. O pop-up Faça uma Oferta aparecerá (veja a Figura 8.1).

    Atualmente, só se pode fazer ofertas em WETH, DAI e USDC. Vimos no Capítulo 7 que DAI e USDC são stablecoins, criptomoedas atreladas ao dólar. Veja que você não pode usar ETH para fazer uma oferta. Então, o que é WETH?

    WETH é Wrapped Ethereum, um token com o mesmo valor que Ethereum (ETH). A razão pela qual o OpenSea usa

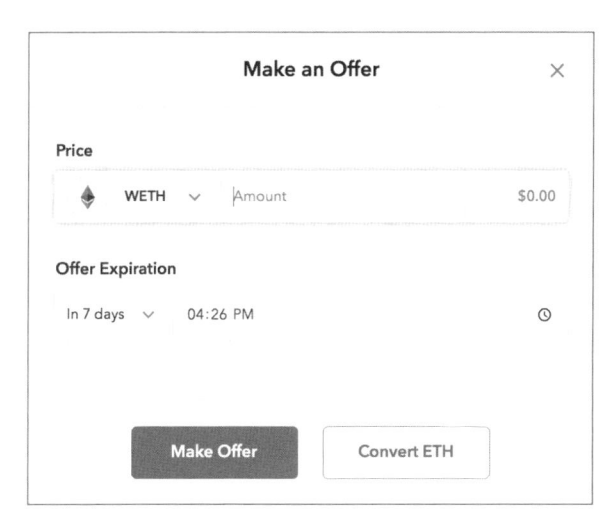

FIGURA 8.1 Pop-up NFT Faça uma Oferta no OpenSea

o WETH em vez do ETH é que o WETH tem mais funcionalidades. Por exemplo, se você usasse ETH para fazer ofertas e quisesse oferecer 1 ETH em cinco NFTs diferentes, precisaria de 5 ETH, um para cada NFT. Com WETH, você precisaria de apenas 1 WETH, não de 5. Assim, nesse caso, seu WETH iria para o primeiro lance aceito e suas outras quatro ofertas seriam canceladas automaticamente, a menos que você tenha ao menos 1 WETH em sua carteira para cobri-los. Então a vantagem do WETH é que você pode fazer ofertas em vários NFTs com apenas uma pequena quantia.

2. Se não tiver nenhum WETH em sua carteira, clique em **Convert ETH** [Converter em ETH] no pop-up Fazer uma oferta. Se tiver WETH (ou DAI ou USDC), pule para a etapa 3.

   No pop-up Convert Weth [Converter em WETH], clique no botão **Select a token** [Selecione um token]. Em seguida, selecione ETH ou outro token em sua carteira que gostaria de converter em WETH.

   Digite a quantidade de ETH (ou outra criptomoeda que você selecionou) que gostaria de converter em WETH.

   Não recomendamos converter todo seu ETH para WETH, pois ainda precisará de algum ETH para gás. É sempre uma boa ideia manter um pouco de ETH em sua carteira, porque nunca se sabe quando pode precisar dele para gás. Além disso, a maioria dos NFTs no OpenSea com preço fixo é em ETH, portanto, se quiser comprar um NFT com preço fixo mais tarde, deverá manter algum ETH para isso também.

   Depois de inserir o valor a ser convertido em WETH, clique no botão **Wrap**. Sua carteira MetaMask será aberta. Se isso não ocorrer, abra sua carteira MetaMask. Será preciso pagar uma taxa de gás para converter seu ETH (ou outra criptomoeda que você selecionou) para WETH. Clique em **Confirm** [Confirmar] em sua carteira MetaMask. A transação provavelmente ficará pendente por alguns (ou vários) minutos. Terminada a transação (confirmada na rede Ethereum), feche o pop-up Convert WETH [Converter em WETH].

3. Na página do NFT, clique em **Make Offer** [Faça uma Oferta]. Insira quanto de WETH gostaria de oferecer. Obviamente, você precisa dar um lance maior que o atual. Em seguida, selecione o período de vencimento da oferta, que é o tempo que gostaria que sua oferta ficasse aberta e a hora do dia em que sua oferta expiraria (no último dia em que sua oferta estiver disponível). O período de vencimento da oferta é você quem decide. Não há mal nenhum em manter sua oferta aberta por um tempo. Apenas observe que, se quiser cancelar sua oferta antes que ela expire, terá que pagar uma taxa de gás. Quando estiver pronto, clique em **Make Offer** [Faça uma Oferta].

Sua carteira MetaMask será aberta. Se isso não acontecer, abra-a. Para isso, clique em **Sign** [Entrar]. Não há taxa — você está simplesmente acessando a carteira.

Agora sua oferta deve aparecer na seção Listagem da página do NFT. Você pode cancelar a oferta a qualquer momento clicando no botão **Cancel** [Cancelar] associado à sua oferta. Sua carteira MetaMask será aberta. Se isso não ocorrer, abra sua carteira MetaMask. Como mencionado, haverá a cobrança de uma taxa de gás. Clique em **Confirm** [Confirmar] em sua carteira MetaMask para pagar o gás e cancelar a oferta. Caso contrário, clique em **Rejeitar** se decidir não pagar o gás e manter a oferta.

Com o vendedor aceitando sua oferta, a venda será concluída. Seu WETH (o valor do lance) será enviado ao vendedor, e o NFT será enviado a você. No OpenSea, quando o vendedor aceita uma oferta, a taxa de gás pela oferta cabe a ele.

Parabéns! Você agora é um colecionador de NFT. E já pode ver seu novo NFT na página de sua conta. Para isso, basta clicar no ícone de seu perfil no canto superior direito de qualquer página do OpenSea.

NFTs com um Preço Estabelecido. Se o NFT que deseja comprar tiver um preço definido, você pode simplesmente aceitar esse preço. Se achar que o preço é elevado, pode fazer uma oferta por um valor menor. Basta seguir os passos da seção anterior.

Para aceitar o preço, clique em **Buy Now** [Comprar Agora]. No pop-up "Checkout", clique no botão **Checkout** [Sair]. Sua carteira MetaMask será aberta. Se isso não acontecer, abra sua carteira MetaMask. Será preciso confirmar a transação, que inclui uma taxa de gás. Observe que no OpenSea, quando um comprador aceita um preço definido, o comprador paga a taxa do gás. Se a transação parecer boa, clique no botão **Confirm** [Confirmar] em sua carteira MetaMask. Caso contrário, clique em **Reject** [Rejeitar] para cancelar a transação.

Uma página abrirá informando que sua transação foi iniciada e que "A rede Ethereum está processando sua transação, o que pode demorar um pouco". Caso você não tenha configurado um endereço de e-mail e apelido em seu perfil, essas informações lhe serão solicitadas nessa página. Digite esses dados. Observe que você não pode ter o mesmo apelido que outro usuário do OpenSea. Em seguida, pressione o botão Salvar. Sua carteira MetaMask será aberta. Clique no botão **Sign** [Entrar] para abrir sua conta OpenSea.

O OpenSea pode, então, enviar um e-mail para verificar seu endereço de e-mail. Clique no botão **Verify My Email** [Verificar Meu E-mail] no e-mail que eles enviaram. O OpenSea lhe enviará um e-mail quando a rede Ethereum confirmar sua transação. Então você poderá visualizar seu novo NFT na página de sua conta.

NFTs no Leilão. Esta seção se refere aos NFTs sendo vendidos por leilão inglês. A seção anterior também é aplicável aos NFTs cujas vendas são feitas por leilão holandês.

Para fazer uma oferta um NFT em leilão, clique no botão **Place Bid** [Dar um Lance]. Surgirá o pop-up "Dar um Lance" (veja a Figura 8.2).

Você só poderá fazer uma oferta na criptomoeda com a qual o NFT está sendo leiloado (em geral, WETH). Para obter mais informações sobre WETH e como converter ETH em WETH, consulte a seção anterior "NFTs Deixados em Aberto para Ofertas".

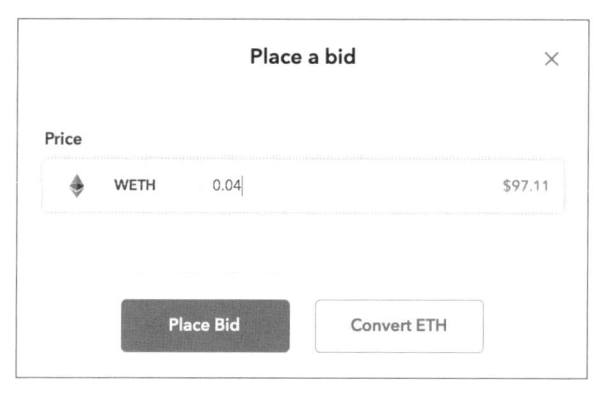

FIGURA 8.2 Pop-up NFT "Dar um Lance" no OpenSea

O valor de seu lance tem que superar o lance mais alto atual. Se não tiver fundos suficientes para fazer um lance superior que julgue adequado, precisa adicionar fundos à sua carteira MetaMask. Consulte a seção "Financiando Sua Carteira MetaMask", do Capítulo 7.

No pop-up Place a Bid [Dar um lance], insira a quantidade de criptomoeda que você gostaria de licitar e clique no botão **Place Bid** [Dar um Lance]. Sua carteira MetaMask será aberta. Se isso não acontecer, abra sua carteira MetaMask. Clique em **Sign [Entrar]** na sua carteira para continuar com a oferta. Observe que o comprador de um NFT vendido por leilão (leilão inglês) não será responsável por uma taxa de gás.

Sua oferta estará na página de NFT na seção Ofertas. Ela ficará aberta por sete dias. Você pode cancelá-la a qualquer momento, mas terá que pagar uma taxa de gás para isso. Se ela for a mais alta quando o leilão terminar e sua oferta for maior ou igual ao preço de reserva, o OpenSea concluirá automaticamente a transação. Observe que o vendedor pode aceitar sua oferta a qualquer momento, não importando quando o leilão está programado para terminar.

Boa sorte com seus lances.

Construindo uma Coleção NFT

As pessoas que colecionam o fazem por uma variedade de razões — uma paixão de infância que volta à tona, apoio aos criadores, a emoção da caça, a estética ou apenas por diversão. Não podemos dizer o que colecionar ou o porquê disso. O dinheiro é seu. E se algo simplesmente chamar sua atenção, vá atrás.

O mais provável, porém, é que você esteja curioso sobre NFTs e talvez espere ganhar dinheiro com eles.

Tenha cuidado, porque a Teoria do Tolo Maior pode estar atuando no mercado de NFT. Segundo a *Teoria do Tolo Maior*, os preços sobem não em virtude de um aumento no valor do item, mas tão somente porque as pessoas conseguem vender um item superfaturado para um "tolo maior". O fato de o investimento estar claramente supervalorizado é irrelevante desde que haja alguém que o tire de suas mãos. E, claro, ninguém quer ser a última pessoa presa ao investimento quando não houver mais "tolos maiores".

Acreditamos que a Teoria do Tolo Maior se aplicará à grande maioria dos NFTs. Mas isso não quer dizer que todos os NFTs cairão nessa armadilha. Certos artistas ganharão fama e se tornarão muito procurados por seu trabalho, e alguns projetos de NFT criarão uma utilidade atraente e adicionarão algo necessário à sociedade.

Não há como dizermos exatamente quais serão esses NFTs exitosos. Podemos, no entanto, delinear algumas estratégias de prospecção que podem colocá-lo em uma posição melhor para ser bem-sucedido.

Colecionar como um Investidor Anjo

Pode ser uma tentação colocar todos os ovos em uma só cesta com NFTs e entrar em apenas um projeto — especialmente quando ele atrai muita atenção e procura em determinado período. O perigo subjacente é que ninguém sabe quem ou o que ainda estará por aí no futuro próximo.

Em razão disso, é aconselhável investir tal como o fazem um investidor anjo ou fundo de capital de risco: muitas apostas em negócios emergentes. Se seguros baseados em aplicativos os fascinam, eles encontram uma maneira de investir em duas ou três empresas construindo esse futuro. E mesmo que não consigam obter retorno em várias empresas que estão paralelamente construindo um setor específico, eles ainda aplicam seu dinheiro em diversos investimentos em outros setores. A diversificação não só proporciona exposição a muitas oportunidades diferentes, mas também reduz o risco. Basta que apenas um desses investimentos dê certo para compensar as perdas dos outros investimentos — e de mais alguns.

É desafiador escolher hoje os NFTs que serão vencedores amanhã. Isso não significa não haver o que procurar em um projeto. Eis algumas questões a serem consideradas:

- Quem está criando os NFTs?
- Eles estão apresentando uma visão única e autêntica visando a longevidade?
- Qual é a utilidade ou aplicação do projeto NFT?
- Aparenta ser um projeto do qual muitas pessoas desejarão participar?
- A equipe evolvida nele responde às suas perguntas?

- Quem mais está colecionando o projeto?
- Há pessoas com coleções extensas embarcando nesse projeto?
- Houve algum dinheiro institucional investido nele?

É importante reconhecer e aceitar que todos os criadores de NFT enfrentarão desafios. Algo lhes acontece que desvia sua atenção de sua arte. O projeto pode ficar sem dinheiro e suspender experiências e NFTs adicionais. A carteira deles pode ser invadida e seus NFTs se perderem. Imitadores podem roubar parte dos compradores ou, pior, vender falsificações (isso acontece mais do que você imagina).

A despeito do imponderável, você ainda recebe uma obra de arte caprichada que o tocou de alguma forma, mesmo que seu valor desabe. É por isso que recomendamos a você colecionar NFTs com os quais esteja integralmente de acordo em nunca supervalorizar. Antes de mais nada, seja um apreciador de NFTs. Se você é apaixonado pelos NFTs que está colecionando e pode pôr em palavras por que está em um projeto, outros serão atraídos por comungar das mesmas razões.

Com base nisso, acreditamos que agora é o momento de criar uma identidade para aquilo que você está colecionando.

Tenha uma Identidade de Colecionador

Não chegamos ainda a uma situação na qual as pessoas sejam especialmente seletivas na forma como fazem a curadoria de suas coleções. Para a maioria delas, trata-se apenas de caça ao dinheiro, o que se reflete na miscelânea de NFTs nas coleções de grande parte das pessoas.

Entretanto, o que muitas pessoas ignoram é que agora todos podem criar um nome para si mesmos como um colecionador de NFT — não apenas comprando maciçamente NFTs, mas também pela maneira de selecionar sua coleção de NFTs e da identidade criada em torno do que colecionam.

Talvez você colecione apenas NFTs baseados em filmes. Ou talvez os NFTs da cor verde o atraiam. Talvez você goste de formar uma coleção inteiramente composta pelo primeiro NFT produzido por alguém. NFTs de comédia, os que apoiam uma instituição de caridade, de Pop Art — são muitos os recursos exclusivos com os quais você pode criar sua identidade de colecionador.

Se nos basearmos na analogia financeira de há pouco, colecionando como um investidor anjo, você pode organizar sua coleção de NFT nos moldes de um *exchange traded fund (ETF)* [Fundo de Índice], que é constituído em torno de uma classe ou tipo específico de ativos. Os ETFs são uma modalidade de fundo de investimento que agrupa ativos — ações, títulos, moedas ou commodities — em um só ativo que você pode comprar ou vender em uma Bolsa de Valores.

Os ativos que os ETFs arregimentam geralmente têm uma determinada característica, um tema. Por exemplo, o ETF SPDR S&P 600 Small Cap Growth oferece exposição a seiscentas empresas com alto potencial de crescimento. O ETF IPAY é composto de ações de várias empresas do setor de processamento de pagamentos e pagamentos digitais, como Visa, MasterCard, PayPal e Square.

Você pode organizar sua coleção NFT da mesma maneira, com base em um tema. Tal como os ETFs, esse jeito de formar uma coleção permite a variedade de investimentos de que falamos antes, além de criar uma identidade para você como um certo tipo de colecionador.

Realisticamente, o único exemplo que vimos dessas identidades de colecionador seriam os Virtual Land Dealers: eles compram e vendem terrenos em games blockchain, como *The Sandbox*, *Decentraland* e *Axie Infinity*. Ou seja, as oportunidades de fazer isso em outras categorias de NFTs são amplas.

Não é necessário o design de uma identidade como colecionador. Contudo, sentimos que esse é o caminho evolutivo de colecionar NFT na próxima década, especialmente ao se pensar nas oportunidades e nos fluxos de receita que poderão advir dessa identidade — tornar-se um curador de galeria digital, criar seguidores em uma categoria de nicho para divulgar novos artistas do NFT ou alguma outra oportunidade de marca inimaginável agora. Sem mencionar que seria ótimo dizer que você é o maior colecionador de NFTs da categoria X, Y ou Z.

Lembre-se, caso compre seu primeiro NFT hoje, você será um dos primeiros milhões de colecionadores de NFT. Isso significa algo. O primeiro milhão de pessoas no Twitter teve a chance de construir seguidores antes de todos os que chegaram depois. O primeiro milhão no Instagram, quando este era principalmente um aplicativo de compartilhamento de fotos, podia fazer coisas inéditas com exclusividade. Quem diria que Kim Kardashian usaria o Instagram para construir um império de beleza de bilhões de dólares?

Ser um dos primeiros colecionadores de NFT abre oportunidades que os colecionadores posteriores simplesmente não terão.

Nós acreditamos, por exemplo, em um futuro no qual ter a capacidade de organizar uma coleção notável será um negócio por si só. Daqui a alguns anos, os colecionadores de NFT avessos a pesquisar para decidir quais NFTs colecionar comprarão a coleção inteira das pessoas como uma maneira fácil de começar. Em vez de procurar NFTs no mercado secundário, eles simplesmente localizarão a coleção de alguém de que gostam e comprarão toda a carteira dela — algo similar à forma como as pessoas compram Pokémons inteiros para crianças, Yu-Gi-Oh ou Magic: The Gathering. Guarde nossas palavras, isso acontecerá com os NFTs, especialmente considerando que ter uma carteira com transações que datam de 2021, 2020 ou até antes será um validador social.

Nem todos podem ser uma das baleias NFT, como WhaleShark ou Metakoven. Mas você pode se destacar como colecionador de diferentes maneiras. NFTs gratuitos são uma ótima maneira de conferir a temperatura da água do mar antes de pegar uma onda.

De Onde Partir

Passeie pelos marketplaces de NFT por alguns dias. Ouça as conversas das pessoas em diferentes comunidades NFT na internet. Encontre alguns NFT de que você goste mesmo e tente contatar os criadores. Comece um bate-papo e tente ter uma noção do projeto que eles estão levando em frente. Veja só: você pode até interagir com colecionadores e ter uma ideia do que eles pensam sobre o assunto.

Como discutimos na seção "O Marketing de Seus NFTs", no Capítulo 7, "Vendendo NFTs", possivelmente existem muitos NFTs gratuitos por aí. A maneira como eles chegam às suas mãos varia muito, mas, na maioria das vezes, você paga a taxa do gás, e eles os entregam.

Como encontrar NFTs grátis? Vá para o OpenSea, clique no menu suspenso Marketplace na parte superior da página e clique em All NFTs. Em seguida, classifique essa lista usando Price Low to High [Do Menor para o Maior Preço], e pronto! Você verá muitos NFTs gratuitos.

É uma excelente maneira de, em poucas horas, começar sua coleção sem gastar milhares de dólares. E se esperar por momentos oportunos em que as taxas de gás são baixas, você pode estar a caminho de formar uma boa coleção por apenas algumas centenas de dólares.

Estamos nos primeiros dias dos NFTs, e isso abre a oportunidade de elaborar uma teoria sobre colecionar NFT e simplesmente colocá-la em prática. Ninguém tem uma bola de cristal, o que significa não haver maneira errada de colecionar NFTs.

Você pode começar com um e sentir o quanto gosta dele. Colecionar NFTs não precisa ser algo complexo. Não pense demais, apenas comece a colecionar!

CAPÍTULO

9

Aspectos Jurídicos dos NFTs

Agora que você está criando, vendendo e comprando tokens não fungíveis (NFTs), é essencial conhecer o ponto de vista jurídico sobre os NFTs. Como acontece com qualquer novo uso de tecnologia, geralmente há necessidade de um tempo para que agências reguladoras, legislaturas e tribunais adaptem a novidade tecnológica aos preceitos legais. Nesse meio tempo, podemos extrapolar como a lei será aplicada, tendo por base como tecnologias semelhantes e aspectos da nova tecnologia se inserem na doutrina jurídica estabelecida. Os NFTs ainda não estão enquadrados em nenhuma doutrina legal específica, mas podemos deduzir como a lei pode ser aplicada analisando de maneira mais geral como a lei é aplicada a criptomoedas, arte e colecionáveis.

Embora Matt Fortnow seja um advogado, nada neste capítulo pretende, nem deve ser interpretado, como aconselhamento jurídico. Trata-se de mera visão geral dos aspectos legais que afetam os NFTs.

Os NFTs São Valores Mobiliários?

De volta ao auge da ICO (sigla em inglês para Oferta Inicial de Moedas) em 2017, novas moedas estavam surgindo em todo o lugar. Não obstante algumas dessas moedas tenham sido fundamentadas em tecnologia sólida que fornecia soluções concretas, muitas foram baseadas em modismo e esperança, enquanto outras eram apenas golpes descarados. Alguns especuladores buscavam um retorno rápido, dobrando o valor aplicado, enquanto outros *hodl* (jargão cripto para "hold" [segurar]), esperando que a moeda fosse às alturas. E as moedas fraudulentas eram de fato nada mais do que esquemas de manipulação de mercado perpetrados pelos fundadores da moeda. As reclamações de muitos investidores provocaram a ira da Comissão de Valores Mobiliários (SEC) dos EUA. Porém, isso levantou a questão: criptomoedas eram valores mobiliários? E por que isso é importante?

É importante porque, se um certo investimento é um valor mobiliário, então sua oferta deve seguir estritamente a regulamentação da legislação competente, que nos EUA é o Securities Act de 1933.[1] Observe a data da lei. Foi promulgada após a grande quebra do mercado de ações de 1929 para proteger os investidores contra fraudes, exigindo que os investimentos se sujeitassem a vários requisitos de registro (ou se enquadrassem em exceções específicas).

Nem é preciso dizer que essas ICOs não foram registradas de acordo com essa lei. Tudo bem se as criptomoedas não forem um valor mobiliário. Mas elas são ou não títulos?

---

1   No Brasil, a legislação que define valores mobiliários é a Lei nº 6.385/76. [N. do R.]

O Teste de Howey[2]

Para saber se uma criptomoeda é um valor mobiliário, a primeira coisa é entender o que é um valor mobiliário. Estamos todos familiarizados com o termo. Mas os valores mobiliários também incluem certos tipos de notas e contratos de investimento.

Em 1946, a Suprema Corte dos Estados Unidos tratou do caso *SEC versus Howey*, cuja questão era se um contrato específico de lease-back deveria ser considerado um contrato de investimento. Isso o tornaria um valor mobiliário, e ele ficaria sujeito aos regulamentos da SEC. Os réus venderam terras na Flórida em que havia laranjais. Eles então ofereceram aos compradores da terra a oportunidade de um lease-back, ou seja, arrendar essa terra para os réus, que então administrariam os pomares, produziriam os frutos e compartilhariam os lucros com os compradores da terra. Não sendo agricultores nem sabendo administrar um laranjal, a maioria dos compradores aceitou a oferta dos réus.

A SEC interveio e processou os réus, alegando que essas transações constituíam contratos de investimento e, portanto, eram valores mobiliários. Os réus alegaram que estavam apenas vendendo a propriedade e, em seguida, arrendando-a dos proprietários.

Em uma decisão que viria a se constituir em um divisor de águas, a Suprema Corte estabeleceu quatro fatores para determinar se um investimento é um valor mobiliário, a ser chamado de teste de Howey:

1. Um investimento em dinheiro.
2. Em um empreendimento comum.
3. Com expectativa de lucro.
4. Proveniente dos esforços de um promotor ou outro terceiro.

---
2 Embora seja um conceito do direito norte-americano, o teste de Howey também é amplamente usado no Brasil para determinar se um título é valor mobiliário. [N. do R.]

A Corte determinou que:

1. Os compradores investiram dinheiro.
2. Existia um empreendimento comum dos réus administrando os laranjais em diversas extensões de terra.
3. Os compradores tinham expectativa de lucros da terra.
4. Os lucros eram provenientes dos esforços dos réus administrando a terra.

Assim, o Tribunal concluiu que o esquema do réu constituía um valor mobiliário, afirmando:

> "Portanto, todos os elementos de um empreendimento de risco com fins lucrativos estão presentes aqui. Os investidores fornecem o capital e participam nos ganhos e lucros; os promotores administram, controlam e operam o empreendimento. Decorre daí que os arranjos pelos quais os interesses dos investidores se manifestam envolvem contratos de investimento, seja qual for a terminologia jurídica utilizada para tais contratos."

A partir do teste de Howey, a SEC determinou que as ICOs eram de fato ofertas de valores mobiliários:

1. Os compradores investiram dinheiro ou criptomoeda (algo de valor).
2. Havia um empreendimento comum e as ICOs eram, em geral, administradas por uma organização ou grupo de pessoas que criava, operava e promovia a criptomoeda subjacente e a ICO.
3. Os compradores esperavam lucros do investimento na ICO.
4. Os lucros provinham dos esforços da organização ou grupo de pessoas que administra o empreendimento comum.

Isso significava que as ICOs seriam obrigadas a aderir aos regulamentos da SEC ou se valer de uma exceção como o Regulamento D, que tem seu próprio conjunto de requisitos. A SEC foi para cima de ICOs fraudulentas específicas, declarou que Bitcoin e Ethereum não eram valores mobiliários e sugeriu que todas as outras criptomoedas eram, provavelmente, valores mobiliários. Isso reprimiu as ICOs e todo o mercado de criptomoedas, impulsionando as ICOs no exterior, nas quais os investidores dos EUA não podiam participar. Incapaz de se sustentar, o mercado de criptomoedas caiu em 2018 e ficou adormecido por alguns anos.

Então os NFTs São Valores Mobiliários?

Como a SEC considerou que as ICOs são ofertas de valores mobiliários e que a maioria das criptomoedas pode ser valor mobiliário, a presunção é a de que NFTs, sendo também criptomoedas (com uma oferta de 1), provavelmente serão igualmente considerados valores mobiliários. Mas a maioria sente que os NFTs provavelmente não são valores mobiliários. A SEC, porém, ainda não emitiu nenhuma orientação sobre NFTs, assim, ainda é preciso estar ciente da possibilidade de que ela possa tipificar NFTs como valores mobiliários.

Vamos aplicar o teste de Howey:

1. Os compradores de NFTs investem dinheiro ou criptomoeda (algo de valor).
2. Em geral não parece haver empreendimentos comuns associados aos NFTs. Ao contrário, a maioria dos NFTs é de edição única ou limitada de arte digital, e é colecionável ou tem alguma utilidade, como um item de game.
3. Algumas pessoas podem comprar NFTs como investimento, com expectativa de lucro; outras compram por interesse pessoal em um assunto e para formar uma coleção.
4. Normalmente, não há terceiros promovendo o valor dos NFTs que foram vendidos.

Não há uma resposta cabal, mas os NFTs (sendo não fungíveis) se assemelham mais com obras de arte ou colecionáveis, que não são valores mobiliários, do que com criptomoedas fungíveis. Se um NFT tiver uma oferta maciça ou um grande número de edições, ele se inclinará mais para um token fungível e a diferença ficará menos clara.

Não é somente o vendedor que precisa se preocupar com tais NFTs serem considerados como valores mobiliários — as exchanges também. Se essas bolsas estiverem fornecendo mercados para valores mobiliários, devem se registrar e cumprir os regulamentos da SEC.

NFTs Fracionários

A linha demarcatória fica menos clara e pode até se inclinar para valor mobiliário em certos NFTs. Os *NFTs Fracionários* são tokens que representam uma propriedade fracionária de um NFT. Por exemplo, o token Unicly CryptoPunks Collection (UPUNK) representa uma propriedade fracionária em uma coleção de 50 NFTs CryptoPunk. Existem 250 milhões de tokens UPUNK em circulação cujo valor de mercado (no momento em que escrevemos) de quase US$30 milhões.

Os tokens UPUNK são similares às criptomoedas, fungíveis com grande oferta e um meio óbvio de investir em NFTs valiosos. Além disso, quando se trata de fracionar a propriedade de arte (da arte física tradicional), apesar dos diferentes modelos de negócios, a maioria das empresas se registra na SEC. Assim, sentimos que é provável que certos NFTs fracionários possam ser considerados valores mobiliários.

Direitos de Propriedade Intelectual

Os direitos de propriedade intelectual desempenham um papel significativo com NFTs e arte em geral. *Propriedade Intelectual* é aquela que provém da criatividade. É um tipo de propriedade que não tem característica física. A propriedade intelectual abrange direitos autorais, marcas registradas, patentes e segredos comerciais. Para fins de NFTs, vamos nos concentrar em direitos autorais e marcas registradas.

Direitos Autorais

Direitos Autorais [copyrigth] é, em essência, o direito de fazer cópias. Segundo o Dictionary.com, um copyright é "o direito legal exclusivo, dado a um originador ou a um cessionário de imprimir, publicar, executar, filmar ou gravar material literário, artístico ou musical, e autorizar outros a fazê-lo".

Há direito autoral quando a criação ocupa um meio tangível, ou seja, estar em uma tela, escrita, gravada, salva em um disco ou dispositivo, ou outro tipo de mídia tangível. Em outras palavras, o trabalho não pode estar só em sua cabeça, falado, cantado ou executado, a menos que os três últimos tenham sido gravados. Nos EUA, um criador não precisa registrar uma obra no U.S. Copyright Office para obter direitos autorais, embora o registro confira certas vantagens.

Os direitos autorais são algo separado e distinto do trabalho real. Este é a obra de arte física, como uma pintura, trabalho digital, imagem JPEG, vídeo ou música. O direito autoral é o direito intangível relativo à obra, inerente ao criador da obra.

Quando Comprar NFTs. Ao comprar um NFT (ou qualquer outra obra de arte), você *não* está adquirindo os direitos autorais desse NFT. O criador (ou artista) os mantém consigo. Você tem o direito de usar e exibir o NFT (a cópia da arte que você tem) para fins pessoais e não comerciais. Você não tem o direito de distribuir ou vender cópias do conteúdo do NFT. Nem tem o direito de fazer trabalhos derivados (outros trabalhos baseados no conteúdo do NFT). Claro, você tem o direito de vender o NFT a qualquer momento.

Observe que é possível adquirir os direitos autorais de uma obra, mas somente se houver um acordo expresso, por escrito, transferindo os direitos autorais do criador (ou proprietário atual dos direitos autorais) a você.

Conclusão: é preciso muito cuidado com o que se faz com os NFTs comprados ou recebidos, bem como com o conteúdo deles, para não violar os direitos autorais dos criadores.

Ao Criar NFTs. Na elaboração de um NFT, é sempre melhor criar uma obra de arte ou design original. Você não pode usar nenhuma imagem, vídeo ou gravação de áudio antiga que encontrar na internet. Cada foto, obra de arte e outras imagens, vídeos e gravações de som na internet (e em outros lugares) são protegidos por direitos autorais. Se você usar um trabalho que não criou, poderá (e provavelmente estará) estar violando os direitos autorais de quem o criou. Nesse caso, você pode ser responsabilizado por prejuízos monetários e provavelmente terá de tirar do mercado os NFTs que estão infringindo a lei.

Se você gosta de um trabalho que viu e gostaria de usá-lo, poderá obter uma licença de quem tem os direitos autorais. Uma licença lhe dará condições de uso desses direitos autorais em seu NFT. Em troca, você pagaria ao licenciante (o dono dos direitos autorais) um royalty (porcentagem de vendas). O licenciante também pode solicitar um adiantamento (pagamento à vista). As licenças geralmente têm um período de validade especificado em um território definido. Para NFTs, uma licença deve ser perpetuamente válida em todo o mundo.

Certos sites oferecem licenças isentas de royalties para imagens e vídeos, de modo que você pode usar esses trabalhos gratuitamente. Todavia, não deixe de ler os termos da licença, pois pode haver algumas restrições ou requisitos. Por exemplo, pode haver impedimento de uso para fins comerciais ou você pode ser obrigado a atribuir o trabalho ao site (escrever na descrição de seu NFT a origem do trabalho).

Você pode usar livremente imagens ou vídeos (ou qualquer outro tipo de trabalho) que sejam de domínio público. Direitos autorais vigem apenas durante um período limitado de tempo. Para obras publicadas de 1978 em diante, a duração dos direitos autorais nos EUA é geralmente a vida do autor mais 70 anos. Entretanto, para obras publicadas antes de 1978, os direitos autorais nos EUA vencem em 95 anos. Então, se uma obra tem mais de 95 anos, é provável que já esteja sob domínio público. Consulte a página de recursos do site TheNFThandbook.com/Resources [conteúdo em inglês] para sites livres de royalties e de domínio público. Observe que países diferentes têm leis e durações de direitos autorais diferentes.

Talvez você pense em contratar alguém para criar a arte ou o design que imagina. Se o fizer, assegure-se de ter um acordo por escrito que declare expressamente que o trabalho que está sendo criado é um *"work made for hire"* ou *"work for hire"* ["trabalho feito por contrato" ou "trabalho por contrato", respectivamente]. Nos EUA, esse é um termo legal específico que confere propriedade de direitos autorais à parte que contrata o artista. A outra maneira pela qual um trabalho pode ser considerado um trabalho contratado é se for efetuado por um funcionário dentro do escopo de seu emprego. Este último se aplicaria apenas no caso de você ser um empregador e se fizer parte do trabalho de seu funcionário criar obras de arte ou designs.

Direitos Autorais como NFTs. Os direitos autorais podem, potencialmente, ser o conteúdo principal de um NFT. Por exemplo, os artistas musicais Taylor Bennet e Big Zuu aparentemente venderam NFTs que representam 1% dos direitos autorais de gravação de som para determinadas músicas. Porém, uma inspeção mais detalhada mostra que os compradores não possuem 1% dos direitos autorais, mas uma licença perpétua para receber 1% dos royalties digitais gerados por uma música especificada na descrição do NFT. Pode parecer uma distinção trivial, mas há uma grande diferença entre possuir direitos autorais e possuir uma parte de um fluxo de receita.

Se você detivesse 1% dos direitos autorais, teria direito a 1% de *toda* a receita obtida com a gravação da canção, não apenas 1% dos royalties digitais. Assim, por exemplo, se a gravação fosse licenciada para uso em um filme ou comercial de TV por US$50 mil, um proprietário de 1% dos direitos autorais receberia US$500, ao passo que um proprietário de uma licença para receber 1% dos royalties digitais nada receberia por esse uso.

Portanto, se você for investir em um NFT de "direitos autorais", procure saber exatamente o que está recebendo. Leia as letras pequenas. E se não entender, pergunte a um advogado.

Cada NFT de "direitos autorais" de Taylor Bennet e Big Zuu foi vendido por 100 USD Coin (USDC), equivalente a US$100. Esse tipo de NFT, em que há uma participação em um fluxo de receita, parece um investimento e pode ser considerado um valor mobiliário pela SEC.

Marca Registrada

Uma *marca registrada* normalmente é um símbolo, design, palavra ou frase (ou uma combinação destes) que identifica a origem dos bens (produtos). São familiares as marcas registradas da Coca-Cola, Apple, Nike, McDonald's e tantas outras. Ao ver um celular ou notebook com o logotipo da Apple, você sabe que a Apple o criou, e também o associa mentalmente a um certo nível de qualidade, confiabilidade, a algo legal e uma série de outros atributos. É por isso que as empresas investem muito dinheiro na percepção de seus produtos.

Uma *marca de serviço* assemelha-se a uma marca registrada, mas identifica um serviço, não um produto. Por exemplo, "Fly the Friendly Skies" é uma marca de serviço da United Airlines, um serviço de transporte. De modo geral, "marca registrada" é um termo amplo que engloba marcas registradas e marcas de serviço.

Caso você veja o símbolo ® ao lado do nome, logotipo ou slogan de uma empresa, isso significa que a marca registrada está inscrita na U.S. Patent and Trademark Office, a agência competente norte-americana. O registro fornece proteção de marca registrada em todo o país. E caso você veja "TM" ou "SM" (para uma marca de serviço) ao lado do nome, logotipo ou slogan de uma empresa, geralmente significa que a marca ainda não foi registrada. O uso de ®, "SM" ou "TM" não é obrigatório, assim, se um logotipo, nome ou slogan não tiver essa designação, isso não significa que você pode usá-lo livremente.

O foco da legislação sobre marcas é evitar que o consumidor se confunda quanto à origem das mercadorias. Os proprietários de marcas também se preocupam com uma eventual diluição de sua marca, que ocorre quando a percepção do público sobre a singularidade da marca diminui. Por exemplo, em 2017, o In-N-Out Burger processou a In-N-Out Cleaners, alegando que o nome e o logotipo do último eram semelhantes, confundindo e diluindo sua marca registrada (veja a Figura 9.1). Em outras palavras, o In-N-Out Burger tinha receio de que os consumidores pensassem que eles estavam de alguma forma envolvidos nos produtos de limpeza do In-N-Out e também que o logotipo do In-N-Out Cleaners reduzisse o caráter único de seu logotipo.

Ambos os logotipos têm o mesmo nome (In-N-Out) e cores, fontes quase iguais e posicionamento e ângulo semelhantes do elemento de design (a seta e o cabide). Embora os produtos das empresas sejam claramente diferentes — hambúrgueres e lavagem a seco —, parece provável que os consumidores fiquem confusos, associando o In-N-Out Burger ao In-N-Out Cleaners. Parece também que o caráter único do logotipo do In-N-Out Burger seria reduzido.

FIGURA 9.1 Logotipos do In-N-Out Cleaners e In-N-Out Burger

Na criação de NFTs e obras de arte em geral, normalmente não há problema em usar a marca registrada de uma empresa em comentários, críticas e paródia. A questão principal é se os consumidores ou aqueles que visualizassem seu NFT pensariam que o dono da marca registrada criou ou endossou seu NFT e/ou conteúdo. Observe que a crítica ou paródia deve ser dirigida à marca registrada, não a uma parte ou problema não relacionado.

Também tome cuidado ao usar um nome ou frase de marca registrada no NFT — nome dele, de usuário ou da coleção — no marketplace de NFT.

Veja a Figura 9.2. Um artista criou intencionalmente um NFT com os logotipos de todas as empresas da Fortune 100. O NFT parece um comentário sobre sociedades e provavelmente não faria os espectadores acreditarem que a peça foi criada ou endossada por qualquer uma ou todas as empresas, embora nunca se saiba.

Infelizmente, não há um teste capaz de determinar se o uso de uma marca registrada é apropriado. Sugerimos consultar um advogado.

FIGURA 9.2 NFT "®"

Direito de Publicidade

O *direito de publicidade* é o direito dos indivíduos de controlar e lucrar com sua identidade (ou persona), conceito que inclui seu nome, sua imagem, semelhança, voz e outros identificadores exclusivos. Um exemplo óbvio seria que você não pode vender camisetas com o rosto de Kevin Hart sem a permissão dele. Mas o que dizer de um comercial de TV que mostrava um robô com uma peruca loira, um vestido longo e joias que transformavam letras em um cenário semelhante à *Wheel of Fortune* ["Roda da Fortuna", em tradução livre]? Em 1993, o Ninth Circuit Court of Appeals (um degrau abaixo da Suprema Corte dos EUA) levou o direito de publicidade ao extremo, sustentando que o comercial havia violado o direito de publicidade de Vanna White, não obstante o comercial não contivesse sua imagem, semelhança, nome ou voz.

O que tudo isso significa? Em termos gerais, não se pode usar uma imagem ou vídeo de outra pessoa em um NFT sem a permissão dela — mas há uma área nebulosa envolvida. Os exemplos anteriores foram de uso da identidade de celebridades para fins comerciais. Nos EUA, artistas e criadores de NFT têm o direito de liberdade de expressão segundo a Primeira Emenda, que entra em conflito com o direito de publicidade de uma pessoa, gerando aquela área nebulosa. É uma criação de arte ou uso da imagem da pessoa para fins comerciais?

Digamos que você queira fazer um NFT de uma celebridade como Snoop Dogg. Caso não pretenda vender seu NFT ou usá-lo para fins comerciais, você deve ficar bem sem a permissão dele. Contudo, se quiser vendê-lo, isso pode ser considerado "para fins comerciais", e aí você pode precisar da permissão de Snoop. Se você fez uma edição de 100 NFTs de Snoop Dogg, isso se inclinaria fortemente na direção de ser "para fins comerciais", provavelmente exigindo a permissão de Snoop. Então, como ter certeza se você está violando os direitos de publicidade de uma pessoa?

O Teste de Uso Transformador

Gary Saderup, um artista que criou um desenho a carvão de The Three Stooges [Os Três Patetas], vendeu litografias e camisetas contendo o desenho. A Comedy III Productions, Inc. detinha os direitos de publicidade de Os Três Patetas e processou Gary Saderup e sua empresa por apropriação indébita dos direitos de publicidade. O caso foi até a última instância do estado da Califórnia.

A corte adotou o *teste de uso transformador*. Ela perguntou "se um produto que contém a imagem de uma celebridade está tão transformado que se tornou principalmente a própria expressão [artística] do réu, em vez da imagem da celebridade". O tribunal também expressou que "outra maneira de exprimir o inquérito é se a semelhança de celebridade é uma das 'matérias-primas' a partir da qual um trabalho original é sintetizado, ou se a representação ou imitação da celebridade é a própria somatória e substância do trabalho em questão". Então, o desenho em questão está, essencialmente, mais para uma obra de arte ou mais para apenas uma imitação de Os Três Patetas? Ainda que o desenho fosse uma representação artística de Os Três Patetas, o tribunal determinou que não era transformador o bastante. Em outras palavras, as pessoas adquiriam as camisas principalmente porque tinham os Três Patetas, não porque eram obras de arte.

Portanto, quando criar NFTs contendo a imagem de uma celebridade (ou de qualquer pessoa), faça disso uma obra de arte, não apenas uma imitação da celebridade.

Voltando ao Snoop Dogg, na verdade existem vários NFTs no OpenSea (o maior marketplace de NFT) que contêm sua imagem. Por exemplo, há o apropriadamente intitulado "Snoop Dogg #2", cuja imagem principal se vê na Figura 9.3. Scrazyone1, o criador desse NFT, obviamente também não se constrange em usar o nome de Snoop Dogg.

FIGURA 9.3 Imagem principal de "Snoop Dogg #2" no OpenSea

Esse NFT com Snoop Dogg é aprovado no "teste de uso transformador"? Não saberemos a menos que Snoop abra uma ação judicial. Mas para todos os efeitos práticos, Snoop (ou qualquer outra celebridade) provavelmente não entrará com um processo a menos que você esteja ganhando um dinheiro significativo com a imagem dele. O mais provável é você receber uma notificação para cessar a atividade. Mas, novamente, este não é um conselho legal. Sugerimos consultar um advogado caso planeje usar a imagem de alguém em um NFT.

Licenciamento de Direitos de Publicidade

Caso queira usar o nome e a imagem de alguém famoso, poderá fazer os NFTs oficiais dele licenciando seus direitos de publicidade. Uma *licença* é um contrato no qual o proprietário dos direitos (o licenciador) concede a você (o licenciado) um direito limitado de usar o nome e a imagem (e possivelmente outros identificadores) da celebridade.

Entre os principais pontos de tal licença incluem-se os seguintes:

Propriedade: A celebridade (ou um personagem de filme ou história em quadrinhos, por exemplo).

Objeto da Licença: Nome, imagem, voz, marcas registradas etc.

Componentes: Os itens a serem fabricados ou criados e vendidos, neste caso, NFTs.

Abrangência Territorial: A área geográfica à qual a licença está limitada. No caso dos NFTs, seria o mundo, pois são vendidos pela internet.

Prazo: Tempo de vigência da licença.

Exclusividade: Se o licenciante pode ou não licenciar os direitos para outra pessoa durante o Prazo no Território.

Taxa de Royalties: A porcentagem sobre vendas que o licenciante recebe.

Adiantamento: Uma quantia inicial (se houver) a se pagar ao licenciante.

Garantia: O valor mínimo de royalties (se houver) que o licenciado deve ao licenciante, independentemente de haver vendas suficientes para cobri-lo.

Como se pode conjecturar, uma licença dessa natureza pode ser bastante complexa. Portanto, se for seu caso, recomendamos consultar um advogado.

Direitos de Publicidade Póstumos

É correto usar nome e imagem de alguém já falecido? Depende. Nos EUA, as leis de direitos autorais estão no âmbito federal, ao passo que os direitos de publicidade ficam por conta dos estados. Assim, em alguns estados dos EUA, pessoas falecidas (ou melhor, o espólio do falecido) não têm nenhum direito de publicidade. Em outros estados, isso já acontece, e o espólio do falecido pode fazer valer. O fator determinante é o domicílio da pessoa ao falecer. Se esse local estiver em um estado no qual não há direitos de publicidade póstumos, normalmente se pode usar o nome e a imagem dessa pessoa.

Quando Marilyn Monroe morreu de overdose de drogas em 1962, ela tinha residências em Nova York e na Califórnia. Embora naquela época ela estivesse morando e trabalhando como atriz na Califórnia, e aparentemente domiciliada nesse estado, seu espólio argumentou que ela residia em Nova York. Isso foi feito como medida de economia em impostos imobiliários, significativamente mais altos na Califórnia. Parecia uma boa ideia, certo?

Vamos avançar cinquenta anos. O espólio de Marilyn Monroe processou vários bancos de imagens e fotos que estavam vendendo fotografias de Marilyn Monroe, alegando violação de seus direitos póstumos de publicidade, legalmente protegidos na Califórnia. Um caso foi parar na segunda instância judicial desse estado, que determinou que, como o espólio de Marilyn Monroe havia argumentado décadas antes que ela estava domiciliada em Nova York no momento de sua morte, deveria ser aplicada a lei de Nova York. Infelizmente para o espólio, Nova York (até há pouco) não fornecia direitos de publicidade póstumos e, portanto, os réus eram livres para usar a imagem de Marilyn Monroe. Desde esse caso de 2012, as pessoas têm usado livremente a imagem de Marilyn Monroe em todos os tipos de produtos. Por exemplo, veja o aplicativo Marilyn Monroeji, ilustrado na Figura 9.4.

Assim, o que parecia uma boa decisão de poupar impostos após a morte acabou sendo desastroso para o espólio. Em 2012, a Forbes estimou que os royalties do espólio dos direitos de publicidade de Marilyn Monroe seriam de US$27 milhões por ano, o terceiro lugar na lista, atrás de Michael Jackson e Elvis Presley.

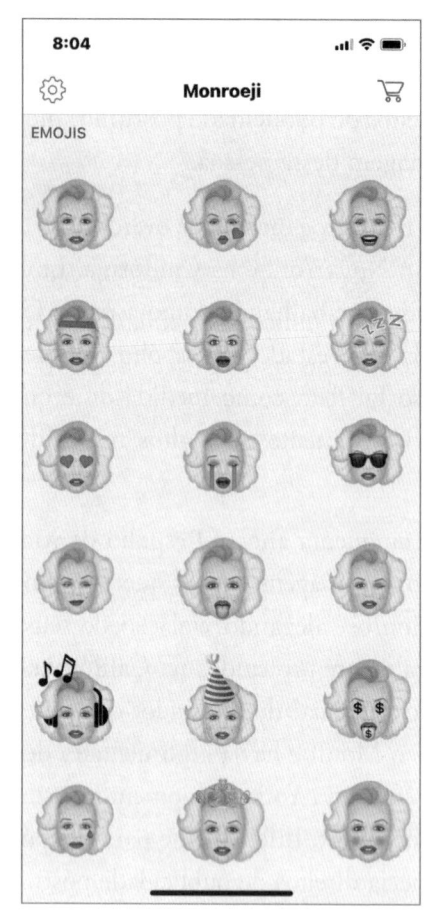

FIGURA 9.4 App Marilyn Monroeji

A lição a levar aqui é a de que, nos EUA, se você quiser usar o nome ou a imagem de uma pessoa falecida, descubra o domicílio dela quando morreu e se há na legislação estadual a figura de direitos póstumos de publicidade. Observe que alguns estados não abordaram formalmente a questão. Conclusão: recomendamos consultar um advogado.

Lembre-se de que, mesmo liberado para usar o nome e a imagem de uma pessoa falecida em particular, você ainda deve ter cuidado ao usar uma imagem ou vídeo dessa pessoa, uma vez que, mais provavelmente, uma arte, foto ou vídeo em particular estão protegidos por direitos autorais. Leia a seção anterior sobre direitos autorais.

Grau de Interesse

Uma ressalva ao direito de publicidade é o *grau de interesse*. Nos EUA, a Primeira Emenda protege reportagens a respeito de pessoas ou eventos que possam interessar ao público em geral. Consequentemente, os tribunais normalmente consideram que usar o nome ou a imagem de uma pessoa nas notícias ou em uma obra literária, filme ou outra história de entretenimento sobre algo digno de ser noticiado não viola o direito de publicidade dessa pessoa. Contudo, com relação aos NFTs, parece que essa ressalva em geral não se aplica, porque os NFTs normalmente não são considerados um meio noticioso.

Direito de Privacidade

As pessoas usam com frequência "direito de publicidade" e "direito de privacidade" de forma intercambiável. No entanto, isso seria incorreto, pois esses direitos são distintos. Entre os direitos individuais, o *direito de privacidade* assegura às pessoas as seguintes situações:

- Não ter suas informações pessoais e privadas tornadas públicas.
- Ser deixado só.
- Ter sua vida pessoal livre de intromissões governamentais injustificadas.

No que diz respeito aos NFTs (e obras de arte em geral), a preocupação é com o primeiro aspecto, revelar informações privadas de uma pessoa. Elas podem incluir detalhes geralmente desconhecidos da vida particular de alguém. Portanto, se você estiver a par de informações privadas de uma pessoa, não as inclua em um NFT. Gostamos de seguir o lema "Na dúvida, deixe de fora".

Figuras Públicas

Cabe um alerta quanto ao direito à privacidade no que tange às figuras públicas (celebridades, atletas profissionais, políticos e outras). Nos Estados Unidos, em virtude da liberdade de expressão e da crença de que o povo tem o direito de conhecer assuntos de interesse público (cuja base está na suposição de que tudo que uma figura pública faz é assunto de interesse público), as figuras públicas viram enfraquecer muito o direito à privacidade, algo semelhante à questão do grau de interesse público levantada em seção anterior sobre direitos de publicidade.

Portanto, com relação aos direitos de privacidade, a preocupação é menor se o assunto de seu NFT for uma figura pública. Porém, observe que essa ressalva afeta os direitos de privacidade de uma figura pública, *não* seus direitos de publicidade. Ainda é necessário respeitar totalmente (ou licenciar) os direitos de publicidade de uma figura pública, conforme discutido em seção anterior.

Contratos

A legislação sobre contratos entra em cena quando o vendedor do NFT oferece benefícios ou inclui conteúdo desbloqueável no NFT.

Um *contrato* é um acordo que cria um vínculo entre duas ou mais partes. Um contrato deve haver três elementos:

- Uma oferta.
- A aceitação da oferta.
- As contrapartidas — aquilo que está sendo fornecido ou aceito por cada uma das partes.

Vamos usar a venda de um NFT como exemplo. Digamos que você liste um NFT em um marketplace com o preço de 1 ETH. Essa é uma oferta; você está colocando o NFT à venda. Alguém, então, compra o NFT, aceitando a oferta de 1 ETH. Ambas as partes, por meio do markeplace, fornecem as contrapartidas: você, o NFT e o comprador, 1 ETH em troca. Outro exemplo seria quando você tem um NFT em um marketplace e alguém oferece 1 ETH por ele. Você aceita a oferta, e a troca é feita. Os dois exemplos são bastante simples.

Benefícios

Se você está oferecendo benefícios com seu NFT, eles se tornam parte das contrapartidas. O comprador faz uma oferta ou aceita o preço que você estipula com base, em parte, nos benefícios, e o vendedor é contratualmente obrigado a entregar os benefícios de acordo com as especificações (na descrição do NFT). Além disso, os benefícios devem ser entregues ou fornecidos de maneira razoável e oportuna.

É de suma importância ser bem específico ao descrever os benefícios, de modo a prevenir mal-entendidos quanto ao que deve ser entregue. Pode ajudar incluir termos e condições detalhados na descrição do NFT.

O site para os NFTs de Rob Gronkowski (GronkNFT.com) tem extensos "TERMOS E CONDIÇÕES DE SERVIÇO PARA NFTS COMPRADOS COMO PARTE DO LEILÃO NFT ROB GRONKOWSKI CHAMPIONSHIP SERIES", que cobrem várias áreas, incluindo resolução de disputas, no melhor do jargão jurídico. Esses termos começam com esta declaração:

> "Estes Termos e Condições de Serviço ('T&Cs') constituem um contrato legalmente vinculativo (o 'Contrato') entre você (também referido aqui como 'Usuário') e a Medium Rare Mgmt, LLC ('MRM') que regula sua compra de NFTs como parte do leilão do NFT Rob Gronkowski Championship Series."

O problema que os advogados de Gronk (ou Medium Rare Mgmt, LLC) podem ter deixado passar despercebido é que esses termos não são mencionados nos NFTs ou na descrição da coleção. Assim, como alguém pode estar sujeito a termos dos quais não foi informado?

Caso você tenha uma disputa sobre a compra de um NFT, sugerimos entrar em contato com o marketplace (no qual o NFT foi comprado) para obter suporte, embora possa não haver muito o que fazer. Então, em especial quando se trata de benefícios, ao comprar NFTs, a postura "caveat emptor" (comprador, cuidado) é recomendada.

Conteúdo do NFT

Vimos no Capítulo 3, "Por que NFTs Têm Valor", que o conteúdo principal de um NFT e o conteúdo desbloqueável não são armazenados no blockchain. Assim, é possível que o local de armazenamento não seja mantido continuamente, o que pode levar à perda do conteúdo, resultando na desvalorização total do NFT. Essa é a principal preocupação para o conteúdo desbloqueável, o qual é mais provável ser armazenado em um servidor pessoal ou por meio da conta pessoal do criador em um serviço de armazenamento em nuvem.

Decorre daí a questão de saber se o criador do NFT é obrigado, por contrato, a manter o conteúdo do NFT em perpetuidade (para sempre). A perpetuidade é um longo tempo, mas um dos principais atrativos dos NFTs é sua permanência. Em razão de os NFTs serem ativos de blockchain, as pessoas assumem que sua existência será permanente, o que levaria a uma expectativa de que o NFT permaneça permanente. E essa expectativa parece incluir o conteúdo do NFT, tanto o principal quanto o desbloqueável.

Portanto, parece que você deve ser obrigado a manter o conteúdo de um NFT em bases perpétuas. Porém, em alguns estados dos EUA e outras jurisdições, contratos perpétuos são inexequíveis ou rescindíveis por uma questão de política pública. Não deixa de ser interessante ver como os tribunais decidem sobre esses interesses concorrentes.

Impostos

Infelizmente, os NFTs não estão imunes a impostos. Esta seção explora diferentes áreas nas quais os impostos podem ser aplicados aos NFTs. É uma visão geral das possíveis questões tributárias relacionadas aos NFTs no âmbito da legislação norte-americana e não deve ser considerada como consultoria tributária ou jurídica. É altamente recomendável consultar um contador ou advogado sobre questões fiscais.

Imposto sobre Vendas

Nos EUA, os impostos sobre vendas são aplicados à venda de bens e serviços pelo governo de cada estado (e às vezes municipal) em que a venda ocorreu. Quanto aos NFTs, a primeira pergunta seria: onde ocorreu a venda? O imposto sobre vendas de qual estado (ou outra jurisdição) deve ser aplicado? No caso de as mercadorias serem enviadas para fora do estado, geralmente nenhum imposto sobre vendas é aplicado, mas, em vez disso, um "use tax" ["imposto de uso", em tradução livre — um tipo de tributo específico da legislação norte-americana] pode ser aplicado no estado do comprador.

Alguns estados norte-americanos não tributam as vendas de itens digitais. NFTs são itens digitais? Aparentemente, mas alguns estados definem itens digitais como itens que foram baixados. Como os NFTs não são baixados (eles permanecem no blockchain), podem não se enquadrar na exceção dos itens digitais nesses estados.

E se o imposto sobre vendas não se aplicar a itens digitais, mas o NFT contiver benefícios que são itens físicos ou serviços? Nesse caso, o imposto sobre vendas pode incidir sobre o valor dos benefícios. Mas como deve ser determinado o valor [a base de cálculo] dos benefícios?

Da mesma forma que a Amazon começou a cobrar impostos sobre vendas em todo o país [EUA] em 2017, não ficaríamos surpresos se, em algum momento, os marketplaces de NFT, lamentavelmente, começarem a seguir esse exemplo.

Imposto de Renda

Se você estiver criando e vendendo NFTs, será responsável pelo pagamento de impostos sobre a receita proveniente dessas vendas. No entanto, nos EUA, você deve poder deduzir as despesas incorridas em relação à criação, mineração, listagem e promoção de seus NFTs.

Pode ser vantajoso abrir uma empresa e administrar as vendas de NFT por meio dela. Sugerimos conversar com um contador. Observe que, nos EUA, existem outras vantagens potenciais para abrir uma empresa, como a responsabilidade limitada prevista na legislação norte-americana.

Imposto sobre Ganhos de Capital

Segundo a legislação norte-americana, geralmente, se você vende um ativo, será tributado sobre o ganho — a diferença entre o preço pago pelo ativo e o preço pelo qual o vendeu. Nos EUA, tal como o imposto de renda, o imposto sobre ganhos de capital é cobrado nos níveis federal e estadual.

Ao que parece, os NFTs estão sujeitos ao imposto sobre ganhos de capital. Por exemplo, se você adquiriu um NFT por 1 ETH e o vendeu por 3 ETH, ganharia 2 ETH. Contudo, a Receita Federal está preocupada com o valor em dólares, não em ETH. Portanto, o ganho seria o valor em dólar do NFT quando o vendeu (o valor de 3 ETH no momento em que você vendeu o NFT) menos o valor em dólar do NFT quando você o comprou (o valor de 1 ETH no momento em que você comprou o NFT). Sendo necessariamente repetitivo: consulte um contador.

Note que o imposto sobre ganhos de capital é devido apenas quando da venda do ativo. Depois de vender o ativo, os ganhos de capital são "realizados". Antes de vender o ativo, o ganho de valor é considerado "não realizado".

Longo Prazo vs. Curto Prazo. Se você vender um NFT cuja posse é inferior a um ano, isso será considerado ganhos de capital de curto prazo e, pela legislação norte-americana, o imposto devido será calculado com base na alíquota regular de imposto de renda para impostos federais e estaduais.[3]

Caso você venda um NFT que manteve por ao menos por um ano, isso será considerado ganhos de capital de longo prazo, e o imposto devido, segundo a legislação norte-americana, será calculado com base na alíquota de imposto sobre ganhos de capital, que geralmente é mais vantajosa do que a alíquota de imposto de renda normal. Embora atualmente a alíquota varie de 0% a 20% para ações e investimentos similares, os NFTs provavelmente serão considerados colecionáveis, cuja alíquota de imposto sobre ganhos de capital atual é de 28%. No entanto, pode-se argumentar que certos tipos de NFTs, como imóveis digitais e nomes de domínio, não são colecionáveis.

Observe que, nos EUA, a maioria dos estados não faz distinção entre ganhos de capital de longo e curto prazo, que são tributados de acordo com a alíquota regular do imposto de renda estadual. Todavia, alguns estados fornecem tratamento fiscal favorável para ganhos de capital de longo prazo.

Ao Comprar NFTs. Você pode estar sujeito ao imposto sobre ganhos de capital ao comprar NFTs se o fez com criptomoeda. Por exemplo, se você comprou 1 ETH há algum tempo por US$1.800 e depois adquiriu um NFT por 1 ETH quando seu valor era de US$3.800, pode dever imposto sobre ganhos de capital sobre o ETH, que aumentou de valor em US$2.000. Isso ocorre porque você realizou o ganho no ETH ao usá-lo para comprar o NFT. Se comprou o NFT mais de um ano após comprar o ETH, aí será aplicada a taxa de imposto sobre ganhos de capital de longo prazo.

---

3 No Brasil também existem regras de imposto sobre ganho de capital que são aplicáveis a NFTs, mas não existe a distinção entre ganhos de curto prazo e longo prazo. [N. do R.]

O NFT que você adquiriu agora tem uma base de custo de US$3.800. Portanto, caso o venda mais tarde por um valor de US$5.000, terá US$1.200 de ganhos realizados no NFT, pelos quais deverá pagar imposto sobre ganhos de capital.

De modo geral, não se esqueça dos impostos ao comprar e vender NFTs, para evitar que mais tarde possam surgir surpresas por parte da Receita Federal ou das autoridades fiscais estaduais ou locais. E, claro, consulte um contador ou advogado sobre questões tributárias.

CAPÍTULO 10

O Futuro dos NFTs

Os tokens não fungíveis (NFTs) têm um futuro brilhante, não somente porque a arte digital é uma classe de ativos altamente subestimada, pronta para dominar o mercado de arte (embora pensemos que isso seja verdade). Em vez disso, os NFTs têm um futuro brilhante porque constituem uma ponte para as economias digitais que afetarão a todos no futuro (e até mesmo hoje, em alguns casos).

Olhar os NFTs como nada mais que um ativo de arte especulativo é uma visão estreita e desconsidera a multiplicidade de seus usos futuros. Em breve, provavelmente veremos a certificação NFT em tudo, de ingressos para a temporada da NBA até modelos raros de automóveis de luxo.

Dito isso, há três áreas distintas no futuro dos NFTs que merecem maior atenção:

- O metaverso.
- Ativos alternativos.
- Carteiras digitais.

Neste capítulo, cada área será explorada em detalhe, mostrando o papel dos NFTs nesses futuros de vários trilhões de dólares.

O Metaverso

A evolução da internet chegou a um ponto em que podemos compartilhar e comunicar quase tudo o que desejarmos no espaço e no tempo. Encontramos o amor por meio de aplicativos. Confiamos nas sugestões de nossos vizinhos digitais sobre alimentação e moradia. Colocamos nossas memórias fotográficas mais preciosas aos cuidados de gigantes digitais para protegê-las por toda a eternidade.

A internet tornou-se um espaço expansivo, virtual e compartilhado para quase tudo que se pode imaginar. Dependemos muito de outras pessoas que usufruem desse espaço para nos manter informados, postar tuítes engraçados, criar conteúdo interessante e muito mais. Mas essa não é a melhor versão da internet. Como qualquer coisa que existe, ela tem que continuar a crescer e evoluir.

Então, o que vem a seguir?

A evolução da internet é o *metaverso* — um ponto culminante da internet compartilhada e das possibilidades ilimitadas das tecnologias de realidade aumentada e virtual. Em termos de trazer informações, serviços e experiências online, ainda que seja grande o mérito atual da internet, existem maneiras mais eficientes de entregar, descobrir e interagir com todos e tudo que existe nela.

Tipos de Metaverso

O comparável mais comum para o metaverso é The Oasis no filme *Jogador Nº 1*. The Oasis é um mundo online acessível por headsets de realidade virtual. As crianças vão para a escola no The Oasis. Empreendedores constroem negócios no The Oasis. De modo geral, tudo acontece no The Oasis.

Na verdade, podemos não atingir esse nível do metaverso por décadas, se é que atingiremos. Jogos online como o *Second Life* foram construídos para isso, dando aos usuários a condição de organizar shows, conectar-se com amigos e criar fluxos de receita em sua "second life" [segunda vida]. Mas a ideia de um metaverso único é inteiramente ambiciosa.

Em vez disso, o metaverso está sendo construído em muitos silos diferentes.

Metaversos de Videogames. Os videogames são provavelmente o mais próximo que temos no mundo real comparável a um metaverso próspero com seus próprios elementos constituintes. Muitos dos jogos a seguir possibilitam aos jogadores adentrar um mundo fictício e se expressar de maneira competitiva e original.

NBA 2K21 dá aos jogadores muita liberdade para interagir com outros jogadores e explorar The City — um mundo virtual com quadras de esporte ao ar livre, cassinos, academias de ginástica, parques e muito mais. Um avatar que quiser andar de uma ponta à outra da cidade levará mais de 45 minutos. Ou seja, é um mundo virtual bastante grande.

Fortnite é notável, e não só porque mais de 350 milhões de pessoas o jogaram, mas também porque esse game também provou estar repleto de oportunidades subordinadas. Travis Scott e Marshmello realizaram concertos virtuais no jogo. A Samsung criou um "skin" [item de jogo elaborado com recursos próprios da empresa] do Galaxy para avatares de Fortnite para promover seu Samsung Galaxy Note 9. (Até a Louis Vuitton criou um skin de avatar para *League of Legends*.)

Há muitos metaversos sendo construídos na forma de videogames — *League of Legends, Minecraft, Grand Theft Auto Online, Red Dead Online*, e por aí vai. Muitos desses metaversos de videogames têm até sua própria moeda para transacionar diferentes itens do game.

Os videogames estão mais adiantados do que qualquer um quando se trata de construir metaversos. Mesmo assim, não são totalmente livres quanto ao formato que se pode fazer. Dentro das fronteiras do jogo, eles dão aos jogadores muita liberdade para perambular e se expressar.

Metaversos de Transmissões ao Vivo. Além do aspecto do mundo virtual dos metaversos, outra qualidade de igual relevância é a comunidade. As pessoas estão se envolvendo nesse espaço virtual simultaneamente, no momento e ao longo do tempo?

Por trás do *Super Bowl* e de premiações como *The Grammys* estão alguns dos indivíduos e grupos mais versados em fazer as pessoas os sintonizarem ao vivo — via Twitch, YouTube, Clubhouse, Discord e outros. Kitboga, por exemplo, transmite para centenas de milhares de pessoas no Twitch enquanto zoa pessoas que aplicam golpes por telefone. Milhares de pessoas sintonizam ao vivo "NYU Girls Roasting Tech Guys" no Clubhouse. Esses são metaversos! Isso mostra como é possível as pessoas passarem tempo juntas voluntariamente em um mundo online em torno de algum interesse compartilhado.

Às vezes essas pessoas [os "streamers"] conseguem formar seguidores aproveitando um interesse compartilhado e pedindo que a comunidade participe. Outras vezes, as pessoas sintonizam apenas para ver o streamer. Seja como for, as experiências simultâneas são uma parte fundamental do metaverso.

Transmissões ao vivo não têm o componente imersivo que caracteriza os videogames e a Realidade Virtual [RV]. Mas aqueles streamers ao vivo estão a apenas um aplicativo de RV para construir um metaverso imersivo. Então, nesse sentido, eles construíram excelentes bases para um metaverso imersivo no futuro.

Metaversos de RV. Evidentemente, não há como falar sobre o metaverso e não ver o que se passa na RV. Existem muitos aplicativos de RV criados em função da ideia de uma nova experiência social. O AltspaceVR, por exemplo, dá aos amigos e estranhos a oportunidade de participar de shows ao vivo, encontros e aulas. O OrbusVR oferece uma experiência social única de RV na qual se pode explorar o mundo virtual de Patraeyl, aumentar o nível de seu personagem (como bardo, mago, paladino, xamã, patife, e assim por diante) e se conectar com outros jogadores.

No momento, falta escala à maioria dos metaversos de RV. Não há pessoas suficientes neles simultaneamente para um envolvimento em longo prazo. E essa limitação ocorre apenas porque os fones de ouvido RV ainda não são onipresentes, como smartphones e notebooks.

Independentemente disso, como se pode constatar, temos todas as peças de um metaverso. Porém, reuni-las em um é um desafio. Assim, por enquanto, os metaversos existirão em silos. Mas isso não significa que cada um deles não crescerá economicamente e abrirá oportunidades mais amplas para os participantes.

NFTs no Metaverso

Quanto mais tempo você passar em um ambiente, maior a probabilidade de comprar algo lá. Muitas pessoas se espantam ao ouvir falar dos preços cobrados em estádios de futebol, mas, ao estar lá assistindo ao jogo, acabam cedendo e compram alguma coisa. Esse sentimento é ainda mais atuante em ambientes em que você escolhe estar, especialmente videogames.

Como vimos no Capítulo 2, "O que São NFTs?", a demanda por itens incluídos no game é enorme. Chegou a US$380 bilhões em 2020 o que os jogadores gastaram com ativos digitais no jogo. De skins de avatar a armas e vidas extras, os itens do jogo são uma economia em expansão. Não há motivo contrário para que muitos desses itens do jogo não possam ser NFTs, abrindo a possibilidade de que os usuários que gastaram dinheiro no jogo revendam seus itens usados ou raros.

Tome, por exemplo, um skin Galaxy mencionado anteriormente em *Fortnite*. Ele foi lançado por apenas duas semanas em agosto de 2018. Nenhum mais foi criado. Ao ter um deles, sua influência (credibilidade social) dispara instantaneamente entre outros jogadores. Embora esse item seja raro, as oportunidades de capitalizá-lo são mínimas. Um dia, poderá existir um marketplace de *Fortnite* no qual os proprietários do skin Galaxy possam revender essa raridade. E o processo interno do NFT garantiria a legitimidade do skin. Quem sabe o que isso pode render no mercado de revenda? US$10? US$10 mil? Mais?

Com respeito a metaversos compartilhados, o que deve ser entendido é que as pessoas estão lá por alguma razão. Todas têm um interesse ou objetivo comum. Consequentemente, há uma hierarquização dos participantes nessas comunidades. Um fator importante para determinar a posição de um jogador na hierarquia é o equipamento de seu avatar. É por isso que as pessoas gastam dinheiro em skins Fortnite cujo impacto na jogabilidade real é nenhum. Nada mais natural que os jogadores no futuro venham de fato a ter seus itens e tenham a capacidade de colecionar, comprar e vendê-los a outros jogadores.

Um exemplo verdadeiro disso é a SneakerCon. O mercado de colecionadores de tênis é um dos mais bem conhecidos e estabelecidos da última década. A SneakerCon é um evento criado para ser um lugar onde milhares de sneakerheads [entusiastas do produto] podem se reunir presencialmente para exibir seus tênis. Alguns querem vender. Alguns querem comprar. Outros têm até barracas montadas para vender kits de limpeza de sapatos, arte de tênis e outros negócios relacionados a tênis. Não importa quem você é, se não estiver lá com seu par de tênis mais extravagante, ninguém o levará a sério. SneakerCon é o equivalente físico de um metaverso para sneakerheads. Gente do mundo inteiro vai à SneakerCon para conhecer outras pessoas com o mesmo interesse, ganhar dinheiro e obter influência.

Outro motivo pelo qual os NFTs se encaixam no metaverso é que muitas pessoas estão começando a acumular esses ativos digitais. A implicação disso é a possibilidade de que essas pessoas queiram poder exibir suas aquisições. Por exemplo, MetaKoven, a pessoa que comprou "Everydays: The First 5,000 Days", do Beeple, por mais de US$69 milhões, está colocando os NFTs em uma galeria de arte digital presente em metaversos como Decentraland.

Vimos anteriormente que as pessoas colecionam por vários motivos. Mas há uma constante entre todos os colecionadores: eles querem exibir suas coleções.

Ativos digitais devem ser exibidos em ambientes digitais. O metaverso é onde mostraremos nossos NFTs: o espaço ocupado pode ser uma galeria de arte virtual, um videogame online, seu próprio ponto de encontro virtual no porão ou algum outro ainda inimaginável.

Ademais, há a questão da utilidade dos NFTs no metaverso.

Comprar um NFT Meebit hoje lhe dá certa influência, e há um longo caminho a percorrer até que, daqui a dez anos, seja surpreendente ter algo que dificilmente estará disponível. Mas os Meebits [personagens digitalmente estilizados e personalizados] são muito mais do que simplesmente colecionáveis bonitinhos. Conforme mencionado no Capítulo 6, "Criando e Emitindo NFTs", Meebits vêm com um arquivo OBJ, o que lhe dá a liberdade de usar seu Meebit para o que quiser em qualquer ambiente 3D.

Não estamos distantes de alguns desses videogames de sucesso adicionando um elemento de código aberto ao jogo, permitindo ao usuário enviar seus próprios itens modelados em 3D. Podemos imaginar os jogadores de NBA 2K carregando seus Meebits no jogo e usando-os como seus jogadores.

Isso nos leva ao The Sandbox (e aos que lhe são comparáveis: Decentraland, Somnium Space e Axie Infinity); trata-se de uma versão viva dos NFTs que encontra o metaverso. O mundo virtual baseado em Ethereum permite, entre outras atividades, que os jogadores explorem, interajam e joguem. O que é mais notável, lotes de TERRA são comprados e vendidos como NFTs em vários mercados. Uma vez de posse da TERRA, você pode desenvolvê-la como desejar — uma casa, um mercado ou um aplicativo. Você pode arrendar a TERRA, que é o que WhaleShark (um dos maiores proprietários de TERRA no Sandbox) planeja fazer: arrendar a TERRA dele para artistas e designers para criar mais valor para outros usuários no jogo.

De muitas maneiras, o Sandbox assemelha-se ao Minecraft em sua natureza aberta de jogo. Mas difere por ter sua própria moeda no jogo, $SAND, que pode ser negociada em exchanges de criptomoedas, e você pode realmente ter itens do jogo como NFTs. Apesar de não ter o amplo apelo do usuário inerente a um jogo de batalha como League of Legends ou Fortnite, The Sandbox acertou o elemento que caracteriza o jogo do metaverso, que é altamente fascinante.

Na última década, nossos comportamentos mudaram, e muito, graças aos smartphones. Uma pessoa fica, em média, entre cinco e seis horas por dia no celular. Então, juntando o tempo que passamos no notebook, smart TV ou serviços de streaming, fica muito mais fácil contar as horas que não passamos interagindo com a internet.

A internet é nosso meio de vida coletivo, e a evolução da internet é o metaverso. As mesmas comunidades e áreas nas quais passamos nosso tempo na internet hoje terão um componente virtual em um futuro próximo, se é que isso já não está acontecendo. E com esses metaversos virão itens neles existentes que queremos ter como NFTs.

Não será nenhum absurdo se nos próximos cinco ou dez anos virmos um campeão de esportes eletrônicos leiloar NFTs de armas ou itens que usou para ganhar um título, tal como leiloamos camisas e bolas de jogo utilizadas.

Ativos Alternativos

O que são *ativos alternativos*? Ativos como colecionáveis raros (belas artes, antiguidades, carros clássicos, joias e similares), imóveis e propriedade intelectual (direitos autorais, patentes e marcas registradas) são tidos como alternativos. As razões para isso são que eles não têm liquidez (não há um mercado prontamente disponível de compradores e vendedores), em geral requerem investimento elevado de capital, e muitas vezes exigem intermediários para comprar, vender e/ou determinar seu valor.

Quando estendemos nossos olhos de dez a vinte anos no futuro, o uso mais difundido de NFTs provavelmente não terá nada a ver com arte digital. Haverá a tokenização de itens físicos e propriedade intelectual, possibilitada por um contrato inteligente de NFT. Isso redundará na propriedade fracionária das coisas, aumentando, assim, o grupo de compradores e gerando liquidez para um ativo alternativo.

Os NFTs podem fazer para ativos alternativos algo similar ao que o Uniswap fez para tokens de criptomoeda de pequena capitalização de mercado. Uniswap é uma das principais exchanges de criptomoedas descentralizadas, em oposição a uma exchange centralizada.

Em *exchanges centralizadas*, como Coinbase Pro ou Binance, os vendedores publicam um preço (geralmente em Bitcoin ou Ethereum) pelo qual estão dispostos a vender uma criptomoeda específica, bem como um valor. Este é o *preço pedido*. Da mesma forma, os compradores publicam um preço pelo qual estão dispostos a comprar essa criptomoeda, bem como um valor. Este é o *preço do lance*. Quando lance e pedido coincidem, ocorre a troca de uma criptomoeda pela outra.

Em *exchanges descentralizadas*, como Uniswap, as negociações são extraídas de conjuntos de tokens. Por exemplo, se você quisesse comprar tokens AMP, enviaria Ethereum para o conjunto de Ethereum no Uniswap e receberia AMP do conjunto de tokens AMP no Uniswap. A liquidez é fornecida por pessoas que comprometem seus tokens no Uniswap. *Staking* ["comprometer"] é como emprestar a alguém e permite que a Uniswap use os tokens apostados para negociações. A combinação desses recursos cria os mercados.

Em contrapartida, aqueles que comprometeram seus tokens recebem uma porcentagem das taxas de negociação cobradas pelo Uniswap. Isso significa uma oportunidade de fluxo de renda para os detentores de tokens, em particular os que planejavam mantê-los por meses ou anos.

Os protocolos do Uniswap, que lidam sem atropelos com todas essas complexidades, criaram liquidez para tokens de todos os tamanhos, muitos dos quais não estão em exchanges centralizadas, as quais normalmente se concentram só em grandes volumes de criptomoedas.

Esse mesmo conceito de proporcionar liquidez para moedas é aplicável ao total de US$78 trilhões em ativos alternativos globalmente (conforme estimado pela Accenture), a grande maioria dos quais altamente sem liquidez. Por exemplo, sem nenhuma surpresa, não há muitos compradores por aí para um Mercedes 300SL Gullwing de US$4,5 milhões ou uma coleção de vinhos caríssimos. São ativos ilíquidos.

Mas é possível dar liquidez para esses ativos alternativos de preço mais elevado *tokenizando-os* e, assim, fracionando a propriedade. O que isso significa? Vejamos aquele Mercedes 300SL Gullwing de US$4,5 milhões ano 1955. Há muitas pessoas que adorariam ter esse automóvel raro? Provavelmente, milhões. Quantas dessas milhões de pessoas podem pagar? Talvez tantas quanto os dedos da mão.

No entanto, você pode criar um milhão de NFTs, que não só seriam colecionáveis, como cada um representaria 1/1.000.000 desse Mercedes e com um preço inicial de US$4,50. E então, qualquer pessoa com US$5 pode ter sua própria parte desse carro. É como se um milhão de seus amigos mais próximos juntassem seu dinheiro para comprar algo legal. E, de repente, um ativo ilíquido se torna líquido.

É isso que a tokenização de um ativo físico faz: abre o mercado para que mais pessoas se envolvam em algo pelo qual não podem pagar. Talvez no dia do lançamento, todo esse milhão de tokens seja colocado. Alguém pode ter adquirido 500 mil dos tokens e os guardado. Conforme o número de pessoas atrás desse token (e querendo uma fatia daquele Mercedes) aumenta, o preço de cada um roda pelo mesmo caminho. Quem sabe, uma semana depois o Mercedes agora valha US$5 milhões. Um ano depois, US$10 milhões. (Lembra um pouco o mercado de ações, não é?)

Um aspecto interessante para ativos como carros e imóveis que são tokenizados é que os fluxos de receita também podem ser tokenizados. Digamos que a 21st Century Fox está produzindo um filme sobre um grande roubo e quer que as estrelas rumem em direção a um pôr do sol no Mercedes 300SL Gullwing ano 1955. O aluguel desse veículo é de US$100 mil por dia, o qual, dispersa por um milhão de tokens, dá US$0,10 para cada token que você possui (ou um retorno imediato de 2% sobre seu investimento no dia). Esse modelo de fluxos de receita adicionais é particularmente atraente para imóveis fracionados.

O problema com ativos alternativos, conforme descrito pela Accenture, é que:

> "Historicamente, é difícil explorar o valor incorporado aos ativos alternativos fora de seus mercados tradicionais, o que limita seu papel como garantia. A falta de documentação consistente, baixas confiança e transparência de preços, assim como seus altos custos transacionais e iliquidez, moderaram o interesse das empresas financeiras em incluí-los como ativos do portfólio."

O ativo alternativo, seja qual for, pode ser "NFT editável". E isso abre uma enorme oportunidade para indivíduos com alto patrimônio líquido criarem liquidez para esses ativos com dificuldade de serem utilizados como garantia para um empréstimo ou venda.

Cabe a questão: por que as pessoas comprariam NFTs de ativos alternativos? De acordo com a pesquisa da Obrium:

> "O crescimento do valor em investimentos que refletem gostos e interesses pessoais superou consistentemente os mercados de ações globais nos últimos quinze anos, crescendo 65% mais rápido do que o índice MSCI World nesse período."

Infelizmente, realizar esse valor só é possível quando você vende o ativo. Ao criar propriedade fracionada para ele, você gera liquidez. Mais pessoas podem comprar e vender uma parte desse ativo e aumentar o valor caso seja um ativo desejável. E como, com isso, passa a haver um mercado líquido para os NFTs que se correlacionam com seus ativos, o proprietário não precisa mais encontrar um comprador que aceite o preço de US$4,5 milhões desse Mercedes. O proprietário, para todos os efeitos, encontrou um milhão de compradores, que coletivamente investiriam US$5 milhões (ou mais) pelo carro.

Ao tokenizar um ativo alternativo, o proprietário não tem a obrigação de abdicar do controle dele. Suponha que Mark Cuban, dono da equipe de basquete Dallas Mavericks, quisesse fracionar sua propriedade. Teoricamente, ele poderia criar 10 mil NFTs e passar a ter um mercado para dar liquidez ao valor de toda ou parte da equipe.

Obstáculos no Caminho

O caminho pode não estar livre de obstáculos no que se refere a fracionar ativos alternativos com NFTs. Como dissemos no capítulo anterior, fracionar ativos com NFTs pode fazer com que os NFTs sejam considerados valores mobiliários pela SEC [Comissão de Valores Mobiliários dos EUA]. Afinal, eles se assemelham a investimentos. Esses lançamentos de NFT podem precisar ser registrados na SEC, o que requer tempo, burocracia e custos legais. Ou o lançamento de NFTs poderia ser feito sob uma das exceções previstas na legislação norte-americana, como o Regulation D ou o Regulation A. Idealmente, esses processos seriam simplificados no futuro.

Além disso, valores mobiliários podem ser negociados somente em bolsas de valores registradas na SEC. Portanto, os atuais marketplaces de NFT podem precisar se registrar na SEC para negociar tais NFTs; ou novos marketplaces registrados na SEC podem precisar ficar online.

Já NFTs que representam imóveis têm um conjunto diferente de problemas. As escrituras, em geral, são registradas em um cartório local e não podem ser transferidas sem que impostos e taxas estaduais e locais relacionados sejam pagos. Manter os NFTs imobiliários em carteiras nas quais constem todas as assinaturas das partes aprovando as transferências pode se constituir em uma possível solução técnica. A autoridade governamental local pode ser um signatário adicional necessário para qualquer transferência de um NFT imobiliário.

Não obstante o caminho para os NFTs lastreados em ativos possa começar acidentado, estamos otimistas de que melhore com o tempo.

Carteiras Digitais

Sua *carteira digital* é o novo endereço e número de telefone para profissionais de marketing, os novos dados bancários para todos os pagamentos, o novo aplicativo de faturamento para empreendedores e muito mais. Saber o endereço da carteira digital de alguém talvez seja a informação mais valiosa que se pode ter sobre uma pessoa em 2021 e além. Por quê? As carteiras digitais são a maneira mais eficaz de se conectar diretamente com alguém em muitos níveis diferentes. Nós só não percebemos isso ainda.

Presentes Encantadores

Se quiséssemos nos conectar com Mark Cuban para que ele ouça nossa ideia de negócio, poderíamos fazê-lo pelo Twitter e esperar que ele veja. Podemos encontrá-lo no Cyber Dust [um app de rede social] e tentar chamar sua atenção. Poderíamos galgar sua cadeia de comando por meio de inúmeras conversas com esse pessoal. Ou podemos lhe enviar um NFT atencioso diretamente para sua carteira digital. E se o NFT o encantar, ele provavelmente entrará em contato conosco.

Saber o endereço da carteira digital de alguém proporciona a você acesso direto ao lugar onde essa pessoa coleciona, faz transações bancárias ou entabula negócios. Repetindo: é o novo número de telefone, endereço, dados bancários e assim por diante para profissionais de marketing experientes.

Não estamos longe de ver a primeira campanha de marketing realizada inteiramente com NFTs.

Por exemplo, digamos que a Taco Bell esteja lançando um novo produto em sua lista de alimentos. Em vez de divulgá-lo nos anúncios do Facebook ou durante os intervalos comerciais da TV, a empresa poderia adotar uma abordagem diferente. Poderia criar uma obra de arte digital com o novo produto, gerar um NFT, adicionar alguns benefícios em possuir o NFT e enviar o NFT promocional diretamente para as carteiras digitais de milhares de pessoas.

Por certo, o custo das taxas de gás para enviar milhares de "anúncios digitais" seria muito mais oneroso, em comparação com um anúncio no Facebook para o mesmo número de pessoas. No entanto, se executado corretamente, a imprensa e o burburinho que seria criado nas comunidades de criptomoedas e NFT, ao lado da garantia da grande mídia cobrindo esse absurdo, superariam em muito o custo.

Um exemplo teórico, claro. Mas a loucura não é tanta quando você pensa em uma carteira digital como sendo um detentor de ativos muito pessoal. Trata-se de uma conexão direta com as finanças de uma pessoa e sua coleção de propriedades.

Assim, caso esteja procurando se conectar com alguém com quem nunca conseguiu por meios tradicionais, ou está procurando uma maneira nova e encantadora de presentear, a carteira digital é o caminho a percorrer.

A desvantagem disso pode ser quando as taxas de gás são baixas ou se tornam praticamente inexistentes. Como discutimos no Capítulo 3, "Por que NFTs Têm Valor", o Ethereum mudará para a prova de participação, o que reduzirá significativamente as taxas de gás. E as taxas de transação no WAX e outros blockchains de prova de participação já são mínimas. Então, por que taxas de gás diminutas são uma desvantagem? Uma palavra: spam. Tal como aqueles e-mails de marketing irritantes e não solicitados que entopem sua caixa de entrada, infelizmente, vemos o mesmo para NFTs.

Há anos muitas criptomoedas lançam seus tokens em carteiras digitais. Com NFTs não será diferente. Mas provavelmente será um incômodo menor do que o causado pelos e-mails de spam hoje. À semelhança dos bloqueadores de spam de e-mail, bloqueadores de spam de NFT também serão desenvolvidos.

O Futuro dos Pagamentos

Não há dúvida de que Cash App, Venmo, PayPal, Zelle e inúmeros outros aplicativos de pagamento ponto a ponto são práticos e acessíveis. Nos EUA, criar faturas e cobrar pessoas por meio do QuickBooks ou FreshBooks é familiar e confiável. Mas estes são centralizados. Vimos no Capítulo 3 as vantagens de fazer pagamentos por meio de um sistema descentralizado, como um blockchain.

Agora, memorizar o endereço da carteira digital de 42 caracteres de alguém é mais complicado do que encontrar o nome de usuário do Venmo. Entretanto, com nomes de domínio blockchain, você pode simplificar a maneira de acessar a carteira digital de alguém. Por exemplo, desejando enviar criptografia para uma carteira digital, no campo em que colocaria o endereço da carteira, você pode digitar **QuHarrison.eth**, e o endereço de Qu será preenchido automaticamente. Um URL é, agora, a nova maneira de enviar dinheiro de um lado para o outro.

Ao combinar pagamentos de carteira digital ponto a ponto com NFTs, de fato temos uma maneira inédita de as empresas oferecerem serviços e cobrarem os clientes.

Como você deve se recordar, vimos no do Capítulo 6 que os NFTs VeeFriends de Gary Vaynerchuk se constituem em um novo meio de ele vender consultoria e outros serviços. Não há razão para que empresas de prestação de serviços, desde relações públicas até consultorias visando o crescimento dos negócios, não adotem esse mesmo modelo. No futuro, empresas assim dispensarão a intermediação bancária e os onerosos softwares de cobrança, valendo-se de contratos inteligentes NFT e carteiras digitais para realizar transações diretamente com seus clientes.

Essa visão só faz sentido, evidentemente, se todos tiverem uma carteira digital, algo muito mais próximo do que você suspeita, uma vez que as grandes empresas de tecnologia estão de olho nisso.

Apple, Google e Samsung têm carteiras móveis como carregamento nativo em seus smartphones — não no sentido de uma carteira digital de criptomoeda, mas sim de digitalização de cartões de crédito, cartões de embarque, vales-presente e qualquer coisa que você possa encontrar em sua carteira (além do RG). O smartphone já substituiu centenas de outras tecnologias — então, por que não nossas carteiras também?

Embora, no início, usar o celular para pagar por produtos ou serviços fosse algo difícil de engolir, a COVID-19 impulsionou drasticamente a adoção desse método de pagamento. Nos EUA, vá a um aeroporto e conte o número de pessoas que têm o cartão de embarque na Apple Wallet. É mais do que o número de pessoas que imprimem um bilhete. As carteiras móveis são uma ponte para o mundo das carteiras criptográficas e NFT. Literalmente, a Apple Wallet está a algumas integrações de ser a maior carteira NFT do mercado.

O Futuro Não Escrito dos NFTs

A beleza dos NFTs é que seu futuro não está determinado. Ninguém sabe qual será o uso mais proeminente dos NFTs. Em essência, aqueles que assumem riscos estão escrevendo o futuro dos NFTs — os que estão tentando coisas novas, criando aplicativos radicais para NFTs, levando NFTs a lugares inéditos ou simplesmente implementando uma estratégia sólida, melhor do que a dos demais. A tokenização de tudo, na forma de NFTs, ocorrerá na próxima década. E qualquer um pode participar. O futuro dos NFTs está sendo escrito enquanto falamos. Vamos escrevê-lo juntos.

Índice

A

administradores impostores 84
ambiente
    digital 247
    reservado 3
    virtual 27
aplicativos móveis falsos 85
armazenamento
    de conteúdo 77
    em nuvem 44
arquivo OBJ 247
arte 215
    definição 104
    digital 16, 60, 107, 241
    por computador 106–107
aspectos dos NFTs 32
    conteúdo
    desbloqueável 40
    para visualização 35
    principal 34
    descrição 36
    jurídicos 215
    nome 34
    oferta 42
ataques 51% 87
ativos
    digitais 247
    não financiáveis 241, 248
atributos 38
áudio 22
    arquivo .mp3 22
    arquivo .wav 22
autenticação de dois fatores (2FA) 166
autenticidade
    de origem 10
    e procedência 61
autoridade controladora 66
avatar 27

B

bail-ins 69–70
baleias
    criptográficas 88
    NFT 191, 212
Beanie Babies 7–9
benefícios 36, 132, 235
bilheteria digital 31
Bitcoin 11, 111
    Gold (BTG) 87
bitmap 19
blockchain 7, 71, 102, 136, 163
    desvantagens 82

abandono 87
ataques
  de hackers 85
  potenciais 87
  não há a quem apelar 82
  responsabilidade pessoal 83
  volatilidade dos preços 88
  domínios 28

bloco 11

boosts 38

C

carteira
  de criptomoedas 29, 136
  digital 253–254

cartões colecionáveis 124
  digitais 26, 116

chave
  privada 29
  pública 29

clickbait 89

Coinbase, protegendo sua conta 166

coleção, elementos de uma 149
  descrição 149
  endereço para os direitos recorrentes 150
  imagem
  do banner 149
  em destaque 149
  links 149
  logotipo 149
  nome 149
  tema ou assunto 149

colecionadores 186

colecionáveis 116, 201–202, 215
  digitais 7, 17
  fatores envolvidos no preço 49
  problemas enfrentados 57

Comissão de Valores Mobiliários (SEC) 216

comunidade 185

congestionamento 75

connoisseurs 56

consumismo 96

conteúdo
  desbloqueável 133
  para visualização 132
  principal 128

contrato 234
  inteligente 32, 62, 115, 159

criptomoedas 10, 62, 163, 215

CryptoKitties 111–112

Cyberpunk 100–101, 103

D

desenhos monetizados 110

direito
  à privacidade 233–234
  de publicidade 227

direitos autorais 221

domínio
  público 223
  TLD 30

domínios de primeiro nível 28
do your own research (DYOR) 83

E

eBay 8
endereço público 29
escassez 9
estratégia de marketing 185–186
Ethereum 11, 32, 73, 163
exchanges 171, 248
    centralizadas 249
    descentralizadas 249
    traded fund (ETF) 211
explorador de blocos 71, 144

F

falsificações 56
fantasy games 3
fear of missing out (FOMO) 88
figuras públicas 234
Fine Art Expert Institute (FAEI) 53
Foundation, marketplace de NFTs 121
frase secreta de recuperação 139–140

G

games 23
garantia futura 46
gerenciador de senhas 141

GIF 21
    conversores on line 22
    criação 22
golpistas 140, 166
Google 1–2, 85, 104
    Cloud 44, 78
gráficos vetoriais 19
grau de interesse 233
gwei, valor 170

H

hackers 65, 85
hash power 76
Henry Drawing Machine 106, 109
hiperinflação 72–73

I

identidade de colecionador 210
imagens rasterizadas 19
imóveis virtuais 116, 198
imposto 237–238
    sobre ganhos de capital 238–239
ingressos para eventos 31
    mercado secundário 31
inteligência artificial (IA) 128
interface gráfica do usuário 108
InterPlanetary File System (IPFS) 44
itens
    colecionáveis 7, 16

do jogo 198

físicos 37

J

Jeff Bezos, fundador da Amazon 2

K

Known Origin, marketplace de NFTs 124

L

leilão
  holandês 177, 179–180, 207
  inglês 177, 179, 207
  regular 180

licença 229

link externo 136

listagem 171

livros e prosa 23

M

Macintosh 108

manipulação de mercado 88

marca
  de validação 79
  registrada 221, 224

memorabilia 57

mercado (ou marketplace) para NFTs 115

metadados 43

metaverso 28, 242–243, 246

mineração 14

mineradores (validadores) 74

modelos em 3D 23

moeda digital 11

moedas
  mortas 87
  raras 50

mundo da arte, fraudes 53

Myth Market, marketplace de NFTs 124

N

NBA Top Shot, marketplace de NFTs 122

Nifty Gateway, marketplace de NFT 118

nome do NFT 131

nomes de domínio 28, 116, 198

O

obras de arte, autenticações 55
  especialistas ("connoisseurs") 55
  procedência 56

oferta 136
  limite 14

on-chain 44

OpenSea, marketplace NFT 116

P

PageRank 1

patente 221

período de vencimento da oferta 205

permanência 10

poder de comercialização 52

Pop Art 95, 97

postura "caveat emptor" 236

processo
    de aprendizado 189
    de validação 62

profile pic 85

propriedade 10
    intelectual 221–222
    direitos autorais 221
    marca registrada 221
    patentes 221
    segredo comercial 221

prova
    de participação 63, 120, 254
    de propriedade 111
    de trabalho 63, 76, 81

provas sociais 1

R

Rarible, marketplace NFT 117

readymade 96

realidade virtual 28, 128, 244

recompensa de bloco 73

rede ponto a ponto 63

rekt 88

reputação 46

royalty recorrente 41

S

Securities Act de 1933 216

Segunda Guerra Mundial 49–50, 105

senha 139–140, 164

sidechain 77

siring 112

sistema descentralizado 65

sites impostores 84

stablecoins 180

Steve Jobs 108

T

taxa de gás 70–71, 74–75, 116

tecnocentrismo 102

Telegram 79, 83

Teoria do Maior Tolo 208

terrenos virtuais 28

teste
    de Howey 217–219
    de uso transformador 228–229

token 10
    ERC20 12, 14
    não fungível 49, 93, 241

tokenização 249

troca de SIM, golpe 166

Tumblr 109–110

V

validação 79

validadores (mineradores) 74

valor 49
- colecionável 17
- mobiliário 217–218

verificação 158

Veve, marketplace de NFTs 123

W

Wax (Atomic Hub), marrketplace de NFTs 120

WETH 183, 203

Projetos corporativos e edições personalizadas
dentro da sua estratégia de negócio. Já pensou nisso?

Coordenação de Eventos
Viviane Paiva
viviane@altabooks.com.br

Contato Comercial
vendas.corporativas@altabooks.com.br

A Alta Books tem criado experiências incríveis no meio corporativo. Com a crescente implementação da educação corporativa nas empresas, o livro entra como uma importante fonte de conhecimento. Com atendimento personalizado, conseguimos identificar as principais necessidades, e criar uma seleção de livros que podem ser utilizados de diversas maneiras, como por exemplo, para fortalecer relacionamento com suas equipes/ seus clientes. Você já utilizou o livro para alguma ação estratégica na sua empresa?

Entre em contato com nosso time para entender melhor as possibilidades de personalização e incentivo ao desenvolvimento pessoal e profissional.

PUBLIQUE SEU LIVRO

Publique seu livro com a Alta Books. Para mais informações envie um e-mail para: autoria@altabooks.com.br

/altabooks /alta-books /altabooks /altabooks

CONHEÇA OUTROS LIVROS DA ALTA BOOKS

Todas as imagens são meramente ilustrativas.

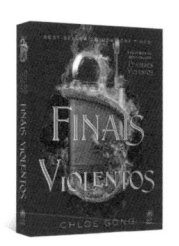

Este livro foi impresso nas oficinas gráficas da Editora Vozes Ltda.,
Rua Frei Luís, 100 – Petrópolis, RJ.